唐史並不如煙

貳 貞觀長歌

曲昌春◎著

目錄

死灰復燃

第一章

陰差陽錯的領袖

大火過後，一切歸於平靜，然而在平靜的表面下，或許還有潛在的暗火在積蓄著重新燃燒的力量。竇建德覆滅，河北之地納入唐朝政府版圖，然而在歸順的背後，一股暗火正在蠢蠢欲動。

這股暗火來自哪裡呢？來自於竇建德的舊部。

當過兵的人都知道，從軍營突然回歸社會，總是有一段時間的不適應，在這段時間裡很多人會無所適從，和平年代尚且如此，戰亂年代更甚。竇建德的舊部跟隨竇建德過慣了呼風喚雨、為所欲為的生活，他們已經不習慣正常人平淡的生活，他們更喜歡劍走偏鋒、刀口舔血的生活，畢竟那樣的生活更有勁。

讓拿慣鋤頭的人拿刀是強人所難，讓拿慣刀的人拿鋤頭同樣也是強人所難。

怎麼辦？真的要拿著鋤頭種菜？不，這不是自己熟悉的生活。只有偷和搶才是他們的本行。然而偷和搶與大唐的法律相抵觸，如此一來兩者就發生了不可調和的矛盾。

一方面竇建德的舊部為了生活要偷和搶，一方面唐朝地方政府官員為了維持治安要嚴打，兩者一碰撞就有意外發生了。

劣跡斑斑的竇建德舊部高雅賢、王小胡這些人很不幸就在地方政府的嚴打範圍內，為了躲避這次嚴打，高雅賢等人本著能跑多遠就跑多遠的原則從洺州逃亡到了貝州，然而唐朝皇帝李淵卻始終惦記著他們。當高雅賢等人還在慶幸躲過嚴打時，李淵的詔書到了，他徵召高雅賢、范願、董康買等人到長安去，這紙詔書讓他們更加坐立不安。

按照詔書的表面意思理解，李淵此舉是要重用他們，然而如果從單雄信等人的結局來看，這紙詔書的背後很可能就是一個大大的坑！那麼這紙詔書到底是邀請函還是屠殺令呢？高雅賢等人舉棋不定，冥思苦想。

沉默半響，范願站了起來沉痛地說道：「王世充以洛陽降，其下驍將公卿、單雄信之徒皆被夷滅，我輩若至長安，必無保全之理。且夏王往日擒獲淮安王李神通，全其性命，遣送還之。唐家今得夏王，即加殺害，我輩殘命，若不起兵報仇，實亦恥見天下人物。」

一語驚醒夢中人！

投降是死，不投降也是死，李淵的詔令分明就是一道兩頭堵的死亡選擇題。要想躲開這道死亡選擇題只有一個方法，那就是死磕，和竇建德一樣，再舉大旗！

新的問題隨之產生，現在群龍無首，該由誰來當這個旗手呢？

高雅賢等人你看我，我看你，誰都想當，誰又都不想當。想當是因為旗手尊貴，不想當是因為責任重大，吃大肉的是旗手，挨大揍的同樣也是旗手。想來想去沒有別的辦法，為了公平起見，那就焚香占卜吧，聽聽神的意見。

一焚香、一占卜，神很快給出了意見：劉姓將領當統帥，大吉大利！

劉姓？

高雅賢等人面面相覷，眼前這些人沒有一個姓劉的？莫非這些人沒有一個適合當領袖？那麼又到哪裡找劉姓將領呢？

這時有人插了一嘴：「劉雅不是姓劉嗎？」

劉雅，竇建德部將之一，此時隱居漳南，杜門不出。

對，就是他，找劉雅去。

希望越大，失望越大。找到劉雅時，高雅賢等人的心比冬季的井水還要涼，因為眼前的劉雅太讓他們失望了。以前的劉雅眼睛裡充滿了殺氣，而現在的劉雅眼睛裡有的只是平靜生活的淡定之氣。

聽完高雅賢的計畫，劉雅淡淡地說：「天下已平，樂在丘園為農夫耳。起兵之事，非所願也。」

啊？鬧了半天，劉雅的理想就是當一個農民。算了，道不同不相為謀，走吧，找別人去。

就在大家要離開時，眾人不約而同地定住身子轉回頭死死地看著劉雅，不行，這個人已經知道了我們的計畫，誰能保證他不告密呢？

眾人相互一對眼，幾分鐘後，劉雅從地球上消失了。

打死了劉雅，眾人又陷入了迷茫之中，到哪裡再找一個姓劉的呢？

眾人迷惑不解時，其中一人猛拍一下自己的大腿：「鬧了半天，怎麼把他給忘了呢！」

誰啊？劉黑闥啊！

此時的劉黑闥也隱居在漳南，杜門不出。如果說劉雅的「杜門不出」是真的，那麼劉黑闥的「杜門不出」就是裝的。「杜門不出」只是做給政府看的，而他一直在等待出門的機會，這一次他終於等到了機會，高雅賢等人奉神的指示找到了他。

高雅賢找到劉黑闥時，劉黑闥正在田裡種菜，由於高雅賢的到來，劉黑闥停下了手邊的工作，就在菜園裡聽高雅賢和盤托出起事大計。

高雅賢剛說完，劉黑闥興奮地跳了起來，他等待這一天已經很久了，不是為了證明他有多麼了不起，而是要拿回屬於他的東西。此時的劉黑闥沉浸在當統帥的喜悅中，此時的他並沒有意識到機遇與風險永遠如影隨行。等他明白過來後，一切都晚了。

兩年後，兵敗的劉黑闥一聲歎息。

高雅賢的到來就此拉開了劉黑闥起義的序幕。

決定起事的劉黑闥立刻放棄了種菜，同時宰殺了家裡的耕牛宴請賓客，此舉等於劉黑闥堵死了自己的後路，耕牛沒有了，將來即使想當農民也已經不可能了。

短短一頓飯的工夫，劉黑闥已經聚集了一百多人，這些人就是劉黑闥東山再起的全部家當。

幫忙的老天爺

西元六二一年七月十九日，劉黑闥率領所部一百餘人襲擊漳南縣，佔領縣城，此時距離竇建德被公開斬首僅僅過去八天。

一個月後，劉黑闥攻陷山東夏津縣，貝州州長戴元祥迎戰，亂軍之中全部陣亡。自此竇建德的舊部口口相傳，相約歸附，短短一個月的時間劉黑闥所部從一百餘人增加到二千餘人。

兵多了、將廣了，劉黑闥的底氣也足了。在漳南，劉黑闥正式興建高臺祭奠竇建德，向竇建德的在天之靈發出簡訊：「老大，我們又起義了！」發完簡訊，劉黑闥自稱大將軍，正式舉起反抗唐朝政府的大旗。

此時長安城的李淵也得到了劉黑闥起兵的消息，但李淵沒有把劉黑闥放在眼裡，在他看來劉黑闥只是條小泥鰍，而泥鰍又能掀起多大風浪呢？

按照對付泥鰍的級別，李淵派出將軍秦武通、定州總管李玄通率關中步兵騎兵混編部隊三千人攻擊劉黑闥，同時下令幽州總管李藝（羅藝，隋唐演義中羅成的父親）率領所部與中央軍會合，聯合攻擊劉黑闥。另外參與攻擊劉黑闥的還有山東道行台右僕射淮南王李神通，三管齊下，務必拍死劉黑闥這條泥鰍。

不久，淮南王李神通整合關中步兵騎兵部隊與李藝的部隊會合，同時徵調邢州、洺州、相州、魏州等州軍隊，各方軍隊集結，總人數達到了五萬人，此時劉黑闥的部隊有多少呢？僅僅兩千人。敵我軍力之比為二十五比一，二十五個唐兵打一個劉黑闥兵，是不是有點太欺負人了呢？劉黑闥這條泥鰍還頂得住嗎？

淮南王李神通率領五萬大軍在饒陽城南與劉黑闥會戰，唐軍列陣長達十餘里，聲勢浩大，劉黑闥呢？帶領手下寒酸的士兵，背靠饒河堤岸列陣。

準確的說，劉黑闥的陣不能叫作陣，相比於正規的戰場列陣而言，他的陣什麼都不是。戰場上列陣一般都講究層次感的，這樣列陣進攻有氣勢，防守有厚度，而劉黑闥的陣只是沿著饒河堤岸排成一列。要指望這樣的陣仗取勝，那就只能寄希望於老天有眼了。

那一天，老天真的開眼了！

說時遲，那時快，李神通率領五萬大軍鋪天蓋地地向劉黑闥的寒酸小陣壓了過去，此時正趕上變天，狂風暴雪交加，李神通的五萬大軍正好順風。五萬大軍加上順風，劉黑闥拿什麼來抵抗呢？

難道真要靠老天爺？

沒錯，就是老天爺！

正當李神通的五萬大軍鋪天蓋地向劉黑闥進攻時，風向突變，風向瞬間做一百八十度的大拐彎，順風變成了逆風。唐軍本來還是氣勢洶洶，現在連眼睛都睜不開，別說打仗了，能找著方向的就是天才。靠著老天爺的幫忙，劉黑闥率所部兩千餘人向李神通的五萬大軍發起衝擊，這兩千人藉著風勢生生把五萬人衝得七零八落，滿地找牙。戰爭就是這樣奇妙，一旦形勢逆轉，兩千也能幹掉五萬。

戰後一盤點，李神通馬匹、軍用物資損失殆盡，五萬人馬只剩下一萬六千人。

這邊李神通慘敗，那邊李藝卻暫時獲得小勝。按照部署，李神通率主力攻擊劉黑闥，李藝則率軍攻擊高雅賢部，一通亂打，沒有老天爺幫忙的高雅賢一路敗逃，而李藝則一路追擊。然而李藝的得意並沒有維持多久，李神通慘敗的消息很快傳到了李藝的軍中，這下李藝陷入進退兩難的境地，他知道得勝之後的劉黑闥一定會趕來增援高雅賢，到那時候挨打的將是他李藝。

進退兩難的李藝率軍駐紮在嵩城，然而這也沒有頂住劉黑闥的進攻，李藝抵擋不住只能接著跑，最後李藝跑掉了，而手下兩員猛將薛萬鈞、薛萬徹卻沒有跑掉，哥倆一起當了劉黑闥的俘虜。

要說劉黑闥也挺不厚道，俘虜了薛萬鈞哥倆還不忘了羞辱一番，不僅剪掉了哥倆的頭髮，還驅使哥倆當苦力做牛做馬，看來劉黑闥折騰人也是有一套。好在薛萬鈞哥倆也不含糊，趁劉黑闥沒注意，哥倆又逃了出來，不然即使不被累死也要憋屈死。

說起來，薛萬鈞一家跟竇建德這一股勢力還是很有緣分的，不過這些緣分都是仇恨。

薛萬鈞和薛萬徹的父親是隋右翊衛將軍薛世雄，薛世雄就是被竇建德憋屈死的。

大業十三年七月，隋遣右翊衛將軍薛世雄率兵三萬討竇建德，至河間城南，營於七里井。竇建德聞薛世雄至，選精兵數千人伏於河間南界澤中，悉拔諸城偽遁。薛世雄以為建德畏己，遂不設防。竇建德偵查後得知實情，親率敢死士一千人襲擊薛世雄。當時雲霧晝晦，兩軍不辨，隋軍大潰，自相踏藉，死者萬餘，薛世雄以數百騎而遁逃，餘軍悉陷，不久薛世雄鬱鬱而終。歸納而言，他並不是敗給了竇建德，而是敗給了那場能見度極低的大霧，不過他的悲劇歸根結柢還是因竇建德而起。

在薛世雄之後，兒子薛萬鈞、薛萬徹跟隨李藝投降了李淵，沒想到這一次哥倆又遭到了竇建德舊部劉黑闥的羞辱，看來老薛家和老竇家這樑子算結深了。

王牌

自從藉著風勢打敗李神通和李藝後，劉黑闥這股勢力就無法阻擋了，劉黑闥再接再厲攻破了定州，生擒定州總管李玄通，本來劉黑闥還想拉李玄通入夥，沒想到李玄通性格剛烈，趁人不備自刺身亡。

在李玄通之後，又一個總管遭到了厄運，這個總管就是黎州總管李世勣。

李世勣原本駐軍宗城沒想到劉黑闥不請自來，一個招呼沒打就率領數萬大軍逼近了宗城，李世勣也是個機靈人，迅速放棄了宗城轉而固守洺州。然而宗城放棄了，洺州也沒有守住，已經財大氣粗的劉黑闥趁勢攻擊兵力單薄的李世勣，這一仗李世勣所部五千人馬全部被殺，僅他一人逃出來。

短短幾個月的時間，李神通兵敗、李玄通自殺、李世勣僅僅逃出一命、李藝勉強支撐，李淵派來平叛的兵力幾乎損失殆盡，而小泥鰍劉黑闥卻越活越滋潤，越活越強大。

時間進入到西元六二一年十二月，劉黑闥連克洺州、相州、黎州、衛州，僅僅半年的時間，竇建德時期的版圖全部恢復，河北再度成為是非之地。此時的李淵再也不能用看泥鰍的眼光看待劉黑闥了，他知道對付這個人得出王牌。

王牌是誰呢？秦王李世民。

十二月十五日，李淵命秦王李世民、齊王李元吉率軍再征劉黑闥，此時距離竇建德伏誅過去了五個月零四天，而現在的劉黑闥或許比竇建德更加難纏。

在李世民大軍到達之前，劉黑闥達到了自己事業的巔峰，西元六二二年也就是武德五年的正月，劉黑闥在洺州登基稱漢東王，年號天造。擁立有功的范願出任左僕射，董康買出任兵部尚書，高雅賢出任右領軍，夏王竇建德時期的文武百官，願意再就業的全部官復原職，至此竇建德時期制度全部恢復。而就個人勇猛指數而言，劉黑闥更在竇建德之上，對於李世民而言，這將是一塊更加難啃的骨頭。

貓和老鼠

面對劉黑闥這根骨頭，率軍東征的李世民並沒有選擇硬碰硬，而是選擇了先掃周邊，各個擊破。與此同時，此前光顧著挨打的李藝率軍數萬與李世民會師，聯合攻擊劉黑闥。李藝一出現，劉黑闥就莫名的興奮，他太願意跟李藝玩貓捉老鼠的遊戲了，只可惜，這一次貓和老鼠角色互換。

本著親力親為的原則，劉黑闥留下左僕射范願鎮守洺州，自己親率大將直撲李藝，當夜駐紮在沙河，此時的他並不知道一場貓戲老鼠的好戲正在悄悄拉開序幕。

在劉黑闥率軍出征後不久，唐朝政府永寧縣令程名振（**唐代名將程務挺之父**）攜帶著六十面戰鼓到了洺州城西二里的河堤上。

深更半夜程名振帶這麼多鼓做什麼呢？敲山震虎。

程名振一聲令下，六十面戰鼓鼓聲齊鳴，瞬間鼓聲的共振效應延伸到了城裡，在鼓聲的震動下，洺州城裡屋瓦震動。沒有經歷大場面的范願哪裡見識過這樣的陣勢，趕緊派人向劉黑闥求救。

一聽洺州城外戰鼓雷動，劉黑闥坐不住了，當即留下一萬人給弟弟劉十善而自己回軍救援洺州城。急於救援的劉黑闥自然帶走了主力軍，留給弟弟劉十善的一萬軍隊其實也就是湊數的，這樣一來劉黑闥和劉十善就成了唐軍戲耍的兩隻老鼠，劉黑闥疲於趕路，而劉十善則遭到了李藝的迎頭痛擊。李藝拿出了欺負人不講理的架勢，數萬唐軍攻打一萬劉十善的雜牌軍，這一仗李藝終於長長的出了一口氣，劉十善的人馬陣亡、被俘、逃亡總計八千人。

貓和老鼠的遊戲一旦開始，就不會輕易結束，現在遊戲又發展到洺水縣城。

洺水縣城距離劉黑闥的老巢洺州只有咫尺之遙，佔領了洺水城就如同一根釘子釘進了劉黑闥的老巢，因此洺水城成了李世民和劉黑闥的必爭之地。先前洺水城已經向李世民投降，接受投降後李世民派部將王君廓率領一千五百人進駐洺水城，沒想到，這一進險些讓王君廓有去無回。

壯士羅士信

失去洛水城的劉黑闥自然知道洛水城的重要，洛州和洛水是唇齒相依。為了奪回洛水城，劉黑闥下了死手，首先是在城東北挖地道，一直挖向城裡；接著是組織防線，嚴防死守，堅決堵住李世民的周邊增援。李世民三次率軍增援，愣是沒有衝破劉黑闥的防線。眼看著劉黑闥的防線一天比一天牢固，地道一天比一天接近城裡，李世勣憂心忡忡的提醒李世民：地道如果挖到城牆下面，洛水城就完了。

怎麼辦？難道眼看著洛水城被挖開？

此時行軍總管羅士信站了出來：「末將願接替王君廓守城。」瘋了，羅士信瘋了，然而這就是羅士信，要做就做大事。

無奈之下，李世民命人登上高岡用旗語命令王君廓突圍，羅士信接替。

已經斷糧數日疲憊不堪的王君廓率領殘部突圍而出，與此同時羅士信率左右侍從二百人衝進了洛水城，羅士信估計用不了幾天他就可以裡應外合解洛水城之圍，只可惜羅士信什麼都預料到了，唯獨沒有預料到糟糕的天氣。

在羅士信進城後不久，天空開始下雪，大雪紛飛沒完沒了，這一下就是整整八天。這八天裡，劉黑闥的攻擊日夜不停，李世民的援軍寸步難行，孤立無援的羅士信沒有料到大雪會持續八天，更沒有想到洛水城居然會是自己人生的終點。

二月二十五日，洛水城破，而羅士信則成了劉黑闥的俘虜。同對待李玄通一樣，劉黑闥也希望羅士信入夥，只可惜這次拉攏也遭到了拒絕，羅士信寧願被殺，也不投降。

從十四歲跟隨張須陀剿匪開始，羅士信輾轉在張須陀、李密、王世充、李淵的帳下，從初期連鎧甲都撐不起來的毛頭小孩最終成為獨當一面的大將，六年的時間裡，羅士信見證了隋末唐初王朝的更迭和亂世英雄的起落，對於人生的結局，他早就看淡了。

西元六二二年二月二十五日，羅士信兵敗被殺，時年二十歲。

水淹三軍

四天後，李世民率軍奪回洺水城，至此洺水被李世民徹底控制，他在南岸駐軍，北岸警戒，對付劉黑闥，李世民延續了老辦法，拖。

面對劉黑闥的挑戰，李世民堅守不出，只派出小部隊執行破壞糧食補給線的特殊任務。

先前攜帶六十面大鼓製造共振效應的程名振接受了這個任務，事實證明此人除了能敲鼓外，糟蹋糧食也是一把好手。當時為了萬無一失，劉黑闥的糧食補給實行水陸兩路運輸，即便這樣糧食也沒有逃出程名振的魔掌。程名振將手下一千餘人分成兩部分，一部分在陸路上燒糧車，另一部分在河道上鑿糧船，經過兩部分人馬的不懈努力，劉黑闥沒有接到一粒糧食，自此陷入了糧食危機。吃飯對於平常人而言只是平常事，但對於劉黑闥的軍隊而言竟然成了奢望。

在破壞糧食的同時，李世民也沒有閒著，跟劉黑闥之間的貓捉老鼠遊戲還在繼續。

三月十一日，李世勣率軍進逼劉黑闥的大營，這一次正趕上高雅賢在營中大擺宴席，宴席的主題是慶祝高雅賢升任左僕射。聽說李世勣率軍進犯，已經喝茫了的高雅賢率軍出戰，不過他的軍隊很單薄，一個人單槍匹馬就出來了。不用問，都是酒精惹的禍。

醉酒的高雅賢自然不是對手，李世勣的部將潘毛也不是一個講究人，非要沾這個醉酒人的便宜，撥馬上前，抬手一矛將高雅賢刺落馬下。等援軍趕到時，李世勣的人馬已經走了，眾人把高雅賢扶上了馬，沒想到還沒走回到營門口，左僕射高雅賢就斷了氣。

小的摩擦還在繼續，大的戰事已在醞釀之中。

按照李世民的推算，劉黑闥的斷糧之日就是兩軍決戰之時，屆時兩軍之間必定有一場惡戰，然而李世民卻不準備與劉黑闥面對面死磕。

不面對面死磕還想消滅對方，可能嗎？完全有可能。

辦法就是水淹三軍。

李世民命人在洺水上游築起大壩，攔截河水，這些被攔截的河水將是消滅劉黑闥軍的重磅炸彈。

三月二十六日，劉黑闥率領步兵騎兵共兩萬人南渡洺水，緊逼唐軍大營列陣，李世民率領騎兵出戰，擊破劉黑闥騎兵營後轉而攻擊步兵，雙方自此陷入混戰之中，從中午到黃昏連續幾個小時，劉黑闥軍漸漸支持不住。此時劉黑闥的死黨王小胡衝到了劉黑闥面前：「我們的能力已盡，趕緊抽身走人吧！」

劉黑闥回身看看陷入混戰的軍隊，再看看天色，一揮馬鞭與王小胡一起先行撤退，而主力部隊和已經陷入混戰的唐軍並不知道雙方主將早已退出戰場，只留下這些毫不知情的士兵陷入無邊的混戰。

就在劉黑闥退出後不久，李世民在洺水上游築起的大壩被唐軍掘開，積蓄多日的大水急速沖下，洺水暴漲，形成一道高達一丈的水牆向混戰之中的雙方士兵推去。這一道水牆幾乎將劉黑闥全部家當一網打盡，遭受重創的劉黑闥最後只帶領二百餘騎兵投奔東突厥汗國。

然而這一仗對李世民而言也是一場慘勝，斃敵一萬，自損八千，瘋狂的河水認不清誰是唐軍，誰是敵軍。

戰爭，只有勝負，沒有贏家！

至此，劉黑闥被撲滅到只剩下如豆之火，覆滅也只是時間問題，即便劉黑闥能夠延續這點星星之火，他還能再成燎原之勢嗎？李世民心中沒有答案，李淵心中同樣沒有答案。不過在李世民看來，即便劉黑闥再折騰也逃不出自己的手掌心，劉黑闥這隻老鼠一定會死在自己的手裡。

然而令李世民沒有想到的是，他再也沒有機會對劉黑闥大打出手，因為不久之後他又開始了另外一場貓和老鼠的遊戲，而這場遊戲與他一生的命運息息相關。

東突厥的保護費

星星之火，可以燎原。

三月二十六日剛剛敗逃的劉黑闥並沒有經過長時間的喘息，兩個月後，劉黑闥又捲土重來了。六月一日，漢東王劉黑闥引領著東突厥軍攻擊山東，李淵下令李藝出軍，再次攻打劉黑闥。

劉黑闥與東突厥糾纏在一起？東突厥不是唐朝的盟友及戰略合作夥伴嗎？

沒有永遠的敵人，也沒有永遠的朋友。

實際上從李淵出軍佔領長安之後，東突厥與李淵之間的摩擦一直沒有停止。唐朝與東突厥小規模摩擦不斷，只是這種摩擦還沒有上升到國家層面而已。

從李淵攻佔長安之後，東突厥的政治格局也發生了一些變化。始畢可汗阿史那咄吉於西元六一九年去世，由於兒子阿史那什缽苾還小，大家就擁立了阿史那咄吉的弟弟阿史那俟利弗繼位，史稱處羅可汗。不過處羅可汗也不是長命的人，西元六二〇年十一月處羅可汗居然病死了。在東突厥汗國頗有影響的義成公主主持著處羅可汗身後的大局，由於處羅可汗的兒子阿史那奧射相貌醜陋、能力低下，隨即被義成公主排除在外。在義成公主的主持下，處羅可汗的弟弟阿史那咄苾繼位，史稱頡利可汗，而這個頡利可汗比前面的幾任可汗更有攻擊性，也正是在他的支持下，劉黑闥快速的恢復元氣進攻山東。

七月，劉黑闥又回到了河北境內，這一次他的進攻目標是定州，舊部曹湛、董康買再次起兵回應劉黑闥。

面對劉黑闥東山再起，李淵並不是不想重視，而實在是分身乏術，一方面劉黑闥在河北折騰，一方面東突厥在山西虎視眈眈。無奈之下，李淵只能派出十九歲的遠房侄子淮陽王李道玄出任河北道行軍總管，而秦王李世民則和太子李建成一起調往山西防範東突厥。正是東突厥牽扯了唐朝太多的精力，反而給了劉黑闥折騰的時間。

頡利可汗率領十五萬騎兵殺氣騰騰地進入雁門，面對頡利可汗的咄咄逼人，李淵一手胡蘿蔔，一手大棒，胡蘿蔔就是和談，大棒就是迎戰。在李淵的安排下李建成從陝西彬縣出軍，李世民從山西河津縣出軍，李子和（**郭子和**）奔赴雲中正面截擊頡利可汗，段德操則奔赴夏州切斷東突厥軍的退路。

事實上，這四路大軍都只是做做姿態，此時的唐朝並沒有與東突厥決戰的資本，對於這個對手，李淵能用的就是又拉又打，而拉重於打。

歷史總是愛開玩笑，四路大軍居然都沒有起到作用，反而是禮部尚書鄭元壽這一路起到了奇兵的作用。

鄭元壽這一路人多嗎？不多，只有幾個人。

幾個人就能起到奇兵的作用？靠什麼呢？一個字，錢。

鄭元壽一行晉見了頡利可汗，與頡利進行了一番秘密和談。史書上說鄭元壽對頡利可汗進行了義正嚴詞的指責，實際上這只是一廂情願地往自己臉上貼金，鄭元壽此行的任務只有一個，求和。誰見過一個求和的使者敢義正詞嚴的指責對方呢？

在雙邊關係上，義正詞嚴並不取決於使節的性格，而是取決於雙方的實力對比。

其實鄭元壽的官話並沒有起到作用，倒是一些上不了檯面的私房話起到了關鍵的作用：「唐與突厥，風俗不同，突厥雖得唐地，不能居也。今虜掠所得，皆入國人，於可汗何有？不如旋師，復修和親，可無跋涉之勞，坐受金幣，又皆入可汗府庫，孰與棄昆弟積年之歡，而結子孫無窮之怨乎！」看明白了吧，所謂的成功外交，實際就是用支付保護費的方式打發了頡利。

父子兄弟的簽字權

打發了頡利，李淵終於能騰出手來對付劉黑闥，跟以往不同的是，這一次率軍出征的並不是最能打的李世民，而是齊王李元吉。

此時的李世民已經到了功高震主的地步，儘管還沒有到功高震皇帝的地步，但「功高震太子」已經足夠了。從攻佔長安之後，李建成就作為國之儲君長期留在李淵身邊，跟隨老爹處理各種國事，而李世民呢，從此卻踏上了平定天下的征程。

薛舉父子是他平定的，竇建德是他擒獲的，王世充是他俘虜的，劉黑闥是他打跑的，武德年間的主要大仗都是他打的，聲名扶搖直上。更要命的是，此時他的手下文有十八學士，武有尉遲敬德、秦叔寶、程咬金、李世勣等人。而李建成呢？武將幾乎一個沒有，文官只有王珪和魏徵，跟秦王相比，太子建成的班底實在太寒酸了，到了這個地步，兄弟倆爭鬥已經不是新聞了。

不過同秦王李世民相比，太子建成並非一點優勢都沒有，他有一個李世民並沒有的巨大優勢，這個優勢就是後宮中的良好人緣。

後宮中的良好人緣意味著什麼呢？意味著他與父皇李淵的嬪妃們保持著良好的私人關係，這一點李世民遠遠不及他。

為什麼呢？因為李建成有明顯的時間優勢。

從武德元年到武德五年，李世民一直忙於各地平叛，而李建成大部分時間留在父皇的身邊處理國事，這就給了李建成接觸後宮的機會。按常理說，在一個成熟的王朝中，太子想要結交後宮是很困難的，而在李淵初創唐朝的武德年間情況恰恰相反，太子想不結交後宮都難。

當時皇宮內的布局是這樣的，李世民住承乾殿（他的太子在這裡出生，於是取名李承乾），李元吉住武德殿後院，兩家的住處與李淵的皇帝寢殿和李建成的東宮暢通無阻。李建成等兄弟三人進出李淵的皇帝寢殿可以騎馬，可以攜帶弓箭等各種雜物，彼此之間跟李淵當皇帝之前一模一樣。

更有意思的還在後面，在宮廷相關機構中，「太子令」、「秦王令」、「齊王令」與皇帝詔令具有同等效力，如果一個機關同時接到幾份命令，那麼不好意思，按照先來後到辦理，如果「齊王令」在皇帝詔令前面下達，那就按「齊王令」辦理，反正父子四人是這個世界上最親近的人，無論按照誰的命令辦理都一樣。

在這種背景下，皇子想要結交後宮的妃嬪簡直易如反掌，而在這一點上，李建成比李世民有著天然的時間優勢，畢竟他在長安的時間比李世民長得多。

那麼後宮的嬪妃願不願意結交皇子呢？當然願意，因為這些得寵的嬪妃都得為自己的將來找好後路。

顯而易見，李淵的接班人必定是從三個年長的皇子中產生，太子建成、秦王李世民、齊王李元吉。而這三個人中，太子建成是嫡長子具有天然的優勢，而嫡長子又長期在身邊出沒，結交李建成不僅比結交李世民容易，也比結交李世民靠譜，畢竟太子是第一順位的接班人。兩方面比較下來，後宮人緣指數李建成遠遠在李世民之上，這是李建成巨大的優勢，而這個優勢也壓得李世民數年間喘不過氣。

父子間的芥蒂

對於李世民而言，天下幾乎沒有他怕的東西，但有一樣東西除外——枕邊風。一次枕邊風並不可怕，然而無數次枕邊風交織在一起，這就會變成致命的龍捲風。

然而最致命的是他無意中得罪了兩個當紅的嬪妃，一個是張婕妤，一個是尹德妃。

總體說來，這兩次李世民都很無辜。

得罪張婕妤的事由其實也不大，只是因為數十畝良田。

這數十畝良田原本由李世民作主賞給勞苦功高的淮南王李神通，卻不曾想這些良田被張婕妤的父親看在了眼裡，轉過頭來跟女兒張婕妤要。張婕妤一開口，李淵自然不會拒絕，一抬手就寫了詔令把這數十畝田贈給了這個老丈人。如果是一般人看見李淵的詔令只能乖乖就範，然而淮南王李神通卻是個認死理的人，同時他也知道李淵父子四人手令的秘密：那就是按照先後順序來，因此李神通死活不肯把這些田讓出來，如此一來就讓李世民無形之中得罪了張婕妤一家，也讓李淵下不了臺，李淵為此大發雷霆：「難道我的詔令不如你的詔令嗎？」（**我手敕不如汝教邪！**）

父子間就此有了芥蒂。

得罪尹德妃的事由更小，小到不值得一提。什麼事呢？李世民的府屬杜如晦經過尹德妃父親府邸時忘了下馬。

由於尹德妃正當紅，她的父親尹阿鼠也是朝中的紅人，經過他的府邸久而久之就養成了「文官下轎，武官下馬」的慣例，而杜如晦無意之中就違反了這個慣例。杜如晦忘記下馬，狗仗人勢的家奴衝上前對著杜如晦就是一頓暴打，暴打之下居然打折了杜如晦一根手指頭。即便如此，尹阿鼠還不算完，指著杜如晦的鼻子大罵：「你算個什麼東西，經過我的家門竟敢不下馬！」

這個世界上，一般都是惡人先告狀的，尹阿鼠也不例外。國丈尹阿鼠到女兒面前狠狠告了杜如晦一狀，然後尹德妃再轉告到李淵那裡，事實就有了一百八十度的改變：「秦王屬下杜如晦欺負辱罵臣妾家人！」（**秦王左右陵暴妾家**）

這一狀告得太刁了，刁得讓李世民百口難辯，肝火上升的李淵當面質問李世民：「我嬪妃家尚被你的左右欺負，一般小民恐怕更不得了了！」（**我妃嬪家猶為汝左右所陵，況小民乎！**）

事實上，即使沒有張婕妤和尹德妃的枕邊風，李淵的心中也對李世民產生了疑慮，前朝往事就曾經在他的眼前上演，他太清楚皇帝與皇子的微妙關係了。

皇帝對於皇子，一方面是父與子，一方面是君與臣。普通人家的父與子沒有什麼顧慮，父親總是望子成龍，希望兒子早一天超越自己。而皇帝與皇子是不可能出現這一幕的，皇帝希望皇子早日跟上自己的腳步，但並不希望皇子超越自己，一旦有那麼一天，皇帝不會有欣慰，更多的則是恐懼，「這小子想幹什麼呢？」

李淵與李世民的父子芥蒂不僅讓李世民失分，同時也讓李建成加分。

史書記載說，李世民每次參加宮中宴會都會思念早逝的母親，這讓李淵很掃興，也給了當紅嬪妃們攻擊的口實：「海內幸無事，陛下春秋高，唯宜相娛樂，而秦王每獨涕泣，正是憎疾妾等。陛下萬歲後，妾母子必不為秦王所容，無孑遺矣！」在攻擊李世民的同時，嬪妃們也沒忘了給李建成加分：「皇太子仁孝，陛下以妾母子屬之，必能保全。」

事隔一千多年，我們無法證實這段記載的真假，或許這段記載是真的，或許這段記載是史官為了美化李世民。總之在父親李淵的猜忌和嬪妃們的枕邊風攻擊下，之前大紅大紫的李世民從武德五年下半年已經不如以前風光了，而他一生中最黑暗的時光也就此來臨。（由是無易太子意，待世民浸疏，而建成、元吉日親矣！）

邯鄲學步李道玄

劉黑闥還在河北縱橫，李世民卻只能在長安城中觀望。

西元六二二年十月十七日，劉黑闥迎來了人生中的第二次高峰，這次高峰是踏著淮陽王李道玄的屍體攀上高峰的。

淮陽王李道玄時年十九歲，堂哥李世民是他的偶像，以前他都是跟隨著李世民南征北戰，這一次是他第一次獨當一面，沒有想到也是最後一次。年少輕狂的李道玄一直想模仿李世民，只可惜跟李世民相比他太年輕了，同時他還有一個致命的弱點，將帥不和。

十九歲的淮陽王李道玄與老道的史萬寶搭檔出戰，率領三萬大軍會戰劉黑闥，年少輕狂的李道玄有衝鋒陷陣的勇氣，卻沒有李世民行軍打仗的霸氣。勇氣或許與生俱來，而霸氣則是在戰場上慢慢積累的。李道玄空有勇氣，沒有霸氣，身為副司令的史萬寶便對李道玄陰奉陽違，兩人的芥蒂最終讓李道玄送了命。

與劉黑闥的會戰開始後，李道玄率領輕騎兵率先衝入劉黑闥漢東軍的陣地，按照李道玄的部署，史萬寶應該提領大軍隨後壓上，形成梯隊進攻，然而令李道玄沒有想到的是，史萬寶居然按兵不動，坐看李道玄淹沒在漢東軍陣中。

史萬寶曰：「我奉手敕云，淮陽小兒，軍事皆委老夫。今王輕脫妄進，若與之俱，必同敗沒，不如以王餌賊，王敗，賊必爭進，我堅陳以待之，破之必矣。」

史萬寶對親信宣稱他是奉李淵手諭全面負責大軍指揮，此次權且將年幼小娃李道玄當成誘餌，等李道玄失利，漢東軍反擊時，再全部壓上。如此一來，可惜了崢嶸少年李道玄，本來一心一意想成為李世民的模仿秀，沒想到到頭來卻成了史萬寶誘敵的魚餌。遺憾的是，當李道玄真的成為誘餌喪身戰場時，而史萬寶卻再也壓不上去了。

因為李道玄的陣亡震懾了全軍。

李道玄雖然年少，但畢竟是大軍統帥，統帥都陣亡了，小兵還有什麼盼頭呢？一廂情願的史萬寶還想驅軍出征，然而軍無鬥志，兵無勝心，三萬大軍瞬間崩潰瓦解，史萬寶的按兵不動貽誤了戰機，也動搖了軍心。

有時候，自以為是的人比傻子更愚蠢。

經此一戰，李道玄身死，三萬大軍崩潰，山東震動不已，洺州總管廬江王李瑗放棄洺州向西逃走。劉黑闥舊部紛紛響應，前來歸附。半個月的時間，劉黑闥再次恢復夏國全部版圖，此時距離他敗逃東突厥只有七個月的時間。

爭權

劉黑闥再起，朝野震動，負責領兵平叛的李元吉畏懼劉黑闥的強勢就地駐軍，停滯不前，皮球再次踢回給了李淵，該派誰再去打劉黑闥呢？

李元吉？肯定不行，還沒到前線，腿就軟了；李世民？不行，現在已經有傲氣了，等平定了劉黑闥還不傲到天上？李建成？更不行，進入長安之後就沒再打過打仗，他行嗎？難道到最後還得讓李世民出來收場？

在李淵為李世民頭疼時，東宮內太子中允王珪、太子洗馬魏徵正在做太子李建成的工作，在他們看來，此時的劉黑闥正是上天賜給李建成的功業，平定了劉黑闥，李建成的戰功簿上將有濃墨重彩的一筆，而太子之位也將更加穩固。

太子中允王珪、洗馬魏徵說太子曰：「秦王功蓋天下，中外歸心；殿下但以年長位居東宮，無大功以鎮服海內。今劉黑闥散亡之餘，眾不滿萬，資糧匱乏，以大軍臨之，勢如拉朽，殿下宜自擊之以取功名，因結納山東。」

打一仗既然增加戰功，又能穩定太子之位，這樣的好機會李建成自然不能放棄，第二天一早李建成找到李淵請戰。這一請戰正好給了李淵一個臺階，劉黑闥還是交給太子來打吧！

十一月七日，太子李建成正式受命率軍出征，同時出征的各軍均受李建成節制，李建成有應變全權。

李建成還是非常幸運的，此時他遭遇的劉黑闥雖然佔據河北的版圖，但早已經是強弩之末，表面的繁榮並不能掩蓋實際的疲弱，二次東山再起的劉黑闥戰鬥力已經大不如前了。

釘子

在河北境內，第一次東山再起的劉黑闥如秋風掃蕩落葉，攻無不克，戰無不勝，而這一次這個規律被打破了。在魏州城，劉黑闥遇到了一生中最難拔的釘子。從這一年的十一月開始，劉黑闥一個月內兩次圍攻魏州城，結果兩次都沒有攻破，兩次圍攻既耗費了時間，又耗費了兵力。

何以魏州城如此難打呢？這都是因為一個人，魏州總管田留安。

當時，河北等地的豪強紛紛殘殺本州官員響應劉黑闥，鬧得人心惶惶、上下猜忌，唯獨田留安一切跟以往一樣，只要找他辦事的，無論親疏遠近一律自由出入臥室彙報。與此同時，田留安還不忘與屬下交心：「吾與爾曹俱為國禦賊，固宜同心協力，必欲棄順從逆者，但自斬吾首去。」

賊怕捉賊，話怕說開，話一旦說到這個份上，屬下反而坦然了：「田公推至誠以待人，當共竭死力報之，必不可負。」

有了屬下的忠心，田留安就有了繼續坦誠的資本。他的屬下有一個叫苑竹林的人，本來是劉黑闥一夥的，潛伏在魏州就是為了與劉黑闥裡應外合。田留安知道後就當沒有這回事，反而將此人安排在自己的左右，並交給他一項重大任務：保管城門鑰匙。

這一招徹底把苑竹林震住了，田留安信任自己到了這個程度，自己再三心二意那還是人嗎？自此苑竹林成了田留安的死黨，不僅沒有幫助劉黑闥成事，反而壞了劉黑闥的事。

在田留安的努力下，魏州城成了劉黑闥始終無法攻克的釘子戶，而這個釘子戶時不時來個反擊，狠狠的在劉黑闥的胸口上釘幾顆釘子。

十二月十七日，田留安擊劉黑闥，破之，獲其莘州刺史孟柱，降將卒六千人。

在魏州城下前後糾纏了一個多月，劉黑闥沒有沾到便宜，反而吃了暗虧。此時他赫然發現，戰場形勢已經發生了逆轉，太子李建成、齊王李元吉的大軍已經北上抵達昌樂（河南省南樂縣），與魏州近在咫尺。幾乎於此同時，幽州總管李藝率軍南下，連破廉州、定州，南北合圍之勢即將形成。

屋漏更逢連夜雨，就在十二月十八日并州州長成仁重攻擊了劉黑闥部將范願的部隊，范願的軍隊全部被打垮，劉黑闥只剩下自己手中的一支軍隊孤軍奮戰。面對李建成和李元吉的緊逼，劉黑闥曾經兩次列陣，做出一幅攻擊的姿態，然而兩次列陣之後，劉黑闥隨即草草收兵回營。

他的葫蘆裡到底賣的什麼藥呢？眼光毒辣的魏徵看出了端倪，在他看來，這是劉黑闥軍心不穩的徵兆，此時攻心比攻城更重要。

魏徵言於太子曰：「前破黑闥，其將帥皆懸名處死，妻子繫虜；故齊王之來，雖有詔書赦其黨與之罪，皆莫之信。今宜悉解其囚俘，慰諭遣之，則可坐視其離散矣！」也就是說，魏徵主張優待俘虜，把俘虜當成政府的傳聲筒，通過釋放俘虜來瓦解劉黑闥的軍心。

經過魏徵的安排，再加上一直以來的優待，被釋放回營的俘虜都成了唐朝政府的義務宣傳員，一時間厭戰的情緒在劉黑闥大營中瀰漫，而就在這個時候，劉黑闥的糧草再次出現了問題，吃不飽的士兵更加厭戰。這些士兵有的逃亡，有的索性綁架了自己的上司向唐軍投降，沒有糧草支援的劉黑闥軍已經呈現出崩潰的跡象，覆滅真正進入了倒計時。

在覆滅之前，劉黑闥進行著最後的掙扎，由於擔心田留安這個釘子戶與李建成的大軍裡應外合，劉黑闥索性趁著天黑，藉著夜色的掩護偷偷從魏州城下撤了軍，連夜逃到了館陶。

橋

說起來此時的劉黑闥運氣也真夠背的，他的退路只剩下一條：向北退回自己的轄區，而向東、向南、向西都是唐朝政府的轄區，都是死路一條。然而向北的退路也只剩下半條活路，為什麼呢？因為向北正是永濟運河，而這一段的運河上恰恰沒有橋，也沒有船。

既然沒有橋，那就架吧，橋一直架到天亮還沒有架完，而此時李建成和李元吉已經追上來了。情況緊急，事不宜遲，劉黑闥緊急下令，王小胡背靠永濟運河列陣抵抗唐軍，而自己親自督導架橋。

值得慶幸的是，王小胡暫時擋住了唐軍，而運河上面的橋終於造好了，向北的退路終於通了。

就在這個關鍵時刻，劉黑闥徹底暴露了自己的小農本性，他顧不上招呼部下，居然自己第一個衝上了橋，通過了運河。劉黑闥一過河，他的大軍瞬間崩潰，感到被拋棄的士兵紛紛向唐軍投降，他們絕不幹被人賣了還幫人數錢的傻事。因此在劉黑闥過河不久，唐軍越過停止抵抗的劉黑闥軍開始過河追擊。

然而就在這時意外又發生了，劉黑闥督造的橋居然是豆腐渣工程，唐軍剛剛過去一千餘名騎兵，橋居然斷了。

這樣數萬唐軍被隔在了運河這邊，而一千餘名唐軍騎兵則在對岸追趕率領數百名騎兵逃亡的劉黑闥，雙方的心態不在一個起跑線上，結果劉黑闥還是跑贏了唐軍騎兵。

其實這一點也不奇怪，就像一個老追不上野兔的獵狗追問野兔：「為什麼我總是追不上你呢？」

野兔一邊跑，一邊回頭說：「你是為了一頓飯，而我是為了一條命！」

李建成失望的望著運河對岸，一聲歎息：「完了，打了半天，還是讓劉黑闥跑了。」

我原本在家種菜

運氣來了總是擋不住，這一次李建成的運氣格外的好，八天之後，逃跑的野兔劉黑闥掉進了陷阱，而這個陷阱正是他以前的屬下——饒州州長諸葛德威布下的。

劉黑闥過了運河後一路向北疾奔，身後跟著唐朝騎兵將領劉弘基不依不饒，劉黑闥一路跑，劉弘基一路追。一路上劉黑闥馬不停蹄得不到休息，等逃到饒陽時，劉黑闥身邊的侍從只剩下一百餘人。

到了饒陽城下，這一百餘人已經變成了餓死鬼託生，看見什麼都像包子。這時劉黑闥任命的饒州州長諸葛德威出城迎接，再三懇請劉黑闥入城，然而警惕的劉黑闥卻遲遲不肯入城。

為了表示自己的誠意，諸葛德威痛哭流涕，指天發誓，指地許願，總算去除了劉黑闥的戒心，心一軟，劉黑闥跟著諸葛德威進了城，他以為進了城可以安心吃一頓包子，卻沒有想到他恰恰就是諸葛德威的包子。

入城後的劉黑闥下馬開始吃飯，飯剛剛吃了一半，不厚道的諸葛德威發動了突襲，一百多個還沒有吃飽的侍從全成了諸葛德威的「包子」，而劉黑闥無疑是那個塊頭最大的「包子」。

至此諸葛德威徹底洗白了自己，而劉黑闥卻只能沿著自己選擇的道路一條道跑到黑。

諸葛德威勒兵執之，送詣太子，並其弟劉十善斬於洺州，劉黑闥在這裡登基，又在這裡覆滅，洺州是他事業的頂點，同時也是一生事業的終點，而他的年號，叫做「天造」。

天造之福？還是天造之孽？

劉黑闥臨刑前，一聲歎息：「我本來在家種菜種的好好的，都是高雅賢這些人把我害到今天這一步！」（**我幸在家鉏菜，為高雅賢罪所誤至此。**）

歷史有的時候就是非常搞笑，原本劉黑闥只是統帥的第二人選。

劉黑闥終於了結了，三兄弟爭了半天還是由太子建成打死了這隻老鼠，此時已經是武德六年，隋末的割據勢力已經被消滅的十有八九，唐朝的統治終於有了大國的模樣。然而與割據勢力同時逝去的還有兄弟同心禦外的時代，在外患逐漸平定之後，兄弟鬩牆的時代也正式吹響了開場哨。

兄弟鬩牆而禦於外，是略帶辛酸的喜劇；然而外患一旦解除，兄弟鬩牆就成為徹頭徹尾的悲劇！

對手，
成就夢想的另一隻手

第二章

英雄的歸宿

在王朝更替的歷史中，被記住的永遠只是那些最後的勝利者，而那些曾經與勝利擦身而過的失敗者都一一被王朝的歷史湮沒，最後的勝利者就如同金字塔的塔尖，而那些失敗者則在不經意中成了金字塔的塔基。

隋末唐初，起事者風起雲湧，最有資格與唐叫板的是李密、王世充、竇建德，結果幾輪下來這三家都退出了歷史舞台。李密死於唐軍的伏擊戰，王世充死於獨孤修德復仇的刀下，而竇建德則被斬首於市，他們都曾經懷揣統一天下的夢想，然而最後都以橫死收場。

從唐朝的歷史來看，李淵這個皇帝當得其實挺鬱悶，武德年號總共延續九年，前六年幾乎都在平叛，軍事就是最大的政績，李淵的政府就嚴格意義而言就是一個臨時的軍事管制委員會。

李淵用了六年的時間平定國內，而此時主要的矛盾已經從國內轉移到家內。太子建成、秦王世民、齊王元吉，三個他最愛的兒子都是出自射箭定親的竇氏，手心手背都是肉。於是一個最大的難題就出給了李淵，三個兒子互鬥，李淵你這個裁判怎麼當呢？

從武德六年到武德九年，這個問題困擾了李淵將近四年。

先不去說李淵的煩惱，還是集中說說一批割據勢力的結局吧，畢竟他們也是歷史的組成部分，唐朝的興起還要感謝這些倒楣的失敗者。前面已經說到李密、王世充、竇建德各有各的死法，實際上在那個亂世還有一些名字也值得提起，他們都曾經是李唐王朝的對手。

對手，成就夢想的另一隻手。

可以稱為李唐王朝對手的還有薛舉、劉武周、李軌、蕭銑、杜伏威、李子通、輔公祏、徐圓朗、林士弘等人。

薛舉病死，子薛仁果接替，戰敗投降李世民被斬首；劉武周投奔東突厥後試圖逃回馬邑郡被東突厥處決；李軌被部將安修仁兄弟劫持，解往長安被斬首；杜伏威投降李淵後位置顯赫一時，於武德七年二月暴卒；李子通武德四年投降後試圖再叛被處斬；輔公祏矯杜伏威令反叛，失利後被鄉村流浪漢斬殺；徐圓朗回應劉黑闥起事失敗後，被鄉村流浪漢所殺；林士弘病死；蕭銑主動投降，被斬首。

這些人中影響力最大的當屬蕭銑、杜伏威、輔公祏，這三個人值得細細地說道一下，而這三個人恰恰又與一位名將緊密聯繫在一起，這位名將就是差點被李淵斬首的李靖。不過等到李靖平定蕭銑和輔公祏後，李淵對李靖徹底刮目相看，興奮之餘對李靖大加讚賞：「李靖真是蕭銑和輔公祏的剋星啊，韓信、白起、衛青、霍去病也趕不上他！」（上深美靖功，曰：「靖，蕭、輔之膏肓也，古之名將韓、白、衛、霍，豈能及也！」）

皇親國戚蕭銑

還是按照滅亡的先後順序來吧，先說說蕭銑。

蕭銑說起來也是皇親國戚，不過這個皇親國戚就有點久遠了，蕭銑的皇族血脈是從南梁論的。南朝的梁被陳滅國之後，梁的皇族又先後尋求西魏、北周的庇護，並在江陵成立了小朝廷。西元五八七年由於南梁太師蕭岩怕被隋朝滅國，索性帶領文武百官以及百姓十萬人逃到了陳國，隋文帝楊堅藉著這個藉口將南梁徹底滅國，而蕭岩在陳滅後又被找了後帳，儘管投降還是被誅。

這個蕭岩就是蕭銑的祖父，南梁宣帝的兒子，也就是說蕭岩與蕭皇后的父親蕭巋是親兄弟，而蕭銑論輩分應該叫蕭皇后一聲姑姑。

儘管蕭銑也算前朝的皇親國戚，但前朝的皇親國戚就像是過期鈔票，看著挺好，就是不實用。因此蕭銑這個前朝皇族從小過的是孤苦伶仃的日子，靠幫人寫信為生。等到隋煬帝楊廣登基之後，蕭銑終於迎來了一個轉機，姑姑蕭皇后總算給他謀了個差事，皇帝楊廣把他委任為羅川縣令。

如果不是時局的變遷，蕭銑還會按部就班當他的縣令，效忠他的姑父楊廣，然而世事變遷不由人意，大業十三年時勢將蕭銑推上了歷史舞台。

自立為王

大業十三年，隋朝大地叛亂四起。

這一年，巴陵郡的校尉董景珍、雷世猛，初級軍官鄭文秀、許玄徹、萬瓚、徐德基、郭華、張繡等人也想學著翟讓、李密的樣子起義，他們也想在隋朝的大蛋糕上寫上自己的名字，經過大家協商，眾人準備推舉校尉董景珍為首領，沒想到董景珍卻拒絕了。

不過在董景珍拒絕的同時，他推薦了一個人，這個人就是羅川令蕭銑。

董景珍曰：「吾素寒賤，雖假名號，眾必不從。今若推主，當從眾望。羅川令蕭銑，梁氏之後，寬仁大度，有武皇之風。吾又聞帝王膺籙，必有符命，而隋氏冠帶，盡號『起梁』，斯乃蕭家中興之兆。今請以為主，不亦應天順人乎？」

董景珍的話一半是實話，一半是忽悠，然而眾人還是相信了董景珍的話，他們同樣認為具有皇親國戚題材的蕭銑是個不錯的領袖人選，然而要命的是，蕭銑恰恰也是這樣認為的。

蕭銑接受大家推舉的過程其實很有傳奇色彩，這個過程也昭示著一個王朝末年的無序。

董景珍向蕭銑傳遞擁立之意後，蕭銑的皇親國戚血統瞬間就在體內產生了作用，在他看來，南梁雖小，可也是一國，當初隋文帝貪圖南梁國土滅了梁國，所以蕭銑這種流淌著梁國皇族血液的後人一定要想方設法為祖宗雪恥，隋朝大亂正是天賜良機。

復國念頭已起，蕭銑著手招兵買馬，幾天下來聚集了幾千人，不過這幾千人是他以隋朝羅川令的身分招募的，用途是防範流竄的賊寇。

說賊寇，賊寇就來，常在潁川流竄的賊寇首領沈柳生率領人馬流竄到羅川，蕭銑習慣性地與沈柳生交了一次手，結果首戰不利。仗打到這個份上，蕭銑開始思考自己的人生走勢，是作為隋朝的羅川令堅持到底呢，還是以前朝皇族的身分復辟呢？

通過比較，蕭銑發現隋朝這個名頭已經高度貶值了，既然如此還是放棄隋朝的名號，自立門戶吧！蕭銑因謂其眾曰：「岳州豪傑首謀起義，請我為主。今隋政不行，天下皆叛，吾雖欲獨守，力不自全。且吾先人昔都此地，若從其請，必復梁祚。」

屬下什麼反應呢？眾皆大悅！

從這一天起，隋煬帝楊廣的內侄蕭銑開始自稱梁公，改隋服色，建梁旗幟，僅僅五天，前來歸附的已達數萬人。

蕭銑改服換旗之後，他與賊帥沈柳生的交戰就再也進行不下去了。為什麼呢？因為蕭銑的位置已經變了。以前蕭銑尊隋，沈柳生反隋，因此兩人要交戰，現在蕭銑也反隋了，死敵已經變成了同盟軍，再加上蕭銑自立為梁公，顯然這是一支潛在的題材股。經過盤算，沈柳生決定率眾歸附蕭銑，因此他被蕭銑任命為車騎大將軍，跟隨蕭銑一起去接收巴陵郡（**岳陽——董景珍等人佔據的城池**）。

從這一刻起，蕭銑走上了自立為王的道路，一個前朝的皇親貴族從此懷著復國的夢想走上歷史舞臺。然而，事實證明自立為王這種高難度的工作並不適合蕭銑。

同李世民相比，李世民的雙手既可殺敵，也能治國，而蕭銑的雙手只能用來寫字。

定時炸彈——內訌

梁公蕭銑剛到巴陵郡城下，一個難題就迎面而來，這個難題很多人都解決不了，包括李密，包括蕭銑。

什麼難題呢？內訌。

蕭銑到了巴陵郡下，按照約定董景珍派徐德基、郭華等人出城迎接，還沒有接到蕭銑，先接到了沈柳生。徐德基等人表現出最大的熱情，沒有想到沈柳生卻生出了活心思，這個活心思也很簡單：「進了城，我沈柳生往哪裡擺呢？」

沈柳生謂其下曰：「我先奉梁公，勳居第一。今岳州兵眾，位多於我，我若入城，便出其下。

不如殺德基，質其首領，獨挾梁王進取州城。」

說白了，沈柳生想獨佔擁立之功，將來蕭銑一旦成功，他就是不可多得的重臣。

下定決心後，沈柳生與隨從一起乾淨俐落地殺掉了迎賓的徐德基等人，然後再去找蕭銑彙報。聽完沈柳生的彙報，蕭銑大怒：「今欲撥亂，忽自相殺，我不能為汝主矣。」說罷走出營門，作勢要走，沈柳生見狀趕緊伏地請罪，一再請求蕭銑饒恕，蕭銑心一軟，這件事就算過去了。

然而蕭銑和沈柳生以為這一頁翻過去了，董景珍卻一直耿耿於懷。在蕭銑進駐巴陵郡之後，董景珍又在蕭銑耳邊嘀咕了一通，主題就是沈柳生為賊已久，凶殘成性，現在不殺，將來後悔。

聽董景珍說得如此嚇人，蕭銑也沒有了主意，那就殺吧。

不久董景珍在巴陵郡城內斬殺沈柳生，從這一刻起蕭銑部下的殺人食物鏈已經悄悄形成，這條殺人食物鏈是蕭銑沒有駕馭能力的表象，也是蕭銑小王國的定時炸彈。

斬完沈柳生，蕭銑築壇於城南，燔燎告天，自稱梁王。當時有人應景給蕭銑上報了發現異鳥的祥瑞圖個吉利，蕭銑建元為鳳鳴。第二年，蕭銑自稱皇帝，署置百官，一切依據當年梁朝制度。隨後遣其將楊道生攻陷南郡，張繡平定嶺表，東至三峽，南盡交趾（越南），北拒漢川，全部歸附蕭銑，總兵力四十餘萬，蕭銑的梁國已經初具規模。

岑文本

西元六一八年，蕭銑從巴陵郡遷都江陵（今湖北荊州），修復園廟，在他看來定都江陵才算徹底復國。定都江陵後，蕭銑得到了一個人，這個人在貞觀年間聲名顯赫，這個人是誰呢？岑文本。

說起來隋末唐初有一個現象非常值得注意，那就是起義軍首領多數身首異處，而起義軍首領的幕僚卻有很多人在亂世中保全性命，在治世中風生水起。這些人中有幾位頗為有名，比如魏徵、褚亮、岑文本、李綱。

魏徵早年追隨元寶藏，後來追隨李密，還給竇建德打過短工，就是這樣一個經歷複雜的人在貞觀年間成為李世民的重臣；褚亮的經歷也很奇特，早年跟隨過薛舉，還曾經忽悠過薛舉投降唐朝，薛舉父子入地，褚亮卻得到了李世民的青睞，不僅自己成為「十八學士」，兒子褚遂良還成為李世民的託孤大臣；岑文本先是蕭銑手下的中書侍郎，蕭銑敗亡後，他歸了唐朝，在貞觀年間也成為李世民的重臣；李綱在隋末變亂之前他是隋朝的尚書右丞，後來被中亞商人何潘仁領導的起義軍劫持就變身為何潘仁的幕僚。有一次何潘仁派李綱向李淵彙報工作，結果被李淵賞識，留下做了丞相府司錄，武德二年文武百官業績考核，李綱高居第一。

食物鏈

蕭銑缺少為王者最需要的駕馭能力，在他的治下復國的南梁經過短暫的輝煌，迅速走向了下坡路，而他一手導演的殺人食物鏈，則在大將之間不斷延續。

蕭銑的手下都是趁亂起兵，這些人平時蠻橫驕縱，多專殺戮，蕭銑這種拿慣了筆的人自然不習慣這樣的生活，苦思冥想之後，他想出了一招：罷兵營農。

「罷兵營農」往好聽說是分散士兵從事農業生產，其實就是以營農為名解除將帥們的兵權，這下就觸了大將們的霉頭，「罷兵營農」前他們還是手握兵權的大將，「罷兵營農」後他們就成了光桿司令。

擁立有功的大司馬董景珍之弟當時也是一名將軍，將軍癮沒過幾天，就被蕭銑以罷兵營農的名義遣散了士兵，這讓董將軍非常不爽，眼睛一轉，造反吧。結果被別人告了密，董將軍就只能到地下去帶兵了。誅殺了董景珍之弟，蕭銑也沒忘了安撫董景珍，聲明此事就此了結，一切與董景珍無關，然而人心的猜疑豈能是一個聲明就消除的呢？

此時董景珍正鎮守長沙，蕭銑又給董景珍下了一紙詔令，徵召他回江陵報到，這一召就讓董景珍成了驚弓之鳥。忐忑不安的董景珍在萬般無奈之下與唐趙郡王李孝恭取得了聯繫，表明了投降誠意，結果這件事又讓蕭銑知道，麻煩更大了。蕭銑隨即下令，命令齊王張繡（**當年董景珍的同盟之一**）進攻長沙，處理大司馬董景珍。

面對咄咄逼人的張繡，董景珍試圖用言語說動，董景珍謂張繡曰：「『前年醢彭越，往年殺韓信』，卿豈不見之乎？奈何今日相攻！」董景珍的意思是說，誅殺功臣的跡象已經很明顯了，難道你沒有看到嗎？

粗人張繡不答，進兵圍之。董景珍潰圍而走，為其麾下所殺。

董景珍雖死，然而他的話卻是對的，南梁小朝廷的誅殺食物鏈還在繼續，很快就延續到了齊王張繡。處理完董景珍後，張繡回到江陵就當上了尚書令，然而尚書令是他一生的頂點，同樣也是終點。

不久張繡恃勳驕慢，專恣弄權，蕭銑對其厭惡至極，隨即授意他人，殺！

就這樣，大臣相次誅戮，故人邊將皆疑懼，多有叛者，蕭銑控制不了局勢，兵勢益弱。

剋星李靖

此時，蕭銑的剋星李靖來了。

都說貓有九條命，如果人生有前世，那麼李靖的前世可能是一隻貓。

當年李靖自費從馬邑郡到大興告發李淵，後被困在大興城內，大興城破落入李淵手中，如果沒有李世民說情，李靖已經死過一回了。

現在，進攻南梁，李靖又一次遭遇了險情，不過這次險情他當時並不知道。

李靖一直在尋找進攻南梁的合適戰機，因為無機可乘，李靖就一直觀望等待，然而這一觀望惹怒了李淵，在他看來，李靖並沒有完全效忠李唐王朝。惱怒的李淵給硤州都督許紹下了一道密旨：斬！幸虧許紹深愛李靖之才，頂著抗旨的壓力保下了李靖，不然李靖又得死一次。

時間推進到武德四年九月，李靖迎來了總攻的機會，趙郡王李孝恭出任大軍統帥，李靖代理大軍參謀長（攝大軍長史），大軍將從夔州順長江東下，此時遇到了江水暴漲。其他將領認為江水暴漲行舟艱難，不如等水勢稍緩再行出軍，然而這個意見遭到了李靖的反對，在他看來兵貴神速，此時大軍剛剛集結，蕭銑還沒有得到消息，理應趁著猛漲的水勢東下，直取江陵。

李靖是對的。兩軍對壘，知己知彼並不可怕，可怕的是出其不意。

隨即趙郡王李孝恭及李靖率巴蜀兵發自夔州，沿流而下；廬江王李瑗從襄州道；黔州刺史田世康向辰州道；黃州總管周法明向夏口道。四軍齊發，直指蕭銑。

果不出李靖所料，蕭銑以為長江水勢暴漲行舟不易，竟然絲毫沒有防備。李孝恭與李靖一連攻陷荊門、宜都，進駐夷陵，此時南梁才派出文士弘駐守清江設防，然而一切都晚了。

李孝恭、李靖首戰擊退文士弘，俘獲戰艦三百餘艘，梁軍死傷以萬計，李孝恭一直追逐文士弘到百里洲再次擊敗，南梁江州總管蓋彥舉以五個州向唐軍投降。

此時李孝恭已經率軍兵臨江陵城下，蕭銑一點兵，傻眼了，宿衛兵士僅僅數千人。

不是號稱四十萬嗎？人都哪去了？

哪去了？罷兵營農，分散光了，數十萬梁軍分散在長江沿岸、嶺南之地，想集結至少半個月。

沒辦法，先拿這幾千人守城吧！

空船計

兵臨城下，李孝恭想順勢攻城，而李靖卻不同意。在李靖看來，守城士兵多數是烏合之眾，剛開始守城必定士氣高漲，此時不能攻城，而如果緩一天攻城，這些紀律不嚴的士兵士氣必定會減弱，那時才是攻擊的最佳時機。

然而這些話李孝恭都聽不進去，他想的是一戰功成，李孝恭隨即率精兵出擊，李靖率剩餘部隊留守大營。戰事果然如同李靖所料，李孝恭久攻不下，反而受到城內守軍的反擊，唐軍攻城的士兵紛紛敗退，而南梁的軍隊就勢反撲了過來，形勢非常危急。

就在這個關鍵的時刻，南梁軍隊的低素質給了李靖難得的機會，李靖驚奇地發現南梁的軍隊不進攻了，反而就地搶劫唐軍的各種軍用物資，有搶糧草的、有搶兵器的，總之沒有一個人空著手。李靖眼睛掃過，這些士兵全都在肩扛手提，每個人都是滿負荷，此時不出擊更待何時？

李靖率領留守的士兵全線出擊，衝向南梁士兵，戰場形勢隨即發生了大逆轉，南梁士兵放棄軍用物資潰散而去，而李靖順勢攻入了外城，順便佔領了城外的碼頭，俘獲了數千艘戰船。

如何處理這些戰船呢？李靖和李孝恭組成了統一戰線，他們做出了令眾將瞠目結舌的決定：所得戰船散於江中，任其漂流。

什麼？數千艘戰船就這麼不要了？太敗家了吧！再說這樣不是又送給敵人嗎？

看著疑惑的眾將，李靖說出了自己的理由：「不然。蕭銑偽境南極嶺外、東至洞庭。若攻城未拔，援兵復到，我軍則內外受敵，進退不可，雖有舟楫，何所用之？今蕭銑沿江州鎮忽見船舸亂下，便會以為蕭銑已敗，不敢進兵，等得知確切消息，至少十天半月，屆時蕭銑已經被我們拿下了，想救也晚了。」

事實證明，李靖的策略是對的，當時蕭銑的救兵已經到了巴陵（湖南岳陽），看見空空的戰船沿江而下遮蔽江面，皆以為江陵城已破，狐疑不敢輕進。

正途？歧途！

大軍圍城，水洩不通，內無可守，外無可依，蕭銑知道自己的復國夢該到了夢醒時分。徵求一下中書侍郎岑文本的意見，岑文本給出了兩個字，「投降」。

「投降」只有兩個字，但卻是蕭銑一生中最難寫的兩個字。

然而難寫也要寫，不僅為了自己，也為了南梁百姓。痛下決心的蕭銑掩飾著自己的傷感，對文武百官說道：「天不祚梁，數歸於滅。若待力屈，必害黎元，豈以我一人致傷百姓？及城未拔，宜先出降，冀免亂兵，幸全眾庶。諸人失我，何患無君？」

說完這番話，滿城哭聲一片，在哭聲中蕭銑卻釋然了，他感受到從未有過的輕鬆，如果所有的苦難可以由自己一個人承擔，那又何必再把全城百姓當成自己的籌碼？

把手握緊，裡面什麼都沒有，把手鬆開，你擁有整個天地。

自古以來「投降」兩個字寫得都很辛苦，然而寫了之後，皇帝蕭銑倒下了，而仁者蕭銑卻站了起來，在中國歷史中，仁者蕭銑要比皇帝蕭銑光彩得多。

蕭銑以太牢（牛、豬、羊各一）告於其廟，隨後率文武百官身穿布衣頭裹布巾（緦縗布幘）走到唐軍大營門前，曰：「當死者唯銑，百姓非有罪也，請無殺掠。」

數日後，江南救兵十餘萬全部趕到，然而一切都晚了，一看皇帝都投降了，十餘萬救兵隨即向李孝恭投降，這些人大部分就是因為被李靖的空船忽悠才姍姍來遲。

現在江陵城已經落入唐軍之手，等待江陵城的又是什麼呢？雖然蕭銑一人承擔所有過失，然而戰後劫掠已經成了潛規則，更何況武德年間國家經濟不景氣，領兵打仗其實沒有多少油水，就指著戰後劫掠貼補生活呢。

幸好，在江陵城中還有兩個明白人，一個叫岑文本，另一個叫李靖。

岑文本告誡李孝恭，江南百姓在亂世中存活到現在，無不翹首以盼聖君出現，蕭銑匆匆投降也是為了放下自己的重擔，如果此時縱兵劫掠，恐怕江南民心再也不可收服。

岑文本一席話打動了李孝恭，同時也為自己的未來鋪好了一條路，可謂利國利民利己。

不縱兵劫掠？到嘴的肥肉沒有了。

不搶民也行，要不把南梁那些已經被殺將領的家產沒收了吧，那些人抗拒大軍，死有餘辜，沒收家產就算追加懲罰了。

然而這個建議又被另一個人否決了，這個人就是李靖。

李靖曰：「王者之師，義存弔伐。百姓既受驅逼，拒戰豈其所願？且犬吠非其主，無容同叛逆之科，此蒯通所以免大戮於漢祖也。今新定荊、郢，宜弘寬大，以慰遠近之心，降而籍之**（沒收家產）**，恐非救焚拯溺之義。但恐自此已南城鎮，各堅守不下，非計之善。」

在李靖的堅持下，沒收家產的建議也被否決了。

此後數日，儘管將領們還憤憤不平，然而他們卻看到了以前從未有過的現象：江南各城，聞風而降。**（江、漢之域，聞之莫不爭下）**

蕭銑投降後被押往長安，高祖李淵數其罪，蕭銑對曰：「隋失其鹿，英雄競逐，銑無天命，故至於此。亦猶田橫南面，非負漢朝。若以為罪，甘從鼎鑊。」

隨後蕭銑被斬於都市，年三十九歲，此時距離蕭銑起事僅僅五年。

其實在亂世中，每個人都在尋找出路，蕭銑同樣也在尋找自己的出路，然而他卻走進了迷途。與蕭銑同樣有前朝皇族血統的其實還有兩個人，一個是陳叔達，一個是蕭瑀，陳叔達是南朝陳國的皇族後裔，蕭瑀是南梁的皇族後裔（蕭皇后的弟弟），兩個人都在亂世中堅守自己的職責，又在適當的時間裡投降了李淵，同時也在唐朝政壇也謀得了自己的一席之地，走出了與蕭銑不同的人生軌跡。

書生握筆是正途，書生握刀便是歧途。

無論亂世還是治世，每個人都應該守住自己的道。

手足情深

說完書生意氣的蕭銑，再來說說杜伏威和輔公祏這對草莽英雄。

杜伏威和輔公祏是髮小，都是齊州人，兩個人從小就是刎頸之交。杜伏威自小放蕩不羈，稍大也不治產業，家裡經常吃了上頓沒下頓，為了活著，杜伏威選擇了一個職業：偷盜。

不過偷盜也沒有改善杜伏威的生活，他還是非常貧困，這時老朋友輔公祏向他伸出了援手，不過說起來輔公祏也是個窮人，他又能幫助杜伏威多少呢？

事實上，輔公祏對杜伏威的幫助還是很大的，每隔幾天就送杜伏威一隻羊，有一隻羊就夠杜伏威過好一陣子。然而好景不長，輔公祏的助人為樂行為還是被人發現了，而且還報了官。

給人送羊還要報官？這還有天理嗎？天理還是有的，因為輔公祏送杜伏威的羊不是他自己的，而是偷他姑媽家的。輔姑媽氣憤之下報告了官府，杜伏威和輔公祏因此成了官差追捕的嫌疑犯，兩個人一著急就離開家鄉加入了群盜，從此走上了職業偷盜道路。這一年杜伏威十六歲，輔公祏略大一點，年齡不詳。

加入群盜的杜伏威很快顯示出超人的膽識和領導才能，每次行動杜伏威出則居前，入則殿後，眾人佩服，共推為主。大業九年，為了尋求更大的發展，杜伏威率領自己的屬下加入起義首領左君行的隊伍。本想跟著左頭領共赴大業，沒想到左君行壓根就沒把他當回事，自覺無趣的杜伏威跟輔公祏一商量，算了，咱還是找個地方，自己單幹吧！

聲名鵲起

離開左君行，杜伏威轉掠淮南，自稱將軍。在劫掠的同時，杜伏威也沒有忘了發展隊伍，事實證明杜伏威很有拉隊伍的天賦。

當時下邳有個人叫苗海潮，與杜伏威是同行，也拉了一支隊伍聚眾為盜，為了收服這支隊伍，杜伏威讓輔公祏給苗海潮帶了幾句話：「若公能為主，吾當敬從，自揆不堪，可來聽命，不則一戰以決雄雌。」一話說白了就是你要是覺得能領導我，你就當老大，如果自愧不如的話，就來認我當老大，不服咱就打一仗。

接到戰鬥威脅的苗海潮仔細對比了一下雙方的實力，最後一拍板，還是你杜伏威老大，隨即率領手下全部歸附了杜伏威。

不過也有跟杜伏威較勁的，海陵起義軍首領趙破陣就是其中一個。聽說杜伏威兵比較少，也就沒把杜伏威當回事，他強迫杜伏威來拜自己這個碼頭。令趙破陣沒想到的是杜伏威真的就來了，而且還帶著十個人抬來了好酒，嘴上還非常客氣，看來趙破陣這個老大當定了。趙破陣大喜過望，引領杜伏威進入自己的大營，再招來其他頭領一起喝酒，算是收編杜伏威的慶功酒。

然而趙破陣看到的僅僅是假象，杜伏威是來談收編的不假，不過主語和賓語要顛倒一下，而且杜伏威收編的只是兵，光動嘴不動手的頭領他一個不要。酒至半酣，杜伏威動手，將趙破陣及其幾個手下斬於座位，順勢通告全營：你們被收編了，我杜伏威是你們的新老大。

自此杜伏威聲勢日益浩大，江淮間小盜爭來附之，與此同時杜伏威還走向了「精兵化」。什麼是精兵化呢？就是將精銳全部收為帳下，歸自己直接領導。

在杜伏威的帳下，有義子三十餘人，這些人都是一些頭目，勇猛無比，見了杜伏威不叫老大，叫「乾爹」。此時的杜伏威不過二十出頭，叫他乾爹的，二十、三十、甚至四十的都有，對杜伏威而言「乾爹」就是一個尊稱，與年齡無關。

除了三十多個乾兒子，杜伏威還有五千死士，稱為「上募」，估計是上等兵的意思。這五千死士杜伏威寵之甚厚，同甘共苦，每次作戰上募打頭陣。每次戰事結束後，杜伏威親自驗傷，傷在身前者重賞，傷在背部者立斬。為什麼傷在背部者立斬呢？因為你曾經有逃跑的跡象，不然不會把後背露給敵人。

殘酷歸殘酷，不過杜伏威這個人賞罰非常分明，每次作戰所獲貲財，皆以賞軍士，有戰死者，以其妻妾殉葬，故人自為戰，所向無敵。

經過杜伏威的調教，這支隊伍引起了隋煬帝楊廣的重視，皇帝一揮手，右御衛將軍陳稜以精兵八千討之。

按照陳稜的本意，他是不敢出戰的，他早聽聞杜伏威的凶猛，卻沒有想到杜伏威更有智謀。面對不出戰的陳稜，杜伏威送了他一件女人的衣服當作禮物，與衣服同時送達的還有一封信，信的開頭是這樣寫的，「陳姥姥，你好！」

智者與愚者的區別顯現在一件女人衣服和一封信上，司馬懿面對諸葛亮的挑釁坦然穿上女裝，而陳稜面對挑釁卻選擇了出城迎戰，這一戰陳稜一敗塗地，杜伏威名聲大噪。

兩軍對陣，杜伏威親自出陣前挑戰，陳稜部將射中他的額頭，杜伏威大怒，指著此人發下一句狠話：「不殺汝，我終不拔箭。」

隨即衝向陳稜的軍陣，闖禍的部將混入陣中，以為這下就安全了。然而令他沒想到的是杜伏威真的衝了進來，所向披靡，在亂軍中居然找到了他，使其拔箭，然後斬之，攜其首級復入陳稜軍中奮擊，殺數十人。稜陣大潰，僅以身免。

與杜伏威相比，輔公祏也是一個狠人，他的軍事才能在對陣李子通的大戰中發揮得淋漓盡致。

當時李子通剛剛擊敗沈法興，士氣正旺，這時杜伏威派輔公祏攪局來了，率領精兵數千渡江挑戰李子通。面對輔公祏的挑戰，李子通壓根沒有放在眼裡，他的麾下有數萬人，兵力對比為十比一，十個打一個，打不死還打不殘嗎？

結果十個打一個不僅沒打殘，還被對方打殘了。為什麼呢？輔公祏太狠了。

輔公祏先選出披甲戰士一千人，這些人全部手執長刀，成為攻擊的第一方陣，在第一方陣的背後，另有一千餘人隨後，輔公祏給他們的任務只有一個：前隊有退卻者斬。

輔公祏自領餘眾，復居其後。等到兩軍接戰時，無路可退的第一長刀方陣與李子通大軍以命死磕。而輔公祏也沒有閒著，趁李子通疲於招架之際，將手下殿後士兵一分為二，分左右兩翼迂迴包抄過去，剛才還是一面接戰，轉眼之間就變成了多點進攻。再加上長刀方陣有進無退，李子通的數萬大軍很快抵擋不住，紛紛潰散，一仗下來輔公祏俘敵數千。

有這兩個狠人領導，杜伏威和輔公祏的隊伍受到了各方面勢力的重視，宇文化及江都兵變之後任命杜伏威為歷陽太守，沒想到杜伏威並不買帳，他壓根就看不起宇文化及，就更別提宇文化及任命的官職了。

杜伏威這些人雖然叛亂，雖然割據，但從骨子裡他們都是渴望正統的，這也是中國歷史中大分裂之後總能癒合的原因之一。杜伏威得到的第一個所謂正統任命來自越王楊侗，楊侗任命杜伏威為東道大總管，封楚王。等到王世充被圍之後，李淵遣使招降，渴望正統的杜伏威順勢投降唐朝，李淵隨即任命杜伏威為東南道行台尚書令、江淮以南安撫大使、上柱國，封吳王，賜姓李氏，預宗正屬籍，封其子杜德俊為山陽公，賜帛五千段、馬三百匹。

封王，賜姓，入皇族宗譜，很多人想到卻得不到的，而杜伏威得到了，至此杜伏威叛亂之心已弱，富貴之心反增。一個人一無所有時無所畏懼，而當一個人富貴在手後就開始小心謹慎、戰戰兢兢，可以說一個人一生的謹慎程度與財富指數密切相關。

原本杜伏威也想在自己的根據地終老，然而隨著形勢的發展，杜伏威發現想在自己的老巢終老是一件不可能完成的任務。武德五年，李世民先攻劉黑闥，再打徐圓朗，兩次大戰下來，杜伏威恐慌不已，想來想去只有去長安一條路，在天子腳下當一順民，或許能保一生平安。杜伏威雖然一生草莽，但還是有幾分計謀，在去長安之前他也留了後手，臨走前安排義子王雄誕輔助輔公祏留守淮南根據地，只要根據地在，那麼淮南根據地就是杜伏威的永久護身符。

在長安，杜伏威受到了李淵的熱烈歡迎，李淵請他坐上御座以示恩寵，拜為太子太保，仍兼行台尚書令。留於京師，禮之甚厚，位在齊王元吉之上，以寵異之。

被別人改變的命運

如果日子就這樣平淡地過下去，杜伏威或許可以在長安繼續富貴的生活，然而生活注定充滿了變數。

杜伏威到長安首先改變了一個人的生活，這個人就是他的手下敗將李子通。李子通在兵敗後被杜伏威擒獲，被當成見面禮送給了李淵。聽說杜伏威入長安當閒職太子太保，李子通的心眼又活泛了，在他看來此時江東局勢不穩，如果從長安逃回江東重招舊部，一定能成就一番大業，何必再當李淵的階下囚呢？

懷著東山再起夢想的李子通帶著部將樂伯通一起逃亡，剛逃到藍田關就被抓獲，這下不用當階下囚了，直接當烈士吧！

杜伏威在無意中改變了李子通的人生，瞬即他的人生也被別人改變，這個人就是輔公祏，杜伏威的刎頸之交，杜伏威的親密無間戰友。

就在杜伏威前往長安一年後，輔公祏在淮南根據地發動了兵變，這下徹底撕掉了杜伏威的護身符，淮南根據地一叛，杜伏威對於李淵而言連雞肋都不是。

我們不知道淮南兵變後杜伏威如何度日，我們只知道輔公祏兵變六個月後，杜伏威在長安暴

卒。暴卒已經是一齣人生悲劇，然而杜伏威的悲劇在身後還在延續。（杜伏威暴卒有一種說法是常年服用一種丹藥，超標而死）

在杜伏威身後，李孝恭平定了輔公祏的叛亂，在平叛的過程中，他風聞輔公祏的叛亂自稱是受杜伏威之命，這樣杜伏威在死後又背上了叛亂的罪名。李淵接到上奏後除去杜伏威官名，籍沒其妻子。直到貞觀元年太宗李世民知其冤，赦之，復其官爵，葬以公禮，此時距離杜伏威（李伏威）暴卒已經過去整整三年。

輔公祏的二百天

說完了杜伏威的人生結局，再來說親密戰友輔公祏。

輔公祏為什麼要兵變呢？難道他不知道這樣會害死杜伏威嗎？

理由只有一個，利益面前沒有兄弟，無論他們曾經有多親密。

創業之初，杜伏威與輔公祏親密無間，形影不離，輔公祏比杜伏威年長，杜伏威以兄事之，後來杜伏威家大業大，收了三十多個義子，這三十多個義子管杜伏威叫「乾爹」，順口就管輔公祏叫「乾大爺」（軍中謂之伯父）了。

開始時，杜伏威和輔公祏對於這些稱謂都是一笑了之，然而慢慢的杜伏威發現自己這個乾爹與輔公祏這個乾大爺在軍中的地位幾乎一樣，沒有任何區別，換句話說輔乾大爺的威望已經影響到杜乾爹的威望，這可怎麼辦嗎？儘管大家都是兄弟，但畢竟一山不容二虎。

盤算多日，杜伏威對身邊的人物關係進行了仔細的分析，最終的分析結果出來了，乾兒子比兄弟更靠譜。

隨即杜伏威進行了高層改組，任命一號義子闞稜為左將軍，二號義子王雄誕為右將軍，同時任命輔公祏為僕射，一人之下，萬人之上，外示尊崇，實奪兵權。經過改組，乾兄弟輔公祏被踢出核心層，無事可做又快快不平，怎麼辦呢？

輔公祏很快想到了一個辦法，找到老朋友左遊仙學一樣手藝吧，什麼手藝呢？修道辟穀。

輔公祏難道改了性了，真的想當道士？其實當道士是假，掩藏鋒芒是真，從這一刻起親密兄弟已經蕩然無存，留在世上的是不共戴天的兩個政敵。

等待了數年，輔公祏等到了機會，武德五年，杜伏威前往長安，輔公祏的機會來了。

為了保持淮南基地的安定團結，臨走前杜伏威指定輔公祏主持全面工作，同時指定二號義子王雄誕掌握兵權，輔助輔公祏，臨走還交代王雄誕：「吾入京，若不失職，無令公祏為變。」杜伏威這個布局大家都明白，輔公祏當家不作主，王雄誕作主不當家，對杜伏威而言，乾兒子還是比乾兄弟靠譜。

然而杜伏威什麼都安排好了，就是沒有安排好王雄誕的智商。

杜伏威走後，輔公祏的朋友左遊仙開始遊說輔公祏兵變，經過遊說，輔公祏表示同意，然而仔細一想兵變根本沒有條件，兵權都握在王雄誕手裡，輔公祏根本無法調動一兵一卒。沒有兵怎麼兵變呢？很簡單，奪兵，從低智商的王雄誕手中奪兵。

輔公祏隨即偽造了一封密函，這封密函是以杜伏威的口氣寫給輔公祏的，在密函裡杜伏威對義子王雄誕的忠心產生了懷疑，並囑咐輔公祏時刻留心，注意防範。在輔公祏的傳播下，這封密函就成了公開信，淮南基地上上下下都知道這件事情，這讓王雄誕很惱火，也很沒有面子，一生氣，一上火，王雄誕裝病撂挑子不幹了。

王雄誕的智商太低了，怎麼就不知道世上還有兩個字叫「離間」呢？

趁著王雄誕裝病撂挑子的工夫，輔公祏馬上收回兵權控制了大局，隨即又發布一道密函，聲稱是杜伏威寫的，信的大體內容是，「兄弟們我回不來了，你們自己好好幹吧！」

公開信一出，淮南上下徹底砸了鍋，本來起義軍與官府的信任度就很低，再加上謠言一散播，淮南馬上就從歸附轉為叛亂，淮南根據地從此不再是杜伏威的護身符，而只是輔公祏的起事的籌碼。

起事之前，輔公祏還徵求了王雄誕的意見，此時王雄誕才恍然大悟，原來是上了輔大爺的當。面對輔公祏的招降，王雄誕終於恢復了正常的智商：「今天下方平定，吳王又在京師，大唐兵威所向無敵，奈何無故自求族滅乎！雄誕有死而已，不敢聞命。今從公為逆，不過延百日之命耳，大丈夫安能愛斯須之死，而自陷於不義乎！」隨後，王雄誕被乾大爺絞殺。

儘管王雄誕的智商不高，然而他最後的話卻是對的，此時的輔公祏起事已經失去了最重要的天時，歷史已經進入了武德六年，起事已經不再是起事了，而是叛亂。以淮南一隅，又怎麼能和唐朝的兵鋒相爭呢？

王雄誕預言輔公祏叛亂頂多維持一百天，實際上他錯了，大錯特錯了，人家輔公祏的叛亂維持了二百天，整整比他預言的多一倍呢。

然而一百天跟二百天相比有意義嗎？變的只是天數，不變的是失敗的結局。

武德六年八月，輔公祏在丹陽登基，自稱皇帝，國號宋，修繕南陳故宮自己入住，署置百官，任命道友左遊仙為兵部尚書，大修兵甲，轉漕糧饋，在淮南正式另起爐灶，與李淵分庭抗禮。

至此，輔公祏稱帝，徹底把當年的刎頸之交杜伏威推向了尷尬之地，六個月後，杜伏威在長安暴卒，死因不明，對杜伏威莫名其妙的死，輔公祏至少得付一半的責任。當年偷羊贈兄弟，如今以死贈政敵，十二年共同起事的時光，磨滅的是兄弟之情，不滅的是利益之爭。

稱帝的輔公祏並沒有多大作為，上任後的最大業績可以總結為兩條：一場小勝，一場暗殺。

被輔公祏小勝的是他的一個老對手，也是老朋友，不經打的沈法興。當時沈法興盤踞毗陵，輔公祏領兵攻克，逼著沈法興又搬了一次家，僅此而已。

一場暗殺呢，就是暗殺唐朝黃州總管周法明。當時周法明正在戰船上設宴請客，輔公祏委任的西南道大行台張善安趁機派出了刺客。刺客們划著捕魚的小船接近了周法明的戰船，戰船上的警衛竟然視若無睹，以為只是漁民正常的捕魚，卻沒有想到黃州總管周法明才是他們要捕的魚，趁著警衛鬆懈，刺客們一躍而上，將喝得面紅耳赤的周法明斬於座前。

除了這兩條戰績，輔公祏的業績實在提不起來，然而他也沒有太多的時間做業績，因為僅僅半個月後，李淵下達了圍剿令。趙郡王李孝恭、嶺南道特使李靖、懷州總管黃君漢、齊州總管李世勣四路出擊，圍剿輔公祏。

都說率軍出征講究個好彩頭，實際上這次出戰，李孝恭卻遇到了一個極壞的兆頭。

臨近出發，李孝恭宴請諸將，大家以水代酒，清水端上來了，初時不以為意，瞬間諸將臉色大變，為什麼呢？剛才還清澈見底的水忽然變成了血紅色！凶兆！絕對的凶兆！

諸將面面相覷，李孝恭卻舉止自若，微微一笑：「這是輔公祏人頭落地的徵兆！」（**此乃公祏授首之征也**）言畢，飲而盡之，眾皆悅服。

凶兆變為吉兆，關鍵取決於每個人的心態。

時間進入武德七年，輔公祏的日子越來越難過了，正月十一日趙郡王李孝恭攻破樅陽，一個月後攻破鵲頭鎮，二月二十二日行軍副總管權文誕攻破枚洄等四鎮。三月十六日李孝恭攻克梁山等三鎮。五天後安撫使任瑰攻克揚子城，廣陵城主龍龕降。

此時輔公祏將寶押在了博望山和青林山，在這裡他布下了重兵，這是他最後的防線，也是最後的籌碼。輔公祏部將馮慧亮、陳當世將舟師三萬屯博望山，陳正通、徐紹宗將步騎二萬屯青林山，並在梁山長江兩岸拉起鐵索以斷江路。

此時李孝恭與李靖率領水師已經到達舒州，李世勣率步卒一萬渡過淮河，攻克壽陽，抵達硤石，各路唐軍蜂擁而至，然而卻遇到了一個難題，守將馮慧亮堅守不出。

馮慧亮藉助山勢，堅守不出，唐軍就是餓狼也無法對著馮慧亮這個刺蝟下口。怎麼辦？難道就讓這個刺蝟猖狂？

李孝恭想到了李世民的老辦法，不急，先斷了他的糧再說。摸清了馮慧亮的運糧通道後，李孝恭出奇兵斷了馮慧亮的糧道，如此一來，馮慧亮的糧草只減不增，斷糧跡象已經出現。然而即使這樣，馮慧亮還是堅守不戰，看樣是寧可餓死，也不戰死，難題又扔給了唐軍，不能就在人家的家門口傻等啊！

李孝恭召集眾將商議，眾將一致建議採用蛙跳戰術，繞過博望山和青林山，直指輔公祏的老巢丹陽，只要打下丹陽，馮慧亮自會投降。諸將的話聽起來很有道理，李孝恭剛準備同意，李靖站起來提出了反對意見，大家這才發現蛙跳戰術斷不可行，勉強為之，定是自尋死路。

李靖曰：「輔公祏精兵雖在此布置水陸二軍，然而自己留守的亦為不少，現在博望山尚不能攻克，輔公祏憑藉堅城，豈易取哉！進攻丹陽，旬月不下，馮慧亮等尾隨我軍，屆時腹背受敵，此危道也。」

看來蛙跳戰術定不可行，那麼怎麼讓馮慧亮這隻刺蝟露出肚皮呢？李靖支出一招：羸兵挑戰，精兵伏擊。

羸兵挑戰就是安排老弱病殘的士兵前去叫陣，誘使對方出兵，等對方傾巢而出時，精兵伏擊，一舉殲滅。這一招如果用在正規軍身上可能不好使，然而用在輔公祏的雜牌軍身上，還是很管用的。李靖派出一批老弱殘兵挑戰，果然將馮慧亮的大軍引到了伏擊圈，追擊的士兵被殺的七零八落。此時馮慧亮的後續部隊又源源不斷地趕到，戰事的勝負還為未可知，然而唐軍中有一員大將摘下自己的頭盔向馮慧亮的大軍大喊了一聲：「汝曹不識我邪？何敢來與我戰！」

這個人是誰呢？馮慧亮的大軍認識這個人嗎？

當然認識，這個人原本在淮南名氣就很大，他就是杜伏威的頭號養子，左將軍闞棱，此時他的身分是唐左領軍將軍。

闞棱一聲大喝，馮慧亮再也收束不住，軍中有很多人是闞棱的舊部，聽到他威風凜凜的這聲大喝，有的下拜，有的乾脆放下武器轉身逃跑，馮慧亮大軍瞬間潰散，軍心再也無法收束。李孝恭與李靖趁勝追擊，博望山、青林山兩道防線一起崩潰，馮慧亮、陳正通逃往丹陽，士卒死傷以及淹死一萬餘人。

無處可逃

至此，最後的防線已被突破，丹陽已成孤城，雖然輔公祏手下還有數萬士兵，然而數萬人都成了驚弓之鳥。李靖率軍先到了丹陽，大驚失色的輔公祏不敢固守，居然放棄丹陽城向東而去，計畫與道友兵部尚書左遊仙在會稽（浙江紹興）會合，然而卻沒有想到，煩人的李世勣居然一直在身後不依不饒地追趕。

好不容易跑到了江蘇句容，輔公祏一盤點手下的士兵，他的心涼透了，出丹陽城時還有數萬人，到現在一查數，怎麼著只剩五百人了。

當夜輔公祏夜宿常州，本想過了這一夜帶著這五百人繼續趕路，沒想到這五百人也帶不走了，因為輔公祏的部將吳騷等人惦記著劫持輔公祏給唐軍獻禮呢！

倉促中得知消息的輔公祏顧不上接出老婆孩子，帶著親信砍開城門就跑了出去，等跑出去一盤點，還剩多少人呢？幾十。

幾十就幾十吧，等見到道友左遊仙，一切都會好起來的。然而人到走背運時，厄運總是接二連三，好不容易進入了浙江境內，距離左遊仙盤踞的會稽已經不遠，輔公祏的厄運又來了。

在武康（浙江省德清縣西武康鎮），輔公祏的隊伍遭到了鄉間流浪漢的攻擊，心腹一一戰死，輔公祏被生擒。這些鄉間流浪漢也是識貨的主，他們知道這個人可能身價不菲，索性押著輔公祏到了丹陽，在那裡流浪漢們獲得重賞，而輔公祏則被公開斬首，此時距離他與杜伏威亡命天涯已經過去了整整十三年，距離此次叛亂僅僅二百餘天。

輔公祏猜中了故事的開頭，卻沒有猜中故事的結尾。

隨後李孝恭分捕餘黨，悉誅之，江南皆平，李孝恭因功升為東南道行台右僕射，李靖為東南道行台兵部尚書。上深美靖功，曰：「靖，蕭、輔之膏肓也，古之名將韓、白、衛、霍，豈能及也！」

讚美，世界上最廉價同時也是最受用的禮物。

順著李靖說一下另外一個人的結局，這個人就是此前在博望山立下大功的杜伏威一號義子闞棱。博望山一戰，闞棱立下頭功一件，然而得意的闞棱怎會想到，一場無妄之災正向他無情的襲來，輔公祏居然在最後的供詞中宣稱闞棱與自己共同策劃了這次淮南叛亂。

其實一切都很好解釋，原本闞棱就與這個乾大爺有過節，當年正是他和王雄誕一起瓜分了乾大爺的兵權，這是舊恨；博望山一戰，又是闞棱摘下頭盔動搖了軍心，導致輔公祏的慘敗，這是新仇。新仇和舊恨加在一起，乾大爺自然不會放過乾侄子，因此就出現了臨死前的亂咬。

如果僅僅是輔公祏的亂咬，闞棱還是能保住自己的命，但不久之後，他又觸了李孝恭的霉頭，為什麼呢？居然是因為一次沒收。

在追查輔公祏餘黨的同時，李孝恭順便把原來在杜伏威、王雄誕、闞棱名下的良田和住宅一起沒收了，這讓自恃有功的闞棱非常不爽，一氣之下居然找李孝恭當面理論，兩人爭吵起來，爭吵起來自然沒有好話，闞棱以下犯上、言辭不敬，李孝恭更不是善茬，他既是大軍統帥，又是李淵的遠房侄子，皇親國戚，一怒之下藉著輔公祏的口供以謀反誅之。

早知如此，何必呢？

命該遭遇的時代

至此江南平定，嶺南歸附，唐朝境內大致底定，在南方已經基本消除了戰爭威脅，帝國的外患轉移到北方的突厥，頡利可汗成為武德與貞觀兩朝的主要敵人。

隨著唐朝對手一一覆滅，草創的李淵政府精力得以由軍事漸漸轉向國內的政治。與此同時，三個皇子的鬥爭也正式升級，爭儲走向白熱化。

也是在這一年，李淵的政府終於有了正規的模樣，臨時管制的軍事委員會模式壽終正寢，唐朝中央政府的模式終於實現了正規化。大致上唐延續隋制，框架不變，細部微調。

以太尉、司徒、司空為三公，其次為尚書、門下、中書、秘書、殿中、內侍為六省，其次御史臺，次太常至太府為九寺，次將作監，次國子學，次天策上將府，次左、右衛至左、右領衛為十四衛；東宮置三師、三少、詹事及兩坊、三寺、十率府；王、公置府佐、國官，公主置邑司，並為京職事官。州、縣、鎮、戍為外職事官。自開府儀同三司至將仕郎二十八階，稱「文散官」；驃騎大將軍至陪戎副尉三十一階，為「武散官」；上柱國至武騎尉十二等，為「勳官」。

政治是什麼？政治就是人與人的關係，就是無數人糾纏在一起，無數人一起或有意或無意上演的一台戲。其實每個人生來就是演員，任務就是演好自己的角色。

時間走到了武德七年，聚光燈打向了三個年輕人，太子建成、秦王李世民、齊王李元吉。這一年太子李建成三十五歲，秦王李世民二十六歲，齊王李元吉二十一歲，他們正經歷著一生中最好的歲月，同時也是人生中最差的歲月。

莎士比亞說：我們命該遭遇這樣的時代！這句話同樣適用於李淵和他的三個兒子。

歷時三年，李家的三個皇子打造了一齣歷史大戲。戲的名字很短，只有三個字：《玄武門》。

第三章

走不出的玄武門

楊文幹謀反

二十多年前，當太子楊勇與晉王楊廣兄弟相爭時，旁觀者李淵只是不斷地搖頭，在他看來，手足相殘又何必呢？畢竟一筆寫不出兩個楊字。回頭看看自己的兒子李建成和李世民，李淵的心裡充滿了安慰，雖然自己沒有大富大貴，但至少兒子們可以保持兄弟和睦，這個世界上有比兄弟和睦更珍貴的東西嗎？

然而世界會變的，一切都會變的，李淵也不知道究竟是從何時起，兒子們變得不能相容，難道就是因為自己的這個皇位？

是的，就是皇位。皇位面前只有第一，沒有第二，只有君臣，沒有兄弟。

和李淵一樣，李世民也陷入了迷茫之中，以前他的迷茫是不知道如何盡快平叛天下，而現在他的迷茫是不知道如何走出兄弟相爭的困局。皇位古往今來就是排他的唯一性，在競爭皇位的過程中注定不會有大團圓，也不會有哥倆好，那麼自己又將如何擺平與建成、元吉的紛爭呢？

想了很多天，愁了很多天，李世民抱定了順其自然的信念。對於皇位，既不能當仁不讓，也不能袖手旁觀，那就只好等了。

「等」不是虛度光陰，而是等待有利的時機。

「等」是將拳頭收到自己的懷中，不是不出，而是等待出重拳的機會。

「等」是一種智慧，也是一種態度。

善於等待的李世民並沒有等待多久，他就迎來了第一個機會，這個機會就是楊文幹謀反。

其實，楊文幹謀反只是一個偶然事件，根源還是太子建成與齊王元吉對李世民的算計。

自從兄弟三人的鬥爭進入白熱化以後，建成和元吉的殺機漸起，元吉屢次勸太子建成除掉秦王李世民，為了表示自己的誠意，元吉甚至說：「當為兄手刃之！」

要說元吉也是個混不吝（**北京方言，什麼都不在乎的意思**），這個人犯起混來神仙都攔不住。武德初年鎮守并州時就是一派惡少的作為，性好畋獵，嘗言「我寧三日不食，不能一日不獵」。又縱其左右攘奪百姓，蹂踐穀稼，放縱親昵公行攘奪，境內六畜因之殆盡。當衢而射，觀人避箭以為笑樂。分遣左右，戲為攻戰，至相擊刺毀傷至死。夜開府門，宣淫他室。百姓怨毒，各懷憤歎。

儘管李元吉是個混不吝，不過他也是個講信用的人，在對建成做出承諾後，他就一直在尋找除掉李世民的機會。沒過多久，他找到了。

這是個什麼樣的機會呢？原來李淵與李世民要一起到李元吉家作客。這下就給了李元吉一個千載難逢的機會。李元吉安排護軍宇文寶伏於寢內，欲趁機刺殺李世民，幸好事到臨頭李建成又於心不忍，遽止之。為此哥倆還反了臉，元吉慍曰：「為兄計耳，於我何有！」

事實上李建成一方面尚存兄弟情誼，一方面則是投鼠忌器，畢竟老爹李淵與李世民一起到元吉家作客，總不能就在老爹的眼皮底下做掉李世民，一旦老爹翻臉，或許哥仨一起被廢，反正皇子有的是，二十多個呢！

李世民躲過了這一次近在咫尺的刺殺，而太子建成與齊王元吉的敵意卻沒有絲毫消除，反而變本加厲了。哥倆私召四方驍勇，並募長安惡少年二千餘人，畜為宮甲，分屯太子宮左、右長林門，號為「長林兵」，這兩千餘長林兵成為李建成的關鍵籌碼，在玄武門之變中差點扭轉了戰局。

除了「長林兵」之外，李建成還把手伸到了周邊，密使右虞侯率可達志從燕王李藝處徵調幽州突騎三百，置宮東諸坊，準備補充進太子親兵衛隊，這三百突騎非同小可，久經考驗，百戰成鋼，有了這三百突騎，太子建成這隻老虎就插上了小翅膀。

然而建成的算盤並沒有撥弄太久，沒幾天，三百突騎的事情就讓李淵知道了，這讓李淵也嚇了一跳，三百突騎既是對李世民的威脅，同樣也是對李淵的威脅，要知道這三百個狠人就在東宮附近，與李淵的寢宮距離之近，李淵用腳丫子都能量出來。

為了保證自己的睡眠品質，李淵叫來建成狠狠教訓了一通，順便遣散了三百突騎，再順便把經手此事的可達志流放到了巂州。巂州就是現在的四川省西昌市，現在出名是因為那裡有一個衛星發射中心，為什麼會在那裡建衛星發射中心呢？是因為那裡荒涼，人煙罕至。那麼倒退一千多年，巂州該荒涼到什麼程度呢？

得力幹將可達志已經被流放到鳥煙罕至的巂州，然而太子建成的棋子並不只這一個，慶州（甘肅省慶陽市）都督楊文幹就是其中的一個。楊文幹曾經當過太子宮的衛士，在工作的過程中成了太子建成的鐵桿，楊文幹經太子推薦當上了慶陽都督，因此也成了建成布局的一顆棋子。

出任都督的前期，楊文幹的任務就是招募勇士加以訓練，訓練期滿後就將這些人送到長安，編進太子親兵衛隊，其他的時候則是隨時待命，等待太子召喚。

武德七年六月，楊文幹等到了來自長安的消息：李淵將在本月前往仁智宮避暑。

按道理說，李淵避暑與慶州都督根本沒有關係，那麼楊文幹得到這個消息又有什麼用呢？當然有用，因為李淵避暑與太子建成有莫大的關係。此次李淵前往仁智宮避暑並非李淵一個人，隨行的還有秦王李世民和齊王李元吉，此時的京城長安只剩下李建成一個人說了算。

看過古裝電視劇的人都知道，皇帝離開京城的時期是最敏感的時期，歷史上的很多變故都是在皇帝離京時期發生，現在恰恰李淵也離開了京城。

對於李淵的這次離京，李建成也做了兩手準備，一手對付李世民，一手召喚楊文幹。對付李世民的任務交給了齊王李元吉，示意李元吉伺機動手，曰：「安危之計，決在今歲。」召喚楊文幹的任務則落在了內府郎將爾朱煥和校尉橋公山身上，他倆的任務是給楊文幹送裝備軍隊的鎧甲。

花開兩朵，各自鬥豔，李建成以為自己兩路開花、兩路結果，卻沒有想到這兩路到最後都成了無花果。為什麼兩路都會成無花果呢？就是因為送鎧甲的這一路掉了鏈子。

負責送鎧甲的爾朱煥和橋公山從長安出發，一路走到了豳州，他們的目的地是楊文幹鎮守的慶州，到此時剛剛走了一半。然而兩個人卻不準備再走了，久在太子身邊，他們很清楚此時送鎧甲的含義，說白了就是謀反。而謀反可是滅族的罪，自己家裡有幾顆腦袋夠李淵砍的呢？哥倆想來想去，終於痛下決心，不往北走了，咱往東走吧！

往北，是楊文幹鎮守的慶州；往東，是李淵避暑的仁智宮。

往北，獲得的可能是未來幸福的支票；往東，獲得的可能是現金。比來比去，現金比支票更實在，兩人一跺腳，直接把鎧甲送到了仁智宮，順便上報李淵：太子勾結楊文幹密謀起事。

太子謀反？別開玩笑了，天下遲早不就是他的嗎？

接到奏報的李淵雖然震驚，但仍然心存懷疑，他實在搞不清太子謀反的動機。就在李淵舉棋不定時，長安又傳來急報：寧州人杜鳳舉向中央舉報太子謀反。三人成虎，現在已經有三個人說李建成謀反了，莫非是真的？

長於謀略的李淵並沒有亂方寸，而是找了個理由召喚太子建成從長安前來晉見，兵法上這叫「投石問路」，試試李建成的深淺。如果李建成真想謀反，那麼就讓你倉促起兵，首尾不顧，如果不想謀反，那麼爺倆就當面把話說清楚。

接到李淵召喚的李建成頓時大驚失色，他沒有想到送鎧甲的一路居然直接將鎧甲送給了老爹，這等於直接讓老爹看到了自己的底牌，那麼接下來怎麼辦呢？是跟老爹死磕，還是跟老爹服軟呢？

太子舍人徐師謨的意見是佔據京城，父子死磕；詹事主簿趙弘智的意見則是放棄抵抗，父子和解。

究竟是死磕，還是和解呢？太子建成迅速在腦海中將雙方進行了實力對比，頹然發現自己實在沒有跟老爹死磕的資本，自己唯一的資本就是太子身分，然而這個身分恰恰是老爹給予的。

當日，李建成出長安奔赴仁智宮，當面向老爹李淵請罪。距離仁智宮還有六十里，李建成將所有部屬留在當地，自己只率十幾個騎兵趕赴仁智宮，他要用這個姿態向老爹證明自己絕無反心。然而儘管李建成計畫周密，他還是遺忘了一個關鍵的環節：慶州的楊文幹。

父子相見，高祖李淵大怒，建成叩頭謝罪，用力過猛幾乎氣絕身死（奮身自投於地，幾至於絕）。即便這樣，李淵還不準備饒恕李建成，當夜將之軟禁與帳幕之中，只提供粗麥飯以供充饑，指派殿中監陳福嚴密監視，同時派遣司農卿宇文穎前往慶州召喚楊文幹當面對質。

然而令李淵沒有想到的是，司農卿宇文穎居然是個大嘴巴，原本宇文穎的任務只是徵召楊文幹到仁智宮晉見，沒想到宇文穎一見到楊文幹就把所有的事情都告訴了他。

於是難題一下子擺在了楊文幹面前，面對這個難題，楊文幹該怎麼辦呢？反還是不反呢？

楊文幹是個徹頭徹尾的粗人，此時如果不反，太子建成在李淵面前就不會落下太多把柄，頂多落一個結交外官，行為不檢；而楊文幹一反，太子建成的罪名就坐實了，就是跳到長江也洗不清。楊文幹反了，對付這樣的小角色，李世民一根小手指頭就夠了，然而對李世民而言，更關鍵的是太子不可信任，那麼自己的機會就來了。

接到老爹的召喚，李世民大步流星地趕到了老爹面前，李世民曰：「文幹豎子，敢為狂逆，計府僚已應擒戮；若不爾，正應遣一將討之耳。」上曰：「不然。文幹事連建成，恐應之者眾。汝宜自行，還，立汝為太子。吾不能效隋文帝自誅其子，當封建成為蜀王。蜀兵脆弱，它日苟能事汝，汝宜全之；不能事汝，汝取之易耳！」（《資治通鑑》）

踏破鐵鞋無覓處，得來全不費工夫，李世民期盼多年的變局終於在這次小規模的叛亂中實現了，只要擒下楊文幹，自己就是新太子。

李世民興沖沖的出發了，在他的眼前，皇位已經在向他招手，只要滅掉楊文幹，平息太子建成引發的叛亂，那麼他就是大唐的儲君。然而世上的事總是充滿了變數，在李世民出軍之後，一場圍繞著太子建成的救贖也隨之展開。

齊王李元吉、寵妃尹德妃、張婕妤，這些受過建成好處的人開始在李淵面前為太子建成說情。與此同時，隋唐兩朝的老油條，侍中封德彝也在政府中網羅一干人等為太子建成說情。說的人多了，李淵的耳朵裡聽出了老繭，同時也聽到心軟了，畢竟建成已經當了七年的太子。除了這次疑點重重的疑似叛亂，建成的表現一直很好，再者前朝楊勇的悲劇就在自己眼前發生，難道自己也要步姨父的後塵嗎？廢錯太子，可是要動搖國本的。

幾天後，李淵的態度發生了逆轉，不再提廢太子的話題，反而解除建成的軟禁，派遣回長安繼續居守，就當一切從來沒有發生過。

然而，發生的終究是發生了，這一切又怎麼解釋呢？李淵的解釋是「兄弟不睦，相互指責」，本著凡事都有替罪羊的原則，這次事件李淵歸罪於太子中允王珪、左衛率韋挺、天策兵曹參軍杜淹，是他們攛掇兄弟不和，三個人一起上路吧，流放巂州，別忘了替李淵給可達志帶個好。

數天後，李世民出軍進逼楊文幹據守的慶州，楊文幹軍抵擋不住全線崩潰，楊文幹被部將刺殺，人頭被送給李世民，這場小規模叛亂，剛開了頭就結了尾。

回軍路上，李世民得知父親變卦的消息，心中只能一聲歎息：又白忙活一場。

其實說到底，楊文幹謀反就是一件謎案，疑點重重，我們目前看到的材料來自《舊唐書》、《新唐書》、《資治通鑑》，這三種資料一致宣稱楊文幹謀反，事實上楊文幹的謀反動機又在哪裡呢？難道是太子建成想提前登基？難道太子建成已經感受到來自李世民的壓力？即使太子建成佔據京城，外有楊文幹策應，然而這樣的勝算有多大呢？只要李淵一紙詔書，建成就是亂臣賊子人人得以誅之，難道建成從來沒有想過這一點嗎？

從相關資料來看，當時建成的地位還比較穩固，親眼目睹前朝廢儲的李淵在儲君的問題上更加謹慎，因為前朝的悲劇歷歷在目。

然而從李淵最後對此事的處理來看，李淵的結論是「兄弟不睦」，這個結論值得玩味，而三個替罪羊也很有意思，太子中允王珪、左衛率韋挺來自東宮，屬於建成的部屬；而天策兵曹參軍杜淹則來自秦王府，屬於李世民的陣營，李淵如此處理，實際就是將李建成和李世民各打五十大板。

就此，從隱晦的史實中可以做出一個假設：楊文幹謀反其實是李世民的一個反向策劃。事實的真相很可能是這樣的：

太子建成和楊文幹確有內外呼應的企圖，但僅僅是企圖，而洞悉這一切的李世民在送鎧甲的爾朱煥和橋公山身上做了手腳，讓這次原本普通的送鎧甲事件升級成了謀反（除了楊玄感，誰會在謀反前連鎧甲都湊不齊）。同時徵召楊文幹到行宮對質的宇文穎也很有可能是李世民的一個棋子，這個人徹底點燃了楊文幹的謀反之火。

由於年代的久遠，史實的隱晦，歷史的真相已經永遠地被掩蓋在歲月的煙塵之下，我們只知道「楊文幹謀反」的最大贏家原本是李世民，只不過到最後李淵將兩個皇子各打了五十大板，這場疑似叛亂楊文幹被殺、宇文穎被斬；王珪、韋挺、杜淹被流放；太子建成和秦王李世民各自虛驚一場，僅此而已。

然而，兄弟相爭一旦開始就不會結束，隨著第一回合的平手，第二回合接踵而至。

微妙的平衡

楊文幹謀反很快成為歷史，李建成與李世民的爭奪卻還在繼續，他們的爭鬥有的時候很大，有的時候則是很小，然而在皇帝的家中雞毛蒜皮也不算小事，一件小事或許就能左右皇位的最終歸屬。

先來說一件小事，這件小事實在是很小，有多小呢？實際上就是個遷都問題。

好好的怎麼想起了遷都呢？這一切都是東突厥人惹的禍。

雖然晉陽起兵之初，李淵與東突厥結成了戰略合作夥伴關係，然而夥伴關係隨著李淵建都長安就演變成了摩擦關係。儘管是夥伴但還是摩擦不斷，東突厥人不事生產，生活所需的日用品都生產不出來，再加上生產力水準遠遠低於唐朝，所以東突厥這個夥伴也就經常不打招呼到唐朝來借點東西，當然借的同時也沒打算還。

一天兩天還可以接受，時間長了，李淵也受不了，畢竟一睜眼就看見夥伴不打招呼拿自己的東西，誰看了誰都不爽。

怎麼辦呢？

死磕？當然不行。唐朝剛剛從國內的硝煙中恢復一點元氣，一個大病初癒的人怎麼跟虎視眈眈氣壯如牛的人鬥呢？

繼續花錢買和平？似乎也不行。錢越花越多，和平越來越貴，到什麼時候才算終點呢？

那麼該怎麼辦呢？

此時有人提了一個建議：火燒長安，遠走他鄉。惹不起咱躲得起。

這位天才接著說：「突厥所以屢寇關中者，以子女玉帛皆在長安故也。若焚長安而不都，則胡寇自息矣。」

令人驚訝的是，李淵居然同意了這個天才的說法，隨即派遣中書侍郎宇文士及逾南山至樊、鄧，行可居之地，勘察可以遷都的地方。經過宇文士及的勘察，襄陽似乎是個不錯的選擇。

對於這個天才的遷都意見，大臣們分成了三派，太子建成、齊王元吉、裴寂屬於贊成派，蕭瑀等一干大臣屬於裝聾作啞派，而秦王李世民則是旗幟鮮明的反對派，在他看來遷都不是解決問題的根本，說白了是帝國的恥辱。

李世民曰：「戎狄為患，自古有之。陛下以聖武龍興，光宅中夏，精兵百萬，所征無敵，奈何以胡寇擾邊，遽遷都以避之，貽四海之羞，為百世之笑乎！彼霍去病漢廷一將，猶志滅匈奴；況臣忝備藩維，願假數年之期，請繫頡利之頸，致之闕下。若其不效，遷都未晚。」

顯然李世民就是旗幟鮮明的死磕派，對於東突厥求和不是辦法，遷都也不是辦法，唯一的辦法就是在求和的掩護下死磕。事實上，在貞觀年間正是李世民一手求和，一手死磕，最終將東突厥打得一敗塗地，也用鐵的事實驗證了自己當年的誓言。

李世民的一席話深深打動了李淵，其實李淵又何嘗願意遷都，他對長安是有感情的，他生於斯長於斯，對長安的感情比楊廣深得多，況且長安是他的福地，誰會輕易離開自己的福地呢？

李世民的話儘管打動了李淵，卻沒有打動太子李建成，在這個問題上哥倆必定是要唱一齣反調的。太子建成不動聲色地看著李世民：「昔樊噲欲以十萬眾橫行匈奴中，秦王之言得無似之！」那意思是說，你李世民說話怎麼跟樊噲一樣沒譜，西漢的樊噲號稱以十萬之眾橫掃匈奴是不自量力，你李世民說這大話豈不是更加不自量力。

面對太子的反調，李世民反唇相譏：「形勢各異，用兵不同，樊噲小豎，何足道乎！不出十年，必定漠北，非敢虛言也！」

其實，太子建成和秦王李世民各有各的道理，建成說的是眼前，李世民說的是日後，兩個人說的都不算錯，只是兩個人的話語無形之中昭示著兩個人的眼光。相比之下，縱橫天下多年的李世民要比養尊處優的太子眼光更加長遠，不因為別的，只因為他比太子走的路更多。

經過當廷爭論，「遷都」胎死腹中，李世民略勝一籌。

然而，李世民的勝利還是沒有延續太久，雖然他的表態深得老爹李淵賞識，不過經過建成與妃嬪的添油加醋之後，李世民的表態就有了另外一種解釋。

李建成聯合嬪妃們對老爹說：「突厥雖屢為邊患，得賂則退。秦王外託禦寇之名，內欲總兵權，成其篡奪之謀耳！」

同一件事情，李世民主張抵禦東突厥可以理解為「為國分憂」，然而同時也可以理解為「假借禦寇之名擁兵自重」。

向左是「為國分憂」，向右是「擁兵自重」，中國式的智慧實在太高深了。

向左，還是向右，李淵陷入了兩難，不過善於搞平衡的他還是想到了一個辦法，「限制使用」。

何謂「限制使用」呢？簡單說來就是平時限制，戰時使用。平時就把李世民當大臣一樣對待，沒有特殊、沒有兵權；戰時則假以兵權，命為統帥。說白了李世民就是他的合約制元帥，戰爭開始執行合約，戰爭結束合約自動終止。如此一來，兵權始終握在李淵的手中，畢竟只有刀把握在自己的手裡才最安全。

總體說來，「遷都」之爭，李世民明勝暗負，表面上得到了老爹的讚許，實際上卻受到了老爹的猜忌，這一回合，李世民負於李建成。

說完遷都的小事，再來說另一件小事，這件事也很小，小到這件事的主題只是一匹馬。

武德七年的某一天，李淵協同三個皇子一起到城南打獵，為了檢查一下兄弟三人的功課，李淵命三個皇子比賽一下騎馬射箭，看看哥仨誰的馬上功夫更好。

正當李世民準備翻身上馬之時，太子建成牽過來一匹胡馬，這匹馬比中原馬更加肥壯，不過有一個缺點，飛奔時腳步不穩，容易栽倒，這匹馬在皇子中早已名聲在外，只是因為馬步不穩，沒有人敢騎。現在太子建成不懷好意地將馬牽到了李世民面前，順勢將了李世民一軍：「此馬甚駿，能超數丈澗。弟善騎，試乘之。」

這匹馬騎還是不騎呢？李世民是一個臉面比命都重要的主，當然要騎。

翻身上馬，李世民跨著這匹胡馬追逐射鹿，沒有多久胡馬果然栽倒，李世民躍立於數步之外，馬起，復乘之，如此反覆了三次。旁邊的人看著秦王如此折騰，不禁投去同情的目光，然而李世民卻一臉輕鬆地回頭跟宇文士及說：「彼欲以此見殺，死生有命，庸何傷乎！」

解決了騎馬的難題，李世民以為事情就此結束了，然而事情還沒有完，他隨口說的那句話，居然成了難得的把柄。建成聞之，因令妃嬪譖之於上曰：「秦王自言，我有天命，方為天下主，豈有浪死！」（**秦王說了，我有天命，是要擁有天下的主，哪能隨隨便便死呢！**）

有天命，什麼意思？難道他要將老爹取而代之？這不是皇帝楊廣的作派嗎？難道就這麼急著讓李淵下去陪他姨父楊堅？

是可忍，孰不可忍，李淵大怒，先召建成、元吉入殿，一盤問，哥倆異口同聲的說：「當時確有此言。」

又是三人成虎，盛怒之下的李淵召喚李世民入內，責之曰：「天子自有天命，非智力可求；汝求之一何急邪！」李世民免冠頓首，請下法司案驗，然而即便如此，李淵的怒火還是無法消除。

此時如果沒有意外，或許李世民是免不了被軟禁幾天的處罰，然而此時偏偏又有意外發生：東突厥的軍隊又入侵了。接到奏報，李淵的怒火頓時消了，不消也不行，他還得指著眼前這個兒子打仗呢，瞬即李淵改容，勞勉世民，命之冠帶，與謀突厥，沒辦法，天下沒有比他更能打的了。

第三回合最終一盤點，李世民再輸一回。

自此之後，每有寇盜，輒命世民討之，事平之後，猜嫌益甚。（《資治通鑒》）

李淵猜忌李世民究竟是確有其事，還是李世民事後往自己臉上貼金呢？

從中國的歷史來看，恐怕是確有其事。

那麼李淵為什麼猜忌次子李世民而不是太子李建成呢？原因很簡單，李世民帶兵多年已經在朝中和軍中積累下豐厚的人脈，而太子建成卻因為多年留守沒有形成強大的關係網，因此對於李世民的猜忌自然要高於李建成。

說到底，對於李淵影響更大的還是前朝往事，姨父楊堅的結局始終在他的腦海中縈繞，他是斷斷不會再步姨父的後塵。

其實，皇子之間的爭鬥李淵並非不知，他只是睜一隻眼閉一隻眼，裝作不知道而已，試想李建成把兩千多名長林兵屯於太子宮左右，作為皇帝他焉能不知？他只是默認太子擴充勢力對付秦王李世民而已，在他心中絕不希望某一個皇子一人獨大。

然而，善於搞平衡的李淵不會想到，他搞了一輩子平衡，卻始終搞不定兒子之間的平衡。

清官難斷家務事，殊不知，皇帝更難！

升級，決戰前夜！

不在沉默中爆發，就在沉默中滅亡。

三回合交鋒處於劣勢的李世民開始考慮自己的退路，畢竟他的強項是騎馬征戰，而非宮廷鬥爭。

怎麼辦？難道坐等失敗的來臨？

如果那樣，他就不是李世民了。

思索了幾日，李世民將目光落在了洛陽，那裡曾經是他擒獲竇建德、平定王世充的地方，那裡是他的一塊福地，既然宮廷鬥爭捉襟見肘，那麼何不退一步到洛陽去呢？退可以固守洛陽，進可以席捲長安，在李世民心中，洛陽就是他人生中最重要的一塊跳板。

選定了洛陽作為跳板，李世民先是派出了行台工部尚書溫大雅鎮守洛陽，同時派遣秦府車騎將軍張亮率領左右侍衛王保等千餘人進駐洛陽，在進駐洛陽的同時，張亮還擔負到了一項特殊的任務：私下結納山東豪傑以應對朝廷多變的局勢。

為什麼會有這項特殊任務呢？說白了就是李世民在洛陽擴充自己的勢力以應不時之需，畢竟長安就在老爹李淵的眼皮底下，在洛陽擴充勢力要比長安隱蔽得多。當然為了執行這項特殊的任務，李世民是下了血本的，他交給張亮無數金銀財寶，總之一句話，「如果錢能夠解決問題那就不是問題」。

張亮後來名列凌煙閣二十四功臣之一，這個人的經歷也挺複雜。

早年間張亮以種地為生，李密起義之後就跟隨了李密，不過起初李密沒有把他當回事。當時李密軍中有一場叛亂，這場叛亂給了張亮一個翻身的機會，張亮第一個向李密告了密，因為這次告密張亮被提升為驃騎將軍，頂頭上司就是徐世勣。李密敗亡，張亮就跟徐世勣一起投奔了李淵，因此被任命為鄭州刺史。

要說張亮的命也夠苦的，就在他上任的途中，鄭州被王世充攻陷，張亮這個鄭州刺史還沒上任就被王世充給註銷了。那個時候兵荒馬亂，往前走上不了任，往後走道路不通又回不了長安，前後都無路。沒有辦法，張亮一咬牙、一跺腳就亡命於共城山澤當起了野人，這一當就當了有些日子。後來終於回到了長安，房玄齡、李世勣以張亮倜儻有智謀推薦給秦王李世民，這下張亮就不用當野人，改當秦府車騎將軍了。

知恩圖報的張亮在洛陽的擴充工作進展得非常順利，無論當地還是附近的人聽說了張亮的招募都紛紛來投，口耳相傳，張亮的擴充工作名聲在外，這一下驚動了齊王李元吉。

那個時候，太子建成和齊王李元吉也將手伸到了洛陽，他們也想在洛陽擴充實力，沒想到洛陽地面的強人都歸到了張亮的帳下，而且聽說行情還很高。

「張亮收編強人，行情很高」、「張亮原為秦王府車騎將軍」，兩條線索一串聯，李元吉得出了一個結論：秦王府圖謀不軌。

李淵很快得到了李元吉的奏報，下令將張亮捉拿入獄嚴加審問，這下張亮的麻煩大了。然而令李淵和李元吉都沒有想到的是，張亮這個人太絕了，怎麼個絕法呢？

進了監獄之後，張亮居然一言不發。無論如何逼供、誘供，張亮就是一言不發，就像從來不會說話一樣。那個年頭審案主要看口供，既然張亮一言不發就意味著張亮無罪。

過了一段時間，在秦王李世民的干預下，張亮被無罪釋放，依舊回洛陽任職，繼續招兵買馬的工作。張亮此舉贏得了李世民的徹底信任。

洛陽的擴充在繼續，長安的宮廷鬥爭又何嘗停止過，不久，李世民又遭遇了一次險情，這次險情也是一件歷史謎案。事情的起因是一頓酒。

《資治通鑒》的記載是這樣的：建成夜召世民，飲酒而鴆之，世民暴心痛，吐血數升，淮安王神通扶之還西宮。上幸西宮，問世民疾，敕建成曰：「秦王素不能飲，自今無得復夜飲！」

《舊唐書》、《新唐書》的記載基本相同，太子建成請李世民飲酒，順便在酒裡放了毒。

這件事情究竟是真，還是假呢？天知地知！

一方面，建成在自己家中請客，然後在酒中放毒，這樣的作案手法是否太低劣了呢？另一方面，爭儲奪嫡已經進入了白熱化，秦王李世民能在皇宮中射殺太子，那麼太子在自己家中毒死李世民似乎也能說得過去。

爭儲，一切皆有可能。

在這次疑似下毒案之後，難題再次出給了李淵，兩個皇子的相爭必須要有個了斷了，不了斷遲早要出人命。然而手心手背都是肉，又該怎麼了斷呢？想來想去，李淵只能採用最簡單的辦法：一分為二。

李淵因謂世民曰：「首建大謀，削平海內，皆汝之功。吾欲立汝為嗣，汝固辭；且建成年長，為嗣日久，吾不忍奪也。觀汝兄弟似不相容，同處京邑，必有紛競，當遣汝還行台，居洛陽，自陝以東皆王之。仍命汝建天子旌旗，如漢梁孝王故事。」世民涕泣，辭以不欲遠離膝下。上曰：「天

下一家，東、西兩都，道路甚邇。吾思汝即往，毋煩悲也。」（《資治通鑒》）

也就是說，李淵準備將事情簡單化，讓李世民居於洛陽，自陝以東均由李世民說了算，相當於分家單過，從此李世民和李建成各頂各的門頭，兩不相欠，這樣就沒得打了。

實際上，這是一個餿得不能再餿的餿主意，一塊餅能分、一個饅頭能分，天下豈能如此簡單的中分？即使中分後能夠維持暫時的安寧，然而時間長了呢？一統天下的野心哪一方能壓得住呢？

幸好這個餿主意很快就被叫停，叫停的居然是太子建成和齊王李元吉，難道他們愛好世界和平？

當然不是，他們為的是降低自己的打虎難度。

如果李世民出鎮洛陽，建天子旌旗，自陝以東皆王之，那麼以李世民的雄才大略，李建成和李元吉從此絕不是李世民的對手，而如果將李世民困在長安勢單力薄，那麼打死這隻獨孤的老虎還是相對容易的。

中分天下無疾而終，分庭抗禮也不現實，困在長安的李世民不得不繼續面對宮廷的鬥爭，坦白的說，若論宮廷鬥爭，李世民確實不是建成和元吉的對手。

其實建成和元吉的手段也並不高明，他們只是牢牢的抓住了一點：皇帝的安全感。

難道連李淵也沒有安全感？是的，自古以來的皇帝最不缺的是錢，最缺的就是安全感。尤其李淵這種五十歲以後才趁亂登基的皇帝，他們的安全感比其他皇帝更缺乏，因為他們知道自己的皇位是如何得來，同時也擔心皇位以同樣的方式失去。

現在國內大致底定，割據勢力已經不再是皇位的最大威脅，那麼現在哪種勢力對皇位的威脅最大呢？當然是皇子，尤其是像李世民這種在軍中有極高威望的皇子。

翻看唐代的史料我們會發現，多數都記載李淵猜忌李世民。事實上，像李世民這樣的皇子在歷代都會被猜忌的，比如李世民在貞觀年間要廢掉太子李承乾、魏王李泰，儘管兩人各有各的問題，但最大的問題是結黨，而結黨恰恰構成了對皇帝的威脅。李世民最終選擇的皇子是李治，為什麼呢？因為那時的李治剛剛十五歲，沒有結黨，這樣的皇子對老爹而言最安全。

有了老皇帝李淵的不安全感，再加上太子建成和齊王李元吉的詆毀，李淵對李世民的戒心日甚一日，採取行動也只是時間問題。幸好此時還有中間派大臣起了一下緩衝的作用，這個人就是南陳的皇族後裔陳叔達。

陳叔達諫曰：「秦王有大功於天下，不可黜也。且性剛烈，若加挫抑，恐不勝憂憤，或有不測之疾，陛下悔之何及！」

一語成讖，陳叔達的話阻止了李淵廢李世民的心，卻在無意中指出了李淵的險境：或有不測之疾，武德九年的玄武門，就是李淵的不測之疾。

然而即便陳叔達阻止，齊王李元吉還是不甘心，這一次他做得更徹底，索性向老爹李淵當面密奏：除掉秦王李世民。

李淵曰：「彼有定天下之功，罪狀未著，何以為辭！」元吉曰：「秦王初平東都，顧望不還，散錢帛以樹私恩，又違敕命，非反而何！但應速殺，何患無辭！」李淵不應。

由此可見，三兄弟的爭鬥其實由來已久，遠在武德四年就開始了，外敵當前，兄弟禦於外；外敵消滅，兄弟鬩於牆。

爭鬥還在繼續，雙方都在積累著力量，看似平靜的背後掩飾的是兄弟三人不斷積累的能量。兄弟三人齊心協力為初唐的政治打造了一桶碩大無比的火藥桶，而要命的是每個人的手中都有一枝點燃火藥桶的火把。

爭鬥繼續深入發展，深入到挖對方牆角的地步，一般到了互挖牆角的地步，那麼離掀開底牌的日子也就不遠了。

建成和元吉把挖牆角的主要方向放在了武將身上，因為他們的陣營儘管有馮立、薛萬徹這樣的武將，但是跟秦王府的武將比還是有著差距。建成的第一個目標是尉遲敬德，對於尉遲敬德他聞名已久了，而齊王李元吉更是可以現身說法。為什麼這麼說呢，因為齊王李元吉曾經是尉遲敬德的手下敗將。

事情的起因還要從一場表演說起。有一次李淵與諸皇子舉行宴會，李世民興之所致讓尉遲敬德表演徒手奪矟，矟（槊）是古代的一種長矛，而尉遲敬德的拿手好戲就是徒手奪別人手裡的矟，無論對方使得多好，一不留神就會被他奪走。看到興起，李元吉頗不以為然，因為他的兵器也是矟，於是起身與尉遲敬德一較高下。原本為了安全起見，尉遲敬德表演奪矟時都將矟尖卸掉，這次為了讓李元吉信服，尉遲敬德一揮手：「齊王不用卸矟尖了，拿著矟直接來吧。」一受了刺激的李元吉連續較量了三次，三次都想刺死尉遲敬德，結果三次都被尉遲敬德從手中將矟輕鬆奪走，李元吉當場下不了臺，兩人自此就算結下了樑子，不過李元吉還是從心底佩服尉遲敬德。

這樣一員虎將，建成自然垂涎三尺，遂以金銀器一車贈予尉遲敬德，並以書招之曰：「盼望有幸得到長者的照顧，這點禮物就算加強一下我們貧賤時相識的友情吧！」（願迂長者之眷，以敦布衣之交。）

當朝太子話說到這個份上，這就是給尉遲敬德好大的臉了，然而尉遲敬德恰恰是那種給臉不要臉的人，尉遲敬德辭曰：「敬德，蓬戶甕牖之人，遭隋末亂離，久淪逆地，罪不容誅。秦王賜以更生之恩，今又策名藩邸，唯當殺身以為報；於殿下無功，不敢謬當重賜。若私交殿下乃是貳心，徇利忘忠，殿下亦何所用！」

拒絕了太子，尉遲敬德又將太子挖牆角的事情報告了秦王李世民，李世民看著尉遲敬德感動不已，不過在感動的同時也為尉遲敬德擔心，拒絕了太子的糖衣，恐怕炮彈就在後面。

沒過幾天太子建成果然派出了殺手，目標正是尉遲敬德，既然不能為我所用，那麼就誰都別用。不過太子還是低估了尉遲敬德，得知消息的尉遲敬德索性將家中的所有門窗全部打開，自己大喇喇的躺在床上等著刺客上門，受命刺殺的刺客幾次已經進入了尉遲敬德家的庭院，透過大開的窗戶，清晰地看到尉遲敬德正甜美的遨遊夢鄉，進還是不進、殺還是不殺呢？

徘徊了幾次，刺客還是不敢進，天知道尉遲敬德葫蘆裡賣的什麼藥呢！

嚇退了刺客，尉遲敬德以為躲過了一劫，然而沒有想到太子建成用的是連環劫。

收買不成，刺殺不成，那麼還有一招，誣陷。

李元吉又在李淵面前打了一個小報告：尉遲敬德圖謀不軌。小報告一上，李淵隨即將尉遲敬德逮捕，嚴加審問，然而這一次李淵又失敗了，秦王府的武將們就像用特殊材料做成的，無論如何審問，就是不說。

不過這一次，李淵卻想鐵了心把惡人做到底，竟然準備將尉遲敬德處死，估計還是想把尉遲敬德當成皇子不和的替罪羊。然而想處死尉遲敬德又談何容易，秦王李世民愣是頂住壓力，非要救尉遲敬德一命，這可怎麼辦呢？

查無實據，秦王力保，李淵想來想去，還是放過了尉遲敬德，然而這一放就是他的一生之禍。經此劫難之後，尉遲敬德就算把命徹底交給了李世民，從今以後尉遲敬德眼中只有秦王，沒有皇帝，更沒有太子和齊王。在日後的玄武門之變中，尉遲敬德射死齊王，進而全副武裝威逼老皇帝李淵。玄武門之變，尉遲敬德功勞第二，沒有人敢居第一！

其實這一切都是拜李淵和李元吉所賜。

挖不動尉遲敬德的牆角，太子建成和齊王元吉又將矛頭指向了秦王府左一馬軍總管程知節（程咬金），已經經歷過張亮和尉遲敬德的強硬之後，哥倆給程知節準備的不是敬酒，直接就變成了罰酒，在李淵面前又是一個小報告，李淵隨即將程知節派往康州（甘肅省成縣）擔任刺史，意思很明顯：哪涼快哪待著吧！

然而沒想到程知節也是個牛人，居然頂著堅決不上任。程知節曰：「大王股肱羽翼盡矣，身何能久！知節以死不去，願早決計！」

程知節頂牛堅決不上任，太子建成和齊王李元吉也沒有太多的辦法，畢竟他們最管用的法寶就是老爹李淵，然而這個法寶也不能老用，用多了恐怕就不靈了。

對付完程知節，哥倆轉而對付秦王府的另一個牛人，這一次又走回到了老路：金錢收買。這個牛人是誰呢？秦王府右二護軍段志玄，就是貼身跟隨李世民廝殺的那位。

然而，面對送上門的金銀綢緞，段志玄的反應跟尉遲敬德一樣：原物奉還。

到這個時候就不得不佩服李世民的人格魅力了，按照規矩來挖牆角的價錢絕對要高於本主的價錢，不然沒有人願意輕易跳槽，然而即使太子建成開出了大價錢，秦王府的牛人們卻一個也沒有動，這是為什麼呢？只能歸結為人格魅力。

如果說全世界任何東西都可以用金錢購買，唯有人心是金錢無法收買的。

一直碰壁的建成和元吉不會想到，在他們大張旗鼓挖秦王府牆角的同時，秦王李世民也不動聲色地挖起了牆角。與建成、元吉不同的是，他的目標很小、行動很低調，他所挖的人物在太子宮幾乎可以忽略不計，然而就是這個小人物的一個消息讓李世民迎來了一生的重要轉機。

這個人物先暫且不提，稍後他將登上歷史的舞臺。

回過頭來還是來說秦王府的那些人，這些人在武德七年到九年的日子並不好過，武將要麼被挖牆角，要麼受到各種莫名其妙的處分，而文官呢，日子也不好過。秦王的「十八學士」並沒有維持多久，這些人陸陸續續被以各種名義調走，人才流失讓李世民不知所措。無奈之下，求計於房玄齡，房玄齡微微一笑，對李世民說了這樣一句話：「府僚去者雖多，蓋不足惜。杜如晦聰明識達，王佐才也。若大王守藩端拱，無所用之；必欲經營四方，非此人莫可。」

經此推薦，杜如晦一躍成為李世民的重要幕僚，秦王府的重大謀略都是由房玄齡和杜如晦參謀做出，這兩個人是李世民名副其實的左膀右臂。

然而左膀右臂到現在也成了太子建成的眼中釘，建成謂元吉曰：「秦府智略之士，可憚者獨房玄齡、杜如晦耳。」隨即又給李淵打了一個小報告，李淵很快批示：將此二人趕出秦王府，非皇命不得再進。

這日子實在沒法過了。

我為魚肉，人為刀俎，粗人樊噲都知道鴻門宴的危局，秦王府的牛人們何嘗不知道王府的危局。其實在許久之前，房玄齡與長孫無忌已經看到了危局，兩個人還有過一次深談。那時房玄齡擔任行台考功郎中，而長孫無忌擔任比部郎中，兩個人以往關於時局談論得並不多，而隨著危局逼近，兩個自視甚高的人終於走到了一起。

房玄齡曰：「今嫌隙已成，一旦禍機竊發，豈惟府朝塗地，乃實社稷之憂；莫若勸王行周公之事以安家國。存亡之機，間不容髮，正在今日！」

長孫無忌曰：「吾懷此久矣，不敢發口；今吾子所言，正合吾心，謹當白之。」

房玄齡和長孫無忌已經看透了皇子爭鬥的危局，而這個危局在老皇帝李淵那裡無藥可解，而李世民倒是有解開的可能，這種可能就是行周公之事，說白了就是將廢立大權掌握在自己的手中。長孫無忌是李世民的大舅哥，兩人親密無間，這種重大的事情只能讓長孫無忌先試探一下，然後房玄齡這樣的外人才能插手。

長孫無忌入內與李世民交了底，這一交底讓李世民頓時緊張了起來，其實自己掌握廢立之事他也曾經想過，然而念頭僅僅一閃而過，不敢往深裡想，畢竟那將意味著大逆不道。聽長孫無忌再次提起，李世民發現廢立之事已經成了華山一條道，自己即便想繞開卻怎麼也繞不開。

要麼殺人，要麼被殺，李世民有第三條路可選嗎？

重大的事情還是聽聽房玄齡的意見，李世民召來了房玄齡，房玄齡什麼態度呢？當然跟長孫無忌說的一樣。房玄齡曰：「大王功蓋天地，當承大業；今日憂危，乃天贊也，願大王勿疑。」

到了這個時候，誅殺建成和元吉已經提上了檯面，李世民既沒有完全肯定，也沒有完全否定，因為他實在找不出第三條道路可走。此時另外一個關鍵的人物也加入到遊說的隊伍，這個人就是房玄齡的老搭檔杜如晦，自此三人成虎，總之一句話：「要麼殺人，要麼被殺」。

房玄齡和杜如晦被掃地出門之後，原來的鐵三角只剩下長孫無忌一人，不過長孫無忌還是很快找到了同道中人，這些人都是誰呢？分別是長孫無忌的舅舅雍州治中高士廉、左候車騎將軍侯君集以及老相識尉遲敬德等，這些人的工作就是日夜不停奉勸李世民誅殺李建成、李元吉。

然而李世民還是猶豫未決，求計於靈州大都督李靖，李靖環顧左右而言他就是不表態，隨後問計於行軍總管李世勣，李世勣同樣如此，不置可否。李靖和李世勣是聰明的，手握兵權的大將萬萬不能捲入皇子紛爭，一旦捲入凶多吉少，押寶成功或許榮耀一生，押寶失敗必定是滅族之罪，說到底大將不能與皇子走得太近。保持中立，最終你會贏得每一方的尊重。

根據《資治通鑒》記載，李靖、李世勣緘口不言保持中立，同時也有權威史料記載李靖、李世勣向李世民表示過忠心，唯一可以肯定的是李靖和李世勣沒有直接參與玄武門之變，而在李世民登基後，兩個人都得到了重用，從這個結果來看，兩人在關鍵時刻應該向李世民表過忠心。

一方摩拳擦掌，一方磨刀霍霍，雙方的天平總有一天會打破，這一天還是要來了！

和大唐開國一樣，玄武門之變的直接導火索還是跟東突厥有關，就在雙方暗戰升級的同時，不受歡迎的鄰居東突厥人又來了，這一次東突厥將軍阿史那彌射率數萬騎兵南下黃河河套，進入唐朝境內，包圍烏城（陝西省定邊縣南），戰爭一觸即發。

按照慣例，如此規模的大戰一般需要李世民出馬，然而就在李世民在府中等待李淵徵召的同時，太子李建成在李淵面前推薦的卻是另外一個人：齊王李元吉。耳根一向偏軟的李淵同意了太子的提議，隨即命李元吉督右武衛大將軍李藝、天紀將軍張瑾等救烏城。

帥位被搶，李世民心中不太痛快，然而父皇已經下令，自己也不好再說什麼。

令李世民萬萬沒有想到的是，李元吉在父親李淵面前又提出一個小小的要求：請尉遲敬德、程知節、段志玄及秦叔寶等與之偕行，簡閱秦王帳下精銳之士以益元吉軍。

李世民頓時明白了他們是要釜底抽薪，這分明是要把他放在案板上亂剁。

房玄齡、杜如晦被掃地出門，四員猛將再被抽走，精銳士兵被抽調，如果真是這樣秦王李世民在長安城只是一個寓公、一個匹夫而已，屆時太子建成要對付他比對付一窩螞蟻都簡單。

怎麼辦？遵命還是抗命？是抗爭還是順從呢？

就在李世民猶豫不定時，一個神秘人物來到了秦王府，這個人就是李世民先前在東宮挖的牆角，這個人的品級很低，只是從七品（副處級）；官職也不大，只是率更丞（東宮糾察署主任秘書）。

這個人叫王晊，此時已經成了秦王府安插在東宮的臥底，現在王晊傳來了一個令李世民無比震驚的消息，正是這個消息引爆了長安上空的火藥桶。

王晊密告李世民曰：「太子語齊王：『今汝得秦王驍將精兵，擁數萬之眾，吾與秦王餞汝於昆明池，使壯士拉殺之於幕下，奏云暴卒，主上宜無不信。吾當使人進說，令授吾國事。敬德等既入汝手，宜悉坑之，孰敢不服！』」

這個消息表明，太子建成和齊王李元吉準備在餞行之時動手除掉李世民，隨即向老爹李淵逼宮，順便將尉遲敬德等人一起坑殺，一了百了！

狠！狠！狠！怎一個狠字了得！

李世民將王晊的話一一告訴了長孫無忌等人，秦王府一下炸了鍋，長孫無忌等隨即力勸李世民先事圖之。李世民歎曰：「骨肉相殘，古今大惡。吾誠知禍在朝夕，欲俟其發，然後以義討之，不亦可乎！」

聞聽此言，尉遲敬德曰：「人情誰不愛其死！今眾人以死奉王，乃天授也。禍機垂發，而王猶晏然不以為憂，大王縱自輕，如宗廟社稷何！大王不用敬德之言，敬德將竄身草澤，不能留居大王左右，交手受戮也！」

尉遲敬德話音剛落，長孫無忌曰：「不從敬德之言，事今敗矣。敬德等必不為王有，無忌亦當相隨而去，不能復事大王矣！」

尉遲敬德與長孫無忌都不同意李世民的後發制人，他們全都主張先下手為強，末了還給李世民下了最後通牒：你如果不先下手，我們這些人就不管你了，我們各自逃命，你自己留下來等死吧！

面對尉遲敬德和長孫無忌的攤牌，李世民急忙阻止：「我的意見你們也不能全部推翻，你們再研究一下，看看有沒有更為穩妥的方法。」穩妥？刀架在脖子上，到哪裡找穩妥呢？

尉遲敬德曰：「王今處事有疑，非智也；臨難不決，非勇也。且大王素所畜養勇士八百餘人，在外者今已入宮，擐甲執兵，事勢已成，大王安得已乎！」

尉遲敬德的意思是責怪李世民不智不勇，進而攤牌說，即使你秦王想息事寧人，你手下那磨刀霍霍的八百勇士答應嗎？他們手裡的刀答應嗎？都不會答應！

李世民還在猶豫，他很清楚邁出這一步將有多難，而一旦邁出這一步就再也不能回頭。成功，則殘殺兄弟，逼父退位；失敗，則身首異處，落得亂臣賊子的永世罵名。

世界上有比這更難做的選擇題嗎？

看李世民下不了決心，長孫無忌們繼續著自己的遊說：「齊王凶戾，終不肯事其兄。比聞護軍薛實嘗謂齊王曰：『大王之名，合之成「唐」字，大王終主唐祀。』齊王喜曰：『但除秦王，取東宮如反掌耳。』彼與太子謀亂未成，已有取太子之心。亂心無厭，何所不為！若使二人得志，恐天下非復唐有。以大王之賢，取二人如拾地芥耳，奈何徇匹夫之節，忘社稷之計乎！」

長孫無忌們的說服還是很有技巧的，他們拉出了李元吉這個話題，進而就增加了說服的力度，在他們看來，即使李世民有「捨身飼虎」的精神，同樣也擋不住李元吉的虎狼之心，因為李元吉明幫太子，實際卻暗藏禍心，一旦李世民被除，李建成也不會倖免，屆時大唐江山將會落到一個暴戾只好打獵的君主之手，那將是怎樣一幅景象呢？

看李世民已經有所動心，長孫無忌又拿出了一個更有說服力的案例：舜。

根據《史記》記載，舜在繼位之前不受老爹和繼母待見，老爹和繼母都希望舜的弟弟為王，因此千方百計想置舜於死地，兩次險些得手。一次舜正在挖井，老爹和繼母在上面動了手腳，把井給填死了，不出意外的話，舜就死定了。不過意外發生了，大智大勇的舜居然像鼴鼠一樣從井壁上挖了一個洞，自己又上來了；另一次舜在屋頂上修屋頂，老爹在下面放了一把火，不出意外的話，舜又死定了，結果意外又發生了，舜拿了兩個斗笠當翅膀，一抖翅膀，像個鳥人一樣從屋頂上飛下，平穩落地，毫髮無傷。

現在舜的事蹟成了說服李世民的重要工具。

李世民依然猶豫未決，眾曰：「大王以舜為何如人？」

李世民對曰：「聖人也。」

眾曰：「使舜浚井不出，則為井中之泥；塗廩不下，則為廩上之灰，安能澤被天下，法施後世乎！是以小杖則受，大杖則走，蓋所存者大故也。」

眾人這席話是什麼意思呢？翻譯過來就是說，假如舜挖井的時候光認倒楣不出來，那麼早就化成井裡的泥土，假如在屋頂起火時不下來，那麼早就成了屋頂上一堆灰，怎麼會有後來的澤被天下，法施後世呢？《論語》中孔子也說過，父母如果用小棍子打，做子女的要承受，如果用大棍子打呢，做子女的就可以逃跑了，畢竟生命關係重大，必須先保住命啊！

是啊，捨身飼虎也要看對象是誰，建成和元吉這樣的人值得為他們捨身飼虎嗎？不值得。要死要為江山社稷而死，要活也要為江山社稷而活。

儘管已經想到了這一步，李世民的心裡還是沒有底，因為他知道，這一次他的對手不僅僅是建成和元吉兩個，其實還有一個隱形的對手，這個對手就是老爹李淵。自己挑戰太子，實際上就是挑戰老爹的威嚴，畢竟廢立太子的權力在老爹手中。

一旦與太子決戰，實際也就跟老爹一起走進了死胡同，那時儘管不會到弒父的程度，然而也要逼老爹退位，結束他的政治生命。結束了老爹的政治生命，又與剝奪他的自然生命有多大區別呢？在皇權終身制的背景下，皇帝的政治生命與自然生命如影隨行，政治生命結束了，那麼自然生命還有多大的意義呢？

李世民的人生經歷了無數的大戰、惡戰，然而眼前的這一戰卻是最難把握、最難抉擇的一戰。因為這一戰將家和國緊緊捆綁在一起，又將親情與皇權裹脅在一起，要家就不能有國，要國就不能有家，要親情就別惦記皇權，要皇權也就顧不上親情。世界上最難打的仗不是大仗，也不是惡仗，而是這種家國纏繞、親情與皇權裹脅的仗。

既然人無法理清、無法決斷，那麼問問天意吧！

李世民命人拿出龜殼，準備占卜一下吉凶，問問天意如何，沒想到剛拿出龜殼，一個人就衝了過來將龜殼扔在了地上，什麼人這麼大膽子？

這個人是李世民的親密幕僚張公謹，玄武門事變的幹將之一，此人不僅力大無比，而且膽識過人，看到李世民還要扔龜殼看天意，張公謹的氣就不打一處來，說道：「占卜的目的是要請神明決斷，現在我們都已經決斷了，還占卜什麼？如果占卜結果不利，難道我們就不幹了？」（**卜以決疑；今事在不疑，尚何卜乎！卜而不吉，庸得已乎！**）

一語驚醒夢中人，事到如今，你李世民還有別的選擇嗎？

孟子曰：「以一不義，殺一無辜，則不行。」這句話適合儒家的標準，但從來不是帝王的準則，在通往皇權的道路上，沒有什麼可以阻擋。

下定死磕的決心，李世民命長孫無忌召喚被掃地出門的房玄齡和杜如晦前來共商大事，令人意外的是，這對左膀右臂居然拒絕了這次召喚，這是為什麼呢？難道這兩個人要背叛李世民？

其實都是讓李淵給嚇的，李淵當初將二人掃地出門時說得很清楚，非皇命不得私見秦王，所以房玄齡才說：「敕旨不聽復事王；今若私謁，必坐死，不敢奉教。」

聽到長孫無忌的回話，李世民怒不可遏，難道這兩個人敢背叛我？隨即取下佩刀交給尉遲敬德：「公往觀之，若無來心，可斷其首以來。」

看著殺氣騰騰的尉遲敬德，房玄齡和杜如晦知道這位老兄除了李世民，天王老子的話都不聽，兩人對視一眼，他們知道決戰的時刻到了，他們命中躲不過這次決戰。勝則帝王將相，敗則亂臣賊子，是勝是敗都要壯著膽子博上一博。

按照尉遲敬德的安排，房玄齡與杜如晦換上了道士服，兩個假道士與長孫無忌一起快步走進了秦王府，而尉遲敬德則走了另一條路，隨後回到了秦王府，他們知道，這一次將是他們最後一次平靜地走進秦王府，等到走出王府時，就一定會讓長安的上空石破天驚！

時間走到了武德九年六月一日，這一天，天空中有異象發生：太白晝見，金星白晝劃過長空。如果放在現在，這只是一次非常普通的天文現象，而在古代是人間巨變的一個徵兆，《漢書天文志》記載，金星白晝劃過長空，昭示著人間將發生巨變，天下將要更換君王。

其實，太白晝見就是白天能看到金星，也就是天上有兩個太陽。一個亮，另一個相對較暗，亮的是太陽，相對較暗的是金星，儘管兩個一明一暗，但最終的結果是二日並存。

這一天，長安城中很多人看到了劃過長空的金星，上歲數的人心中閃過一絲憂慮，難道又要改換君王？武德皇帝剛剛坐了九年，難道又要天下大亂？

長安城中的百姓在不安中熬過了六月一日，六月二日一切正常，人們稍微鬆了一口氣，然而時間走到了六月三日，這一天，金星再次白晝劃過長空。莫非更換君王已經板上釘釘了？

此時有一個人悄悄的走進了李淵的皇宮，向李淵呈遞了一份「親啟密奏」，上頭寫「太白見秦分，秦王當有天下」。不用問，這個人一定是一個天文愛好者。

沒錯，這個人就是太史令（天文臺長）傅奕，傅台長晝觀天象，發現金星出現的位置恰好在陝西中部地帶，也就是傳統意義的古秦國地區，而李世民正好是秦王，組合起來，傅臺長就破譯了上天給他提供的密碼：秦王登基，治理天下。

傅臺長破譯的密碼有沒有科學依據呢？在我看來，其實是偽科學。

在中國的大歷史中，星象一直是一門玄而又玄的學問，在《史記》中就有相關的記載，而隨著這門學問的發展，聰明的中國人將天上的重要星宿與地上的版圖一一對應了起來，就形成了星象分野圖，哪一塊的星宿有異常活動，那麼就意味著地上對應的地區可能有重大事情發生。

有科學依據嗎？其實未必有，只不過在中國歷史中將天文和地理交織在一起，即使沒有關係也能說出關係，再加上有時無法解釋的巧合，因此星象就成了一門玄而又玄的學問。

現在金星兩次白晝出現，傅奕臺長的科研報告也將李世民推上了風口浪尖，他將何去何從呢？

歷史對李世民還是不薄的，慈祥老爹李淵居然將這封至關重要的科研報告交到了李世民手中，李淵此舉是想敲打一下李世民，同時說明了李淵其實是一個相信科學，不相信封建迷信的人。

然而，封建迷信儘管糟粕很多，其實裡面還是有一些現有科學無法解釋的精華所在，迷信之所以流傳數千年，說明並不是一無是處的。

可惜，皇帝李淵卻恰恰沒有看到這一點，這一錯過就是一輩子，這一錯過就讓自己從皇帝變成了太上皇。

接過老爹給的科研報告，李世民心中竊喜，同時也驚出一身冷汗，喜的是自己居然切合天意，驚的是老爹當場翻臉怎麼辦。幸好老爹李淵是個無神論者，從來也沒有把星象當回事，父子倆輕描淡寫了一番也就將金星搗亂這件事給翻了過去。

然而就在父子倆談論星象的同時，李世民的心中閃過一個念頭：選日不如撞日，明天就是決戰。下定決心，李世民按照先前與房玄齡等人商討的方案，先放出了一個超級炸彈。

李世民隨即給李淵上了一道親啟密奏，核心內容只有寥寥數字：建成、元吉淫亂後宮！

「淫亂後宮」，這是每個智商正常皇帝的炸點，李淵是智商正常的皇帝，這同樣也是他的炸點。對於男人而言，如果綠帽子可以忍受，那麼世間沒有什麼事情不能忍受，對於皇帝而言，如果淫亂後宮還可以忍受，那麼宇宙中還有什麼事情不能忍受？

能忍受淫亂後宮的皇帝不能算做皇帝，只能算做忍者神龜。

李淵並不想做忍者神龜，他想當面向兩個兒子問清楚，時間就在武德九年六月四日，他要與三個兒子一起抖一抖皇家的家醜，看看自己的頭上到底有沒有綠帽子？

武德九年的六月三日，有一些人走到了人生的岔路口，這些人包括皇帝李淵、太子李建成、秦王李世民、齊王李元吉，同時也包括一些文官武將及三個皇子各自的死黨。

過了這一夜，大唐還是大唐，而有些人的命運將發生巨變，皇帝不再是皇帝，太子不再是太子，秦王不再是秦王，六月四日的主題將只有兩個字：顛覆。

一生經歷無數大戰的李世民今夜無眠，他始終在默念著一句話：致人而不致於人，這是他最喜歡的一句兵法口訣，意思是無論什麼時候都要採取主動，而不是被人牽著鼻子走，這句話他銘記了一生一世，無論是戰場還是政局，這始終都是他永恆不變的信條。

先發制人，後發制於人。短短的一句話，一生中讀懂的又有幾個？

太子建成和齊王元吉一直在算計著秦王李世民，卻不知道在他們算計的同時，他們其實也正在被李世民算計，儘管他們幾乎沒有給秦王李世民任何機會，更何況他們還擁有李世民注定無法擁有的嫡長子正統身分，這一點使他們在兄弟之爭中佔據極為有利的地位。

然而他們不會想到，正是他們最為得意的正統身分給了李世民一線生機。

可以說建成和元吉之所以在兄弟之爭中屢屢勝出，實際上靠的是建成的嫡長子身分，靠的是老爹李淵的背後支持，靠的是李淵對皇帝體系的認同，然而李世民想的比他們更為深遠，既然這個體系無法勝出，那麼換個體系又將如何呢？

在李淵的體系裡，李建成是皇太子，國之儲君，國之重器，這就好比市場上價高質優的極品肉，而李淵手裡拿著合格章的戳子給李建成蓋上了合格章。然而在李建成沾沾自喜時，可曾想到如果李世民奪下了這枚生死圖章，那麼等待太子李建成的又是什麼呢？

武德九年六月三日的夜，很短，同時也很長。

風起、雲動、夜深，人不靜。

明天將是新的一天，這將是最壞的一天，同時也是最好的一天。

玄武門

第四章

仇人，親人

西元六二六年（武德九年）六月四日的清晨與以往一樣，空氣中充滿了清新的氣息，樹上的鳥兒一如往常的歡叫，長安城還是那個長安城，在這片安靜祥和的背後，誰又能想到就在今天長安城將會迎來新的主人。

太子建成和齊王元吉這一天起得很早，他們已經在昨晚接到了老爹李淵的口諭，讓他們一早進宮面聖，有重要事情商議。

重要事情？最近似乎也沒有什麼軍國大事，以往即使有軍國大事也沒有催得如此之急，到底有什麼十萬火急的事情呢？

李建成與李元吉琢磨了半天也沒有理出頭緒，李建成一攤手說：「算了，別猜了，有什麼事一進宮就知道了！」

在李建成和李元吉商議的同時，李世民也在按部就班的準備著。對他而言，今天這一戰是他一生中最重要的一戰，獲勝是底定江山的一戰，失敗則是死無葬身之地的一戰，經歷過無數次惡戰的李世民不由得有了一絲緊張。

以往無論戰事多麼緊急，他的背後始終站著老爹李淵這個堅定的支持者，而這一次他卻是孤軍奮戰，背後空空蕩蕩，以往的支持者老爹李淵恰恰站在自己的對立陣營。這一戰與其說是兄弟內戰，還不如說是以一己之力與老爹加兄弟的死磕，不僅難，而且險。

盤點手下的兵馬，李世民無奈地笑了，這或許是自己一輩子打的最寒酸的一仗，手下的主將不過尉遲敬德、張公謹、侯君集、長孫無忌、房玄齡、杜如晦、宇文士及、高士廉、程知節、秦叔寶、段志玄、屈突通、張士貴等十數人，而直接跟隨李世民在玄武門埋伏的是其中的九人，究竟是哪九個人，各種版本爭議較大，總之以上這些人就是李世民起事的核心力量。

在核心力量之外，是願意跟隨李世民起事的士兵，士兵有多少呢？騎兵數百人。這幾百名騎兵，就是李世民打這場大戰的全部家當，而他就是要拿這些家當與建成死磕。

用數百人發動政變似乎難以想像，更有些寒酸，事實上政變並不完全取決於人數的多少，關鍵是看如何運用，運用得當，數百人照樣可以開天闢地。

古往今來，政變的套路如出一轍，政變其實不需要太多的人參與，參與人多了反而容易壞事，只要找對了關鍵人，政變沒有想像中那麼難。

愚蠢的人總是把簡單的事情複雜化，而聰明的人卻總能把複雜的事情簡單化。李世民無疑就是把複雜事情簡單化的聰明人，他沒有把寥寥數百人的隊伍拉到東宮與太子面對面死磕，而是把這數百人悄悄地安排到了一個關鍵的地方——玄武門。

玄武門是長安宮城北面的中門，入朝的必經之路，李世民為什麼要選擇在這裡埋伏呢？

原因只有一個，沒有皇命任何人的兵馬不得進入玄武門。

這下明白了吧，無論李建成和李元吉手下有多少兵馬，進入玄武門後他們都成了光桿司令，此時李世民即便手裡只有一百兵馬，但是要對付李建成和李元吉已經綽綽有餘了。

既然任何人的兵馬都不能進入玄武門，那麼李世民的兵馬為什麼能進入呢？

這就不得不提李世民在軍中的影響力了，唐朝的大部分江山都是他打下的，軍中的多數將領都與他交往甚密，有著這層關係，李世民在玄武門安插人馬就是一件非常簡單的事情。除了李世民在軍中的影響力之外，還有一個重要原因，那就是多數將領不願意也不敢捲入皇子的紛爭之中，因此對於李世民在玄武門安插人馬，多數人睜一隻眼閉一隻眼，坐山靜觀虎鬥，等那隻勝利的猛虎從血泊中走出來的時候，他就是新的森林之王。

如此一來，李建成和李元吉能躲過這一劫嗎？

本來他們有機會，可惜讓李建成錯過了。

在李建成和李元吉上朝之前，李建成接到了內線張婕妤的密報：秦王密奏太子、齊王淫亂後宮，皇帝震怒要當面對質。

李建成看完當即嚇出一身冷汗，秦王這狀告得太毒了，淫亂後宮可是大罪，這是往死裡整啊！

李元吉也亂了陣腳，有些慌亂地說：「要不咱們今天不進宮了，看看情況再說。」不進宮，那不是不打自招嗎？再說了，躲得過今天，躲得過明天嗎？老爹那裡是一定要當面說清楚的，不說清楚，太子也就當到頭了。

李建成定了定神說：「放心，不會有事的，咱們的兵馬已經發動起來了，戒備森嚴，咱們還是一起進宮吧，看看到底是怎麼回事？」

此時的李建成依然對自己的實力充滿了自信，卻不知道他的自信滿滿有一個大盲點，這個大盲點就是玄武門。對於李建成而言，他的太子府是安全的，李淵的武德殿也是安全的，他想當然的認為從玄武門到武德殿的路上也是安全的，卻沒有想到從玄武門到武德殿的路恰恰是他的安全盲區，正是這段盲區成為他的不歸路。

天空依然寧靜，偶爾有鳥兒飛過，天空無語，誰又能看得出鳥兒曾經飛過的痕跡，大唐武德九年六月四日上午，建成和元吉如同兩隻飛鳥從大唐的上空飛過，只留下若有若無的痕跡。與此同時，李淵召集重臣裴寂、蕭瑀、陳叔達等，今天他要好好審審三個兒子，仔細分辨一下自己頭上帽子的顏色。

太子李建成和李元吉一行過了玄武門，直奔武德殿，這條路看起來與以往並沒有什麼不同，不過李建成和李元吉還是感覺到有些異樣，有什麼地方不對呢？他們也說不出來，只是感覺不太對。

究竟是什麼地方不對呢？李建成一臉狐疑的策馬向前走著。

前面就是臨湖殿，忽然李建成的腦海中閃過一個念頭，這個念頭把他嚇了一個激靈，與李元吉一對視，兩人瞬間變了臉色：不好，秦王要動手了！

兩人撥轉馬頭往原路回奔，只要衝出玄武門，命運就還在自己的手中，李建成和李元吉打馬快走，可惜一切都晚了。在他們的身後，李世民與尉遲敬德已經追了上來，李世民一個人衝在了前面，尉遲敬德則是不遠不近地跟著。

李世民大叫一聲：「大哥！」

這聲「大哥」讓李建成和李元吉定住了馬，他們知道衝出玄武門已無可能，既然李世民已經決定動手，那麼此時的玄武門一定是死路一條。

前面的路已經斷了，剩下的路只能死磕。

李元吉乾淨俐落地摘下自己的弓、搭上箭、瞄準、拉弓，此時他眼中的世界模糊了，李世民成了他眼中的焦點，只要射死這個人，自己和大哥還可以轉危為安，只要射死這個人。

然而李元吉太緊張了，跟李世民比他還是太嫩了，李元吉三次張弓，卻因為緊張過度動作變形，居然三次都沒有把弓張滿，而弓如果不能張滿，即使勉強射出箭，箭也會在中途落下，根本對李世民不構成威脅。

就在李元吉試圖第四次把弓張滿時，李世民弓響箭出，一人應聲落馬。落馬的不是李元吉，而是太子李建成，此時李建成的儲君生涯，他的皇帝夢，都隨著那支箭灰飛湮滅。

人生的結局居然是一支箭！李建成殘存的意識中閃過如此一個念頭。念頭一閃而過，念頭消失了，太子李建成也消失了。

在箭射出之前，李世民的眼中只有敵人、只有仇恨，而當李建成中箭落馬的一瞬間，李世民的心不由自主的有一絲疼痛，眼前的這個人跟自己鬥了九年、恨了九年，卻沒想到在他死去的一瞬間自己居然還會心痛。

恨了這麼久，在心底卻還有手足之情，為什麼我的仇人居然是我最親的人？

李建成落馬，李世民精神恍惚，李元吉目瞪口呆，一母同胞的三兄弟上演了比戲劇更精采的戲碼。受到驚嚇的李元吉無法將自己的弓張滿，只能打馬快跑，而此時，尉遲敬德率領七十名騎兵趕到，對著李元吉兜頭便射，李元吉急切間從馬上栽下，就地翻滾，躲進了一旁的樹林。

或許上天為了增加李世民的劫難，就在此時，他的馬居然受驚了，不受控制飛奔起來，直愣愣地向一旁的樹林狂奔，不料轠繩被樹枝鉤住，前進不得，而李世民則從突然停住的馬背上倒栽了下來，一時間疼得無法從地上爬起。

一個身影從樹林中竄出，奪下李世民手裡的弓反手將弓弦套在了李世民的脖子上，手開始發力，李世民已經有了窒息的感覺，儘管他沒有看到發力者的面孔，但是他知道勒他的不是別人，正是他的三弟李元吉。

難道這就是命？李世民心中苦笑。

不！我命由我不由天！

李世民不是一個認命的人，尉遲敬德同樣不是，就在李元吉正在發力之際，尉遲敬德出現了，大喝一聲：「住手！」

這一聲大叫，又讓李元吉的動作走了形，瞬間感覺手上沒有了力氣。李元吉撇下弓，轉身就跑，朝著武德殿的方向跑去，那裡是老爹李淵的地盤，只要跑到武德殿自己就安全了，或許老爹一怒之下還會斬了秦王而立自己為太子呢。

尉遲敬德在李元吉的後面冷冷地看著，原本他是不想親自動手，畢竟建成和元吉都是貨真價實的皇子，真正的金枝玉葉，秦王的同胞兄弟由秦王李世民自己解決，那是家務事，而如果由自己這個武將解決，那就是大逆不道。倘若將來秦王念及手足之情，那麼自己又將置於何地？倘若皇帝李淵一定要報殺子之仇，自己又怎麼能躲得過這一劫？

然而事情發展到了這一步，不動手已經不行了，如果讓李元吉活著跑到李淵面前，一切都完了，不僅秦王要完，跟隨秦王起事的兄弟們都要完，絕不能讓李元吉活著跑到李淵面前。

張弓搭箭，前面跑的李元吉成了尉遲敬德的移動靶，這種靶子的難度太低了，弓弦響處，李元吉應聲倒下，他與李建成一樣，像兩隻飛鳥一樣從大唐的天空上飛過，了無痕跡。

最後的忠誠

建成和元吉被殺的消息很快從玄武門內傳到了玄武門外，消息傳到了太子宮翊衛車騎將軍（貴族徽兵府司令）馮立的耳中，馮立不由得歎息一聲，他曾經在腦海中閃現過這個可怕的結局，但沒想到這一天來得這麼快。

太子已死，剩下這些人該怎麼辦呢？

馮立歎息一聲說：「太子在時，我們接受他的恩惠，太子不在了，我們怎麼能逃避他的災難呢！」

隨即對手下簡單交代了幾個字：集合，攻打玄武門。

一聲令下，太子宮副護軍薛萬徹、屈晊直府將軍謝叔方集合東宮、齊王府人馬共計兩千餘人直撲玄武門，目標只有一個：為主人復仇。如果建成和元吉地下有知應該感到欣慰，當全天下都背叛了他們，至少還有馮立這樣的人在努力的為主人復仇。兩千人馬聚集玄武門，玄武門的形勢頓時微妙了起來。

此時玄武門聚集了三方勢力，一方是效忠於太子建成的兩千人衛隊，一方是效忠於秦王李世民的數百名騎兵，還有一方勢力是效忠於李淵、守衛玄武門的宮廷禁軍，三方勢力混雜在一起，各自打著各自的算盤。

從實力上看，太子建成的衛隊實力最強，效忠李淵的宮廷禁軍暫時不能大規模集中到玄武門來，在玄武門的守軍只是平常的配置，兵力相對有限，而相比之下，李世民的隊伍更加有限，只有區區數百人，三方博弈，誰能笑到最後呢？

兩千餘人的太子衛隊撲向玄武門，如果這兩千人衝進了玄武門，李世民勢必凶多吉少，以馮立、薛萬徹的復仇之心，李世民的數百騎兵很難擋住太子衛隊的兵鋒。如此一來，玄武門之變就成了李世民兄弟三人的殺人遊戲，殺到最後，兄弟三人一個都活不了，豈不是白白便宜了那些李淵和小老婆生的皇子們？

上天對李世民還是厚愛的，千鈞一髮之際，有一個人站了出來，此人力大無比，膽大心細，眼看太子衛隊氣勢洶洶向玄武門衝來，馬上一個激靈，搶在太子衛隊衝上來之前，將原本大開的玄武門大門關上了，然後用自己的身體死死頂住了大門。

被擋在外面的太子衛隊沒有重型武器，只能用刀槍拳腳衝擊大門，然而任憑太子衛隊怎麼衝擊，玄武門大門紋絲不動，裡面的勇士用自己的一己之力將太子衛隊隔絕在玄武門外，這個勇士就是張公謹。

在太子衛隊與秦王勢力正面接觸的同時，一旁觀望的是守衛玄武門的宮廷禁軍，率兵值守的是雲麾將軍敬君弘，無心插柳，他居然成了關鍵的勢力。如果他幫助太子衛隊，那麼秦王勢力必敗無疑，而如果他幫助秦王，那麼太子衛隊必定很難進入玄武門，現在勝負天平的砝碼握在了敬君弘的手中，他會將自己的砝碼放在哪一邊呢？

對於皇子間的爭鬥，敬君弘早有耳聞，卻沒想到今天就在自己的眼皮底下血淋淋地發生。作為宮廷禁軍的將領，他知道結交皇子的危險，因此對於三大皇子他都保持著距離，在他心中主人只有一個，那就是皇帝李淵，而他的職責也只有一個，那就是保護宮廷的安全。

現在太子衛隊殺氣騰騰，秦王勢力疲於招架，他並不準備幫助哪一方，他只是想盡自己的職責。手下親信看出敬君弘的心思，急忙進言：「如今形勢不明，不好判斷，不如等到大軍集結，看清形勢再出兵也不遲。」

敬君弘搖了搖頭，一指外面殺氣騰騰的太子衛隊說道：「這些人抱著給太子復仇之心，一旦過了玄武門必定大開殺戒，殺紅了眼後，他們的刀可未必認得皇帝。」

「不必等了，出戰。」敬君弘大吼著下達了命令。

敬君弘與內府中郎將呂世衡率領玄武門守軍迎著太子衛隊的來勢廝殺了上去，很快他們的身影就被太子衛隊淹沒了，他們不效忠於任何一個皇子，卻死於玄武門之變，或許在他們的心中始終只有職責。

敬君弘和呂世衡的出現，算是李世民的意外收穫，兩個忠於職守的將軍意外地幫了李世民的大忙，極大程度緩解了玄武門的壓力。

然而敬君弘和呂世衡緩解的只是暫時的壓力，勢頭正勁的太子衛隊踏著敬君弘和呂世衡的屍體再次衝向玄武門，這一次他們勢在必得，只要時間一長，玄武門內秦王府的勢力必定抵擋不住。

戰事繼續向著不利於秦王府的方向發展，馮立在進攻玄武門的同時準備分出一部兵馬，血洗秦王府為太子復仇。此時玄武門內疲於抵抗的秦王府勢力心急如焚，他們知道現在的秦王府幾乎不設防，如果馮立的人殺進去，秦王府玉石俱焚。

怎麼辦？再急也變不出兵來啊？

還是有人能變出兵，這個人就是李世民。

就在玄武門戰事正朝著不利於秦王府發展的關鍵時刻，李世民派來了尉遲敬德，尉遲敬德沒有空著手來，他的手裡提著送給太子衛隊的禮物，他知道這個禮物一出，便勝過千軍萬馬。

尉遲敬德往高處一站，大喝一聲：「看看這是什麼！」

激戰正酣的太子衛隊頓時安靜了下來，他們分明看到建成和元吉的人頭在尉遲敬德的手中握著，那是他們曾經的主人，而現在成了尉遲敬德手中的死人。

人都死了，向誰表忠？

馮立縱有為太子死事之心，但他無法左右手下兩千人的人心，混亂中不知道誰帶了頭，兩千餘人的衛隊開始潰散，薛萬徹也帶領著手下數十名騎兵逃往終南山。

大勢已去，馮立不再約束手下的衛隊，黯然地對親信說道：「總算斬了個敬君弘，多少可以回報太子了。」

隨即一揮手，大家各自逃命去吧！

逼宮

玄武門外，太子和齊王的衛隊作鳥獸散，玄武門內，李世民依然緊鑼密鼓，他知道驅散太子衛隊只解決了表面問題，眼前還有一個根本問題需要解決，這個問題不解決，玄武門之變沒有任何意義。

皇宮內的人工湖上，皇帝李淵還在悠閒地泛舟，放眼望去，一切都跟以往一樣，安靜祥和，重臣裴寂、蕭瑀、陳叔達依然陪在身邊，李淵很享受此時的愜意。

愜意很快被一個不速之客打破，這個不速之客頭戴鐵盔、身穿鎧甲、手提長矛，直愣愣走到了李淵面前。什麼人如此放肆，居然如此殺氣騰騰，按照大唐律例，這可是死罪。

李淵定睛一看，原來是這個毛頭小子——尉遲敬德。這個人當初還差點被自己處死，他拿著長矛到這裡做什麼呢？

李淵腦海中閃過了兩個字：兵變。

「什麼人在作亂？你到這裡幹什麼？」李淵憑著皇帝的威嚴厲聲喝道。

全副武裝的尉遲敬德不慌不忙，不卑不亢，說道：「太子和齊王作亂，秦王發兵將他們誅殺，現在安排我來護駕。」

說這話時，尉遲敬德底氣十足，毫無慌亂，在他心中早已把李世民當成唯一的主人，而李淵只不過是主人的爹。

看著殺氣騰騰的尉遲敬德，李淵驚呆了，他曾經想過皇子間的爭鬥可能會升級，但沒有想到居然升級到你死我活的程度。現在皇子間的爭鬥已經結束，居然又上升成自己與李世民的父子之爭，真是皇權面前無父子。李淵突然想到自己的姨父楊堅，怎麼到頭來，自己的命運居然與姨父如此的相似，當朝皇帝居然受到了皇子的逼迫，這是什麼世道呢？

怎麼辦？兵變已經發生，看來秦王已經掌握了局勢，還能補救嗎？

李淵轉頭面向自己的智囊裴寂，忐忑地問道：「事情到了這一步，該怎麼辦呢？」

一向沒有主意的裴寂更是沒了主意，只能對李淵報以一絲苦笑，一聲不吭。像裴寂這樣的人純粹是抬轎搭班子的，屬於那種「領導點頭我點頭，領導畫圈我畫圈」，跟著屁股跑是高手，到前面領跑就是棒槌。

裴寂啞口無言，另外兩位重臣蕭瑀和陳叔達卻來了精神，這兩個人原本就是親秦王派的，此時更不能錯過為秦王立功的機會。

蕭瑀和陳叔達一唱一和地說道：「建成和元吉原本對國家就沒有貢獻，卻對功高的秦王嫉賢妒能，屢屢設計陷害，今日既然秦王已將他們撲滅，陛下何不順水推舟封秦王為太子，主持政府，如此以來必然不會有事端。」

聽完兩個親秦王派大臣的話，李淵是啞巴吃黃連，再大的苦也只能往自己的肚裡嚥。兵變已經發生，秦王已經控制局勢，眼前的尉遲敬德說是護駕，其實更像是綁架。

罷，罷，罷，罷，當年我逼姨父一家退位，現在我兒子逼我退位，小子，有你爹的風範，不愧是我李淵的兒子。

在心中下定了決心，李淵一臉平靜，甚至還做出了愉悅的表情，說道：「二位所言極是，這正是我的心願啊！」

人生如戲，戲如人生，說完這句話，李淵忽然感覺自己的人生就是一齣戲，而這齣戲的高潮已經過去了，剩下的戲他不再是主角，而只是主角李世民的一個龍套。

世事的變幻比翻書還快，幾分鐘前還是一言九鼎的皇帝，幾分鐘後就成了秦王意願的傳聲筒。

隨即李淵按照尉遲敬德的建議，下令太子和齊王部隊放棄抵抗，各軍統一由秦王李世民節制，宇文士及從東上閤門出宮宣布李淵詔令，黃門侍郎裴矩前往東宮安撫太子餘部。

至此，玄武門戰火完全平息，李世民憑藉玄武門這個支點撬動了整個大唐，在六月四日之前，他還只是處於夾縫之中的受氣皇子，在六月四日之後，他已經將大唐掌握於自己的股掌之中。可惜的是李淵和竇皇后的血脈只剩下李世民一人，建成、元吉、元霸都已作古，世間流淌著宇文泰、李虎、獨孤信三大貴族血脈的人只剩下李世民一人，再無分號。

血跡半乾，硝煙尚未散盡，李淵和李世民在皇宮中見面了，這一次見面親情的味道掩蓋了政治味道，這樣的親情場面在兩個人的記憶中其實是不多見的。

李淵動情地撫摸著李世民的頭說道：「前幾天偏聽偏信，差點犯了曾母投杼之錯。」（曾母投杼，講的是曾參的母親原本信任自己的兒子，後來經不住別人傳言，居然相信自己的兒子殺了人，氣憤之餘將織布的梭子扔在一邊，以此比喻父母因為偏聽偏信誤會子女。）

李淵動情，李世民也受到感染，跪在李淵的面前，將頭深深的埋在李淵的胸前嚎啕大哭，哭聲中有委屈也有釋放，有愧疚也有成功者功成名就時刻的感慨。

一場大哭，百般滋味。

親情過後，便是無情。擦乾眼淚的李世民開始了玄武門的善後工作，善後的主題只有一個：斬草除根。

太子李建成名下六子，除一子夭折外，其餘五子：安陸王李承道，河東王李承德、武安王李承訓、汝南王李承明、鉅鹿王李承義；李元吉五子：梁郡王李承業、漁陽王李承鸞、普安王李承獎、江夏王李承裕、義陽王李承度，全部斬首，開除皇家戶籍。

六月四日之前，他們是貴不可言的當朝皇孫；六月四日之後，他們是斬首除籍的亂臣賊子。所謂皇親，所謂國戚，到頭來只不過是一個個橡皮圖章。

十名皇孫人頭落地，李建成和李元吉留在世間的痕跡正在飛快地被擦拭，清洗的矛頭開始遊移，指向了李建成和李元吉的親信，總計一百多人，本著斬草除根的原則，這一百多人人頭落地也只不過一眨眼的事情。難道真的一殺了之？

「元凶已除，何必殃及其他，殺來殺去，局勢怎能穩定？」說這話的人居然是猛人尉遲敬德，儘管他親手除掉了齊王李元吉，但他並不主張對建成餘黨一網打盡，他建議網開一面。

犬吠非主，蒯通尚能躲過漢高祖劉邦的殺戮，對於這些餘黨為什麼不能網開一面呢？

在尉遲敬德的建議下，建成和元吉餘黨一百多人躲過屠刀，其中的多數人在李世民的王朝中官運亨通，風生水起，這個名單很長，包括魏徵、王珪、薛萬徹，甚至連剛剛與秦王府勢力血戰一場的馮立、謝叔方也藉機向李世民投降，全部無罪釋放。

戰火撲滅，硝煙散盡。三天後，也就是六月七日，李淵下令封李世民為太子，詔曰：今後無論軍事政治，無論事情大小，由太子裁決之後，再行上報。

李淵的皇帝生涯從半夢半醒中開始，又在半夢半醒中結束，次子李世民抬著轎子將他送上了皇帝的寶座，又抽了梯子將他從皇帝的寶座趕到了太上皇的冷板凳之上。

皇帝是一線，太上皇則是永遠上不了檯面的二線，做一個二線的皇帝心裡有多苦，可以問問李淵，可以問問李旦，可以問問李隆基。

自此，唐朝政治進入李世民時代，而皇帝李淵的時代成為了過去。

第五章

貞觀，貞觀

布局

時間慢慢推移，唐朝也逐漸駛入李世民控制的軌道之中，六月十二日，李淵下詔任命太子宮一干官員，所謂的下詔只不過是給李淵一個面子，因為委任官員的名單是李世民早已擬定好的，李淵只不過點個頭，蓋個橡皮圖章而已。

太子宮的一干官員多數是秦王李世民的舊人，太子宮官員的配置無非就是從秦王府平移過來，以前大家在秦王府上班，以後就到太子宮點卯了，兩個月以後大家直接到朝堂報到，這就是傳說中的連升三級吧。

太子宮官員的架構是這樣的：宇文士及出任太子宮主管（太子詹事），長孫無忌、杜如晦出任太子宮政務署長（太子左庶子），高士廉、房玄齡出任太子宮事務署長（太子右庶子），尉遲敬德、程知節分任太子宮左右翼侍衛軍司令（太子左衛率、太子右衛率），虞世南出任太子宮事務署副署長（中舍人），褚亮出任太子宮事務管理官（舍人）。總體而言，文官基本出自於李世民的「十八學士」，武將出自於李世民征戰沙場時的絕對嫡系。

在李世民的安排下，秦叔寶出任左衛大將軍、程知節出任右武衛大將軍、尉遲敬德出任右武侯大將軍、侯君集出任左衛將軍、段志玄出任左驍衛將軍、張公謹出任右武侯將軍、長孫無忌的哥哥長孫安業出任右監門將軍、李靖的弟弟李客師出任左領軍將軍、剛剛從建成陣營投誠的薛萬徹出任右領軍將軍。這九位將軍就是李世民釘進宮廷的九顆釘子，有了這九顆釘子，大唐的軍權就牢牢地控制在李世民的手中。

與此同時，國家重要部門也陸續鍥入了李世民的釘子，高士廉出任納言（**最高監督長**）、房玄齡出任中書令、蕭瑀出任左僕射、長孫無忌出任吏部尚書、杜如晦出任兵部尚書。此時的李世民與當年的李淵一樣，國家所有最高權力收於一身，不同的是李淵從楊家奪權，而李世民則是從老爹手中搶權。

對於兒子的動作，李淵何嘗不知，畢竟他是過來人，兒子的一舉一動都沒有逃過他的眼睛，然而他又能如何呢？現在的李世民早已羽翼豐滿，李淵已經拿這個兒子沒有任何辦法了，唯一能做的就是照著他的要求，點頭畫圈。

苦悶之中，李淵寫信給自己的死黨、老友、馬仔裴寂，信中愉快地聲稱，我應該稱太上皇了。信上表現得很愉快，信的背後卻是滿滿的無奈，沒辦法，李淵已經錯過了機會，更錯過了天文臺長傅奕的那封天文報告。

如果自己當時相信了那份天文報告，如果自己認識到那份天文報告的重要性……

可惜歷史沒有假如，人生也沒有如果。

西元六二六年八月八日，也就是唐武德九年八月八日，剛剛坐了九年皇帝的李淵下令把皇位傳給太子李世民。

對於李淵而言，心中的淒涼是難免的，畢竟從此以後自己就退居為二線的太上皇，從此自己不再是說一不二的皇帝了。

登基

西元六二六年八月九日，二十八歲的李世民在東宮顯德殿登基稱帝，他就是歷史上的唐太宗。為了表示對父親李淵的尊重，西元六二六年依然被稱為武德九年，改元被推遲到西元六二七年，那一年正月一日，李世民定年號「貞觀」。

李世民為什麼定年號「貞觀」呢？

貞觀二字出自《易經・繫辭下》：「八卦成列，象在其中矣。因而重之，爻在其中矣。剛柔相推，變在其中矣。繫辭焉而命之，動在其中矣。吉凶悔吝者，生乎動者也。剛柔者，立本者也。變通者，趣時者也。吉凶者，貞勝者也。天地之道，貞觀者也。」

貞觀，「天地之道」，名正言順，天意。

登基伊始，李世民要做的事情太多了，首先就是給全天下發紅包。

當日，李世民宣布大赦天下，免除關中、蒲州、芮州、虞州、泰州、陝州、鼎州六州兩年賦稅，其餘各州免除差役一年，詔書一出，全國歡聲雷動。

發完天下的紅包，該發家裡的紅包了，家裡的紅包儘管涉及的人群比天下小，但影響力很大。

八月二十一日，李世民冊封長孫氏為皇后，大唐長孫皇后就此橫空出世，這一年長孫皇后二十六歲，而她嫁給李世民已經整整十三年了。

十三年前，十三歲的長孫小姐嫁給了十六歲的李世民，開始了兩個人的婚姻生活。那時十六歲的李世民跟其他官宦子弟一樣，並沒有什麼特別，而他的父親李淵在那個時期也正在經歷著宦海浮沉，嫁入這樣的家庭長孫小姐能得到大富貴嗎？

換做別人一定會對長孫小姐堅定地搖搖頭，而有一個人卻對長孫小姐堅定地點了點頭，這個人就是長孫小姐的舅舅——高士廉。

長孫小姐的父親是隋右驍衛將軍長孫晟，不幸的是長孫晟去世早，撫養長孫小姐的重任就落到了舅舅高士廉身上，因為這個緣故，長孫小姐與舅舅的關係特別融洽，即使出嫁之後，也經常回舅舅家住上一段時間。

然而，就在長孫小姐回舅舅家省親期間，高士廉家出現了靈異現象。高士廉的小妾張氏居然在長孫小姐居住的房間外看見了一匹馬，要說看見馬也不稀奇，可如果這匹馬高達兩丈呢，稀奇不稀奇？稀奇的是這匹高達兩丈的大馬居然鞍勒皆具，所有行頭一樣都不少，更稀奇的是這匹大馬瞬間又不見了。張氏急忙把這個奇異現象告訴了高士廉，高士廉找來算卦的一算，乖乖，不得了，這個現象竟然意味著「女處尊位，履中居順也，此女貴不可言」。

幾年後，長孫小姐被冊封為秦王妃，又過了八年，長孫小姐被冊封為皇后，果然貴不可言。與長孫皇后一起領受紅包的還有長孫皇后與李世民的第一個兒子——李承乾，因為這個兒子出生在長安皇宮中的承乾殿，因此就有了李承乾這個名字，本著「立嫡立長」的原則，八歲的李承乾被立為太子。

此時的李世民跟八年前的李淵一樣，滿心以為「立嫡立長」就能夠解決所有的問題，卻沒有料到，有朝一日他也將面臨與父親一樣的尷尬，因為他本人破壞的恰恰就是「立嫡立長」的原則。

挑戰

幸福的日子總是短暫的，登基的喜悅還沒有盡情享受，麻煩卻已經悄悄地找上了門，一場潛在的危機正在慢慢醞釀，並將隨後給了李世民當頭一棒。

什麼人如此大膽？在當時，除了東突厥人，就沒有別人了。

為什麼東突厥人一直跟唐朝過不去呢？歸根結柢還是因為唐朝比東突厥富有，身上有太多的油水可撈，在東突厥眼裡唐朝就是一隻不幸白不幸的赤裸肥羊，對於這隻肥羊，東突厥人始終保持著隔三差五打秋風敲竹槓的慣例。

以往東突厥人的打劫一般都是自力更生，不需要別人插手，而武德九年八月的這次進攻卻有所不同。因為這一次進攻實際是由老牌起義頭領梁師都策劃的，可以說是梁師都策劃，東突厥執行。

要說梁師都這個人也很沒溜兒（**老北京俚語，不入流的意思**），從早期起義到現在還是過著寄人籬下的生活，東突厥人一直就是他的保護傘。好不容易連蒙帶唬收編了陝西北部和山西西部的稽胡部落頭領劉山成，卻又聽信讒言把劉酋長給做掉了，如此背信棄義，稽胡部落的人們自然人心思變，腿腳好的都南下投奔了唐朝，只剩下腿腳不好的跟著梁師都養老。

眾叛親離的梁師都無法獨力支撐下去，索性徹底對東突厥人稱臣裝孫子，為了表示自己的誠意，梁師都搜集了唐朝的相關情報，然後拼了老命的忽悠頡利、突利兩位可汗對唐朝用兵。本著有利可圖的原則，頡利和突利同意了梁師都的策劃，兩人合兵十餘萬騎兵攻擊涇州，進至武功，長安城全面戒嚴。

武功離長安有多遠呢？二十一世紀的高速公路，驅車只需要一個小時。八月二十八日，頡利可汗阿史那咄苾進至渭水便橋之北，刀尖遞到了李世民的面前。

為了進一步從氣勢上嚇倒對手，頡利可汗派出了最能忽悠的心腹執失思力進入長安，一來震懾李世民，二來探一探長安城內的虛實。

執失思力絕對是個人才，瞎話張嘴就來，一見李世民便盛氣凌人地說道：「頡利、突利二可汗將兵百萬，今至矣。」

換作一般人，聽到一百萬這個數字恐怕早就腿肚子發軟，換做南宋的皇帝們恐怕早已割地求和了，然而偏偏御座上坐的是大唐皇帝李世民。

對於東突厥人的兵力，李世民心中是有數的，以東突厥人的人口和生產力來看，十餘萬騎兵是有的，一百萬騎兵是吹的。不過即使只有十萬騎兵，長安城的守軍也無法與對方死磕，眼下自己剛剛登基兩個月，內部尚未理順，這樣的大戰不能打，也打不起。

儘管打不過，也打不起，但是李世民不能讓東突厥人看出來，因此氣勢上一定要壓倒對手。

李世民一瞪眼睛，大聲喝道：「吾與汝可汗面結和親，贈遺金帛，前後無算。汝可汗自負盟約，引兵深入，於我無愧？汝雖戎狄，亦有人心，何得全忘大恩，自誇強盛？我今先斬汝矣！」

執失思力不由自主地軟了，雙腿禁不住哆嗦了起來，他早聽說唐朝秦王李世民不怒自威，沒想到面對面站著，此人真的有莫大的殺氣。

執失思力裝不下去了，只能求饒，他知道眼前這個李世民心狠手辣，連自己的親兄弟都能下手，更何況自己這個敵國使者。

朝堂上的空氣凝固了，沒有人知道下一步應該怎麼辦，左僕射蕭瑀、右僕射封德彝忐忑不安的走到了李世民的面前，建議還是把執失思力禮節性地送回去吧，此時不能輕舉妄動。

李世民看著兩位僕射，說道：「我今遣還，虜謂我畏之，愈肆憑陵」。說完，衝下面一揮手，押下去，先讓他在門下省老老實實待著。

在眾人還在不知所措時，李世民已經起身，示意高士廉、房玄齡在後面跟上，他這是要做什麼呢？跟頡利當面談判。

城門大開，李世民帶領高士廉和房玄齡來到了渭水南岸，一行人馬加上李世民只有六人。

渭水北岸的頡利以為來的是唐朝的使者，然而旁邊的隨從卻提醒他：這六人中領頭的就是大唐新科皇帝李世民。

啊，他就是大唐皇帝，身邊只有區區五個人。東突厥的士兵紛紛瞪大了眼睛看著對岸的六個人，大唐皇帝的膽子也太大了，怪不得人家能做皇帝。

在東突厥士兵還在看熱鬧的同時，李世民的身後出現了大批錦旗招展的唐軍，漫山遍野，不知道究竟來了多少人，也不知道究竟來了多少匹馬，目測的結果來看，至少有幾十萬人。

看著李世民輕身而出，居然帶著五個人走在最前面，頡利不知道李世民的葫蘆裡究竟賣的是什麼藥，莫非他早有準備？莫非剛剛登基兩個月的他已經理順了軍隊？這也太快了點吧？

對了，執失思力呢？這傢伙去談判怎麼還沒回來？莫非被李世民扣押了？

頡利越發不知道李世民唱的是哪一齣，但有一點是肯定的，李世民壓根不怕他。

對面的李世民衝烏泱泱的唐軍一揮手，唐軍隨機退後幾步就地列陣，頡利早聽說李世民帶兵有方，沒想到今天就親眼目睹了李世民的臨陣指揮。也就是頡利一愣神的工夫，對岸的唐軍已經列陣完畢，而李世民甩開其他五個人策馬一直走到了渭水南岸的最邊緣，他是來跟頡利當面談判的。

渭水北岸的頡利觀望著李世民的舉動，他斷定眼前這個人是成竹在胸，一定在長安城內有了準備，不然怎麼會如此氣定神閒。

其實頡利並不知道，「泰山崩於前而不形於色」是李世民的本事，這個本事怎麼練的？戰場上練就的。

沒有人知道李世民與頡利究竟談了些什麼，從最終的結果來看，兩個人一定進行了一番討價還價，總之這場談判李世民讓了步。因為沒有利益打發頡利，頡利不可能退兵，畢竟十餘萬騎兵不是馬戲團來著，都是真刀真槍實戰的。

兩天後，李世民在渭水便橋與頡利可汗阿史那咄苾一起盟誓，為了讓這次盟誓更加莊嚴，他們還殺了一匹白馬，史稱「斬白馬盟誓」，盟誓過後，東突厥騎兵全線撤退，長安城解除戒嚴。

然而無論盟誓的內容多神聖，無論盟誓的形勢多莊嚴，都擋不住盟誓人的私心雜念。在阿史那咄苾看來這只不過是一個形式，來一次就誓盟一次，反正代價就是一匹白馬；而在李世民看來，這種屈辱的盟誓只能是最後一次，總有一天他要讓東突厥臣服在大唐腳下。

渭水盟誓，大唐與東突厥的拐點。從此之後，大唐向左，東突厥向右，幾年後李世民的誓言終於成真。

最後的兄弟

東突厥的危機被暫時化解，李世民的精力再度集中到大唐的內政上來，此時有一件事始終壓在他的心頭，沉重得讓他透不過氣。

說起來，還是他的家務事，說直白了，就是如何處理建成和元吉的身後事。儘管處理了十個侄子，赦免了建成和元吉的餘黨，但事情還沒有完，究竟該如何給這兩個手足兄弟蓋棺定論呢？難道「犯上作亂」四個字就能了結一切嗎？李世民不斷的在心中問著自己。

兄弟？死敵？對手？

我們兄弟三人到底是什麼關係？為什麼到頭來如此扭曲？

沉思數日之後，李世民下詔，追封故太子建成為息王，諡號隱王，追封齊王李元吉為海陵王，諡號剌王，按照親王之禮重新安葬。

葬禮是給死人辦的，同時也是做給活人看的，李世民就是要用兩個兄弟的葬禮向天下表明自己的胸懷。其實葬禮對兩個兄弟來說已經不需要了，難道為了這次隆重的葬禮讓兩兄弟再死一回不成。

從心底說是李世民自己需要這樣一場宏大的葬禮，只有這樣他才能在心中將玄武門這一頁翻過去。出殯的那一天，他登宜秋門望著兄弟的靈柩哭泣，哭得誰也攔不住，在哭聲中他回到了兄弟們親密無間的歲月，在哭聲中他想起了當年一起生活的點滴，哎，該死的皇權，該死的王者天下。

在魏徵和王珪建議下，李世民親自護送兩兄弟的靈柩到了墓地，並親眼看著靈柩下了墓穴埋上了黃土，從此一母同胞的兄弟四人只剩下他孤零零的一個人，用唐代詩人王維的話說，從此李世民怕過重陽節，因為在這一天，他「遍插茱萸只一人」。

兄弟入土，競爭結束，從此貞觀就是李世民一個人的貞觀，無論皇位如何得來，無論過程是否流血，這一切已經不重要了，重要的是你要對得起你所得到的東西。

因為來自不易，所以倍加珍惜，一般人如此，李世民更是如此，至少他要對得起曾經與他爭鬥的兄弟。

這一定是一個開天闢地的貞觀之世，李世民在心中暗暗發誓。

論功行賞

競爭結束了，危機解除了，也該到了為功臣們論功行賞的時候。

西元六二六年九月二十四日，李世民親自擬定功臣的行賞名單，房玄齡、長孫無忌、杜如晦、尉遲敬德、侯君集五人並列第一，五人均封為國公，實封一千三百戶。

要說李世民也是個挺民主的領導，評定完功績後，還不忘跟大家客套一下：朕敘卿等勳賞或未當，宜各自言。意思是說，我評的可能有不得當的地方，大家心裡有委屈的，有不服的儘管說出來。

無疑，李世民也就是跟大家客套客套一下。

還真有人不跟他客套，這個人就是他的堂叔淮安王李神通。

李神通騰地站了起來，直愣愣盯著李世民說道：「當年起兵，我首先回應，如今論功卻讓房玄齡、杜如晦這些只會耍筆桿子的人排在我前面，我不服！」

李神通發炮，其實正中李世民下懷，李世民正等著拿這樣一個老牌皇親開刀。李世民望著自己的堂叔，看似和藹而又不失威嚴地說道：「當初起兵，叔叔是第一個回應，可你也是為了自己躲避禍事；竇建德征戰山東時，叔叔你全軍覆沒；劉黑闥再次作亂時，叔叔你望風而逃。相比之下，房玄齡、長孫無忌這些人運籌帷幄、贊畫軍機、安定社稷，論功在你之上難道不對嗎？你雖是朕的叔父，但無功也不能濫賞！」

李世民的話說完，李神通眼睛直掃地面，恨不得找個地洞鑽進去，其他原本還有牢騷，還有忿怒的都把話嚥到了肚子裡，連皇叔都沒有資格爭功，其他人就更沒有資格了。

總體而言，秦王府資深舊人基本都得到重用，但並非濫用，因為李世民知道此時的他是大唐皇帝，是一國之主，而不只是秦王府一府之主，這時的李世民要做的是胸懷天下，澤被眾生，就絕不能因私廢公。

在此次論功行賞之後，秦王府已經成為過去，只要能用，只要有才，無論是前太子府，還是齊王府的人，李世民用人再也沒有府第的區分。

起用魏徵

魏徵在歷史上的名望實在太高，名望之高超過了長孫無忌、房玄齡、杜如晦，更被樹成了「千古良臣」的典範。

事實上，我要說魏徵被嚴重拔高了，歷史上的魏徵其實很務實、很功利、很會投李世民所好。

他與李世民的君臣際遇與其說是千古君臣之典範，不如說是君臣二人連袂給世人演出的政治雙簧。他倆演的是相聲，互為捧逗，彼此都是對方的托。

李世民為什麼要起用魏徵呢？一是因為魏徵確實有才；二是因為魏徵身上的符號意義：太子餘黨。在當時，沒有比魏徵更大號的太子餘黨，當年正是他和王珪勸說李建成出征劉黑闥，搶了李世民到手的戰功，再後來甚至屢次建議李建成早點動手除掉李世民，對李世民下黑手到這個程度，魏徵不是太子餘黨誰又是呢？

原本李世民對於這個魏徵也是恨之入骨的，玄武門之變後，李世民找來魏徵，冷冷地扔出一句話：你為什麼要離間我們兄弟？

魏徵倒是一幅死豬不怕開水燙的坦然模樣，故作平靜地說道：「太子如果早點聽從我的話，就沒有今天的災難了。」

歷史總是有驚人的相似，魏徵與李世民的一問一答，與漢初韓信謀士蒯通與劉邦的問答幾乎如出一轍，結局也有驚人的相似。所不同的是，蒯通只是免除了殺身之禍，而魏徵卻就此搭上了唐朝的權力快車。

看著倔強的魏徵，李世民突然沒有了怒火，甚至發現眼前的這個人有一點可愛，事實上現在要殺魏徵對於李世民而言太容易了，而殺了他又有什麼意義呢？

李世民死死盯著魏徵，他意識到眼前這個人不就是自己所需要的嗎？以他的經歷，終其一生是不可能與秦王府的舊將融成一體的，因為他注定進不了秦王府舊將的圈子，如果自己將他大赦，進而重用，那麼他能不對自己肝腦塗地嗎？此人不正是制衡秦王府舊將勢力的最佳人選嗎？

眾裡尋他千百度，暮然回首那人卻在燈火闌珊處，就是他了！

李世民隨即和顏悅色，對魏徵以禮相待，槓頭魏徵沒有等來殺身成仁的機會，等到的卻是李世民的格外垂青，當場被任命為太子宮總管府秘書官，從此以後，你魏徵就是我李世民的人了。

與魏徵同時被重用的還有魏徵的兩位前同事，被李淵發配到雋州（今四川西昌）的王珪和韋挺。王韋二人被緊急從雋州召回，一路忐忑不安下定決心殺身成仁，結果等來的卻是李世民的委任狀，雙雙出任門下省諫議大夫，從此與魏徵一起成為李世民的肱股大臣。

第六章

目標東突厥

狼圖騰

登基不到兩個月，東突厥人就給李世民來了個下馬威，這讓李世民的內心非常不爽，當初老爹李淵一再對東突厥人退讓讓他很惱火，而輪到自己，他終於明白老爹的退讓中有多少無奈，此時的唐朝根本沒有本錢跟東突厥死磕。

總有一天，總有一天，朕要讓東突厥人對大唐稱臣。

自此，李世民將心中的目標鎖定在東突厥，為了實現這個目標，他親自引兵在顯德殿前操練。每天參與操練的有數百人，他親自擔任主考官，士兵表現優異的直接賞賜弓、刀、帛，將領表現優異的則登記在冊擇機提拔，每次操練之後他還不忘訓話：「我不讓你們去幹那些搬搬抬抬的體力活，就讓你們好好操練射箭，平常無事時，我是你們的教官，有敵入侵時，我就是你們的將軍，相信這樣操練下去，用不了多久，我大唐就可以永保平安。」

無疑，皇帝李世民是在營造大唐的尚武之風，在他的帶動下士兵在唐朝的地位得以提升，而能夠進入皇帝親自指揮的衛隊更是當時青年的夢想，唐朝的軍力在君民一心中急速膨脹，在將來的某一瞬間將會集中爆發，而他們的目標之一正是東突厥。

說起來，突厥人已經跟中原政權糾纏多年，如同秦漢時期匈奴與中原政權的糾纏。

關於突厥人的起源有兩個傳說，這兩個傳說都與狼有關。

第一個傳說是這樣的：突厥本是匈奴的一支，後被鄰國所滅，當時有一個十歲的小男孩，士兵見他年小，沒忍心殺死他，便將他砍去雙腳扔到荒草中。後來小孩被一隻母狼救去，長大以後與狼結合。鄰國國王聽說小孩已長大，怕有後患，便派人將他殺了，殺他的人見他身旁有一條狼，也想一起殺掉，不料狼逃跑了，逃到高昌北邊的山洞裡。在山洞裡，狼生下十個小男孩，他們逐漸長大成人，各自成家，繁衍後代。其中一支生活在阿爾泰山一帶，阿爾泰山形似作戰時的頭盔，當地人稱其為突厥，所以他們就以突厥為族號。

另一個傳說也跟狼有關：突厥原在匈奴之北，其部落首領有兄弟十七人，其中一個叫伊質泥師都為狼所生。泥師都娶了兩個妻子，其中一妻生了四個男孩，最大的兒子叫納都六，後來被推選為部落首領，定國號突厥。納都六有十個妻子，在他死後，十位妻子帶著自己的兒子來到大樹下，約定所有的孩子向樹跳躍，誰跳躍得最高即為首領。納都六年齡最小的妻子所生的阿史那年幼敏捷，比所有的孩子跳得都高，遂被推為首領。

從兩個傳說中可以看出，突厥人的起源都與狼有關，而在日常生活中，突厥人以狼作為圖騰，作戰旗幟上繪製的就是金狼頭。

崇拜狼的傳統代代相傳延續到今，至今世界上還有很多地方的人崇拜狼，而中國的內蒙古自治區也有部分地方保留著這個傳統。

其實崇拜狼的還不只是突厥人，義大利的羅馬城徽就是一隻狼和兩個幼仔，相傳羅馬戰神瑪爾斯把狼作為自己的標誌，有時還披上狼皮扮成一隻狼。正是他引誘聖女雷亞・西爾維亞懷孕，生下了一對孿生兄弟——羅慕盧斯和瑞摩斯。

後來，雷亞・西爾維亞被篡位者溺死，她的兩個孩子也被拋進台伯河。浪濤和流水把盛著孩子的木盆送到河岸邊的沼澤地。這一對孿生兄弟被巴勒登丘附近的一隻母狼救活，銜到窩裡餵養。後來一位牧羊人收養了羅慕盧斯，並教他習武，漸漸地他成為一位智勇雙全的將領，奪回了王位，成了英明的國王。

為了感謝母狼的養育之恩，他在母狼餵養他倆的那座山上建立了自己的城市——羅馬。

往日恩怨

說完突厥人的起源，該說說他們與中原政權的恩怨了。

西元五世紀後葉，突厥人開始強盛，西元五五二年突厥打敗柔然，建立了幅員廣闊的突厥汗國，勢力迅速擴展至蒙古高原。此時中原政權與突厥人直接接觸的是東魏和西魏，隨後是由東魏和西魏演變而來的北周和北齊，無論是哪一個北方政權對於突厥這個龐然大物都無可奈何，只能用金錢向突厥人買和平，以至於突厥可汗生活非常奢侈，奢侈之餘還不忘叫囂：「我在南方有兩個孝順兒子，我想要什麼，他們就會送什麼！」

突厥人的黃金時代並不長，前後也只不過三十年。西元五八二年，突厥人的好日子到頭了，已經強大起來的隋朝可以跟突厥人叫板，而突厥人恰恰在這個關鍵時刻內訌了。

西元五八二年，突厥沙鉢略可汗命阿波可汗南侵，結果被隋軍擊敗。猜忌成性的沙鉢略可汗藉口阿波可汗先行撤退，悍然襲擊了阿波可汗。阿波可汗不得已只能投奔西部達頭可汗，兩人聯合與沙鉢略可汗對立，相互攻擊，於是突厥正式分裂為東西兩汗國。東突厥沙鉢略可汗在隋北境，西突厥達頭可汗在隋之西北。

分裂後的東西突厥再也沒有往日的強盛，而此時輪到中原政權隋朝發威了。隋文帝楊堅乘機出兵，專攻東突厥，東突厥屢戰屢敗，一度淪為隋的附庸國，爾後隋出兵大破西突厥，其餘部奉隋命遷往河套一帶。

然而中原政權的好景也不長，由於隋煬帝楊廣太能折騰，三征遼東耗乾了帝國的精力，而東西突厥則在不被人注意的情況下東山再起。西元六〇九年，隋冊封的東突厥啟民可汗死，其子始畢可汗立，娶隋朝義城公主為妻，隨後勢力不斷壯大，到西元六一五年，始畢可汗已經有了叛隋的資本，居然把視察邊防的隋煬帝楊廣圍困於雁門，所幸有義城公主好言相勸，楊廣方才得救，史稱「雁門事變」。

「雁門事變」成了東突厥與中原政權的勢力對抗的分水嶺，自此中原政權又處於東突厥的刀鋒之下，無論隋朝末年，還是李淵的唐武德年間，中原政權對於東突厥人只能卑躬屈膝，這個態勢一直延續到李世民登基。

登基之初的李世民也沒有跟東突厥人叫板的資本，他同樣需要退讓，儘管唐代的史書上沒有提及西元六二六年八月李世民與東突厥人談判的細節，但從後來頡利可汗阿史那咄苾送給李世民三千匹馬、一萬隻羊來看，渭水盟誓的背後，唐朝是下了血本的。只不過血本是暫時的，李世民放的是高利貸，一旦時機成熟，就讓頡利可汗阿史那咄苾連本帶利一併還給大唐。

東突厥的骨牌

渭水盟誓後，頡利可汗阿史那咄苾踏上了回家路，這樣的情形對他而言已經很熟悉，這一次只不過是昔日重現，心情不錯的阿史那咄苾怎會想到這將是他最後一次對唐朝耀武揚威，因為從此時開始他已經開始走下坡路了，東突厥的內部已經出現問題。

東突厥的人心向背形勢如同骨牌，只要有人開了頭，骨牌倒下的態勢就無法避免。

引發東突厥骨牌倒塌的人其實是個熟人，定楊天子劉武周的老部下苑君璋。

劉武周殞命之後，苑君璋繼續盤踞在東突厥的屋簷下，擔任東突厥進攻中原的嚮導，西元六二三年東突厥人襲擊馬邑就是他帶的路。原本苑君璋準備跟著東突厥人一條路跑到黑，可是手下人卻不這麼想，他的手下都是漢人，這些漢人嚮往的是李淵的正統唐朝，因此這些人紛紛拋棄了苑君璋轉而投入了唐朝的懷抱，而遭遇手下拋棄的苑君璋一看自己要成為光桿司令，索性也向李淵表明了投降的願望。

在李淵將免死金券送到苑君璋面前的同時，頡利可汗阿史那咄苾的使節也到了，他們也是來做苑君璋的工作，他們希望苑君璋繼續留在東突厥的陣營當中。拿不定主意的苑君璋諮詢自己的親信郭子威，郭子威給苑君璋支出了一招，說道：「如今東突厥強盛，應該向它靠攏，不過在靠攏的同時還要等待天下的變化，不能任由別人擺布。」

郭子威的話給苑君璋定了位：先掛靠東突厥，再隨機應變。

時間過得很快，一直處於隨機應變狀態的苑君璋時刻都在觀察著頡利可汗阿史那咄苾的動態，在他看來東突厥並非鐵板一塊，而是隨時有可能分崩離析，況且阿史那咄苾的領導能力非常糟糕，國勢不會長遠。

西元六二七年五月，看透了阿史那咄苾的苑君璋放棄與東突厥的掛靠關係，轉而向唐朝投降，隨即被任命為隰州都督、芮國公，而苑君璋的反水也在無意之中推倒了東突厥的第一張骨牌。

事實上，東突厥走下坡路完全是阿史那咄苾自作自受。

原本東突厥人性情敦厚，民風淳樸，因為文化水準比較低，政治法律反而簡單明瞭，即便如此東突厥汗國的營運正常，向心力也非常強。然而自從阿史那咄苾重用漢人趙德言之後，東突厥汗國的情況開始發生變化了。

風俗被強令更改，習慣也被強令更改，政令也變得繁瑣不堪，這讓本來習慣簡單生活的人民有些惱火。而更令他們惱火的是，阿史那咄苾越來越信任外族人，反而對本族人非常疏遠，更要命的是獲得阿史那咄苾信任的那些外族人趁機搞起了貪污，這讓東突厥人更加氣憤。

屋漏偏逢連夜雪，在東突厥人的憤怒慢慢積累的同時，老天也跟阿史那咄苾過不去了，東突厥汗國的上空下起了多年不遇的大雪。積雪厚達數尺，本來連年征戰就沒有多少儲備，這下成災的大雪更讓東突厥人的日子雪上加霜。要知道東突厥人靠的主要是牧業，而雪太多了牲畜會凍死，更可怕的是大雪封山，儲備的草料用完，成批的牛羊只有餓著肚子等死的份了。

這一年，東突厥人的牛羊凍死餓死不計其數，損失慘重，而令他們更心痛的是阿史那咄苾居然在這個時候還增加了稅賦，理由是可汗家也沒有餘糧。真是不讓人活了。

東突厥汗國的災情牽動著唐朝上下的心，別誤會，他們不是準備援助，而是在研究作戰的時機。

李世民向左僕射蕭瑀、右僕射長孫無忌詢問：「頡利君臣昏虐，危亡可必。今擊之，則新與之盟；不擊，恐失機會；如何而可？」意思是說，頡利可汗的日子很難過，趁這個機會出兵吧，又礙於去年剛跟他渭水盟誓，不出兵又恐怕喪失機會，該怎麼辦呢？

左僕射蕭瑀主張出兵一雪前恥，而右僕射長孫無忌卻說道：「虜不犯塞而棄信勞民，非王者之師也。」

事實上，長孫無忌「王者之師」的論據並不足以打動李世民，只不過久經沙場的李世民比他們看得更遠，他知道此時的頡利可汗儘管國內生活困頓，但還沒有到分崩離析的地步，此時出擊並非良機，弄不好還會激起東突厥人同仇敵愾。

沒關係，我們可以等。

時間可以改變一切，時間慢慢耗掉了東突厥人的銳氣。

隨著頡利可汗阿史那咄苾威信的日益下降，原本依附於他的薛延陀部落、回紇部落、拔野古部落先後效仿苑君璋轉身背叛，以前高高在上的頡利可汗已經被他們拋棄，從此這些部落不再效忠於東突厥，而頡利可汗更不能像以往一樣對他們指手畫腳。

一個苑君璋背叛不算什麼，然而三大部落一起背叛，這讓阿史那咄苾惱火到了極點，盛怒之下派出自己的侄子阿史那欲谷率十萬大軍攻打回紇部落。沒想到馬鬣山一戰，阿史那欲谷的十萬大軍居然被回紇酋長藥羅格菩薩的五千騎兵擊敗，十萬大軍被五千騎兵打得滿地找牙。

回紇酋長的五千騎兵一直追到了杭愛山，順便還劫掠了大批東突厥的部屬，本著「有便宜大家沾」的原則，薛延陀部落也趁機出兵擊敗了東突厥四名將軍帶領的軍隊，幾番打擊下來，阿史那咄苾銳氣被打沒了，眼看著回紇部落和薛延陀部落的挑釁，他卻一聲歎息，無能為力。

其實阿史那咄苾對回紇部落、薛延陀部落的挑釁無動於衷是有原因的，這個原因就是唐朝，阿史那咄苾知道回紇和薛延陀部充其量只是搗亂，而唐朝一旦發兵後果可能就是滅國。基於此他忍下兩口惡氣，把關注的目光死死地放在唐朝，他甚至直接以狩獵之名率兵到了朔州邊境，只為了加強對唐朝的防禦。

阿史那咄苾的擔心不無道理，因為此時的唐朝也正將矛頭對準了東突厥，他們只是在等待合適的時機。

此時唐朝鴻臚卿（**藩屬事務部部長**）鄭元壽奉李世民之命出使東突厥，回國之後立刻向李世民稟告：東突厥百姓饑餓、牲畜枯瘦，亡國不會超過三年。

對於這個報告，李世民非常認同，這與他先前盤算的時間相差無幾，看來三年之內有望解決東突厥了。

李世民的三年計畫知道的人並不多，多數大臣還蒙在鼓裡，大臣們聽到鄭元壽的彙報後，一個個摩拳擦掌，紛紛建議李世民趁機出兵攻打東突厥。

此時的李世民早已胸有成竹，怎麼會因為眾臣的建議就改變自己的計畫。李世民衝眾臣擺擺手，一字一句娓娓道來：「新與人盟而背之，不信；利人之災，不仁；乘人之危以取勝，不武。縱使其種落盡叛，六畜無餘，朕終不擊，必待有罪，然後討之！」

李世民用「不信、不仁、不武」回絕了眾臣的建議，並表明一定要等到東突厥有罪再行攻擊，事實上李世民之所以不出擊，不是因為「不信、不仁、不武」，只是因為時機不到而已。

突利可汗的求救信

老鼠向貓發出了求救信，如果是你，你信嗎？李世民信，我也信。

向李世民發出求救信的居然是阿史那咄苾的侄子、親密戰友突利可汗阿史那什缽苾，阿史那什缽苾為什麼要向李世民發求救信呢？因為他在叔叔的手下快活不下去了。

原本在東突厥汗國，阿史那咄苾是大可汗，是整個汗國都認可的大可汗，而阿史那什缽苾在幽州以北設立王庭稱小可汗，管理汗國東方的領土。東突厥的政治體系有一點鬆散聯邦的味道，大可汗是名義上的最高首領，而小可汗則是接受大可汗領導的區域首領，只不過大可汗與小可汗並非像中原政權有嚴格的上下級關係而已。

本來突利可汗在幽州以北設立王庭，日子過得很舒服，沒想到隨著頡利可汗威信日益掃地，他的日子也不好過了。

突利可汗治下原本也有奚等數十個部落接受他的管理，然而隨著東突厥汗國日薄西山，這些部落紛紛投入了蒸蒸日上的唐朝懷抱。如此一來，頡利可汗自然對突利可汗非常惱火，因為部落流失就意味著賦稅流失、收入減少，頡利可汗當然要大動肝火。

這些部落剛流失，薛延陀部落和回紇部落就開始向頡利可汗發難，頡利可汗派出侄子阿史那欲谷率領十萬大軍結果被回紇部落打得滿地找牙。不甘心失敗的頡利可汗再次派出突利可汗進行討伐，沒想到突利可汗這個侄子也被回紇部落打得狼狽不堪，最後只剩突利可汗一人騎馬逃出了戰場，其餘手下不是陣亡就是被俘虜，這讓氣火攻心的頡利可汗火上加火。

火爆脾氣的頡利可汗盛怒之下將不爭氣的侄子突利可汗關押了十幾天，十幾天內還動不動拿皮鞭抽打解氣，十幾天下來頡利可汗的氣解了，突利可汗的心卻動搖了，他再也不想跟隨這樣的大可汗，他再也不想認這樣的叔叔。

隨後的幾個月，頡利可汗依照慣例向突利可汗徵兵，而突利可汗卻不動聲色地跟他裝起了糊塗，既不回絕也不應召，就讓頡利可汗自討沒趣，下不了臺。而私下裡突利可汗加強了與結盟兄弟李世民的聯繫，在給李世民的信中他居然說：想去長安朝見。

突利可汗與李世民結為兄弟是在西元六二四年八月，當時頡利可汗和突利可汗聯合進軍到了五隴阪（今陝西彬縣）。早就知曉東突厥並非鐵板一塊的李世民與突利可汗取得了聯繫，利用其叔侄二人的相互猜忌趁機與突利可汗結成了兄弟。隨後頡利可汗得知二人背著自己結為兄弟便對侄子突利可汗不再信任，聯合作戰無從談起，十幾萬聯合大軍被李世民的結拜給化解了。

現在結拜兄弟的信送到了長安，李世民喜不自勝，在他看來，這是大唐國力強盛的標誌，東突厥的小可汗要向大唐皇帝求援了，這在以前不敢想像。

好事總是一件接連著一件，就在李世民還在為上一封信喜悅的同時，突利可汗的另一封信到了，這封信的口氣比上一封信更加謙卑、更加迫切，因為他遭到了頡利可汗的攻擊，處境已經非常糟糕。

看完信，李世民有些為難，與突利可汗有兄弟之約，兄弟有難不可不救，而與頡利可汗又有渭水盟誓在先，究竟幫哪邊呢？李世民一時拿不定主意，兵部尚書杜如晦站了出來，說道：「戎狄無信，終當負約，今不因其亂而取之，後悔無及。夫取亂侮亡，古之道也。」顯然杜如晦不贊成遵守所謂的「渭水盟誓」，既然東突厥內亂，那麼何不趁亂出兵？

杜如晦的話是對的，李世民的心裡也是這麼想的，不過在他看來東突厥的亂還沒有到極點，不著急，我們還可以再等一等。

殊途同歸的梁師都

李世民沒有給突利可汗答覆，也沒有與頡利可汗翻臉，世界上沒有永遠的敵人，也沒有永遠的朋友，而敵人和朋友其實是可以不斷轉換的。

貞觀二年（西元六二八年）四月二十日，原本歸順東突厥的契丹部落正式歸順唐朝，從敵人變成了朋友。

契丹部落的背叛讓頡利可汗非常惱火，他實在不願意看到歸順的部落一個個離他而去，因此派出使節與李世民來談一筆交易：唐朝把契丹部落交給東突厥處置，東突厥將唐朝痛恨的梁師都交給唐朝處置。

用梁師都換契丹部落似乎很值，然而這筆聽上去還不錯的交易還是讓李世民否決了，契丹與突厥是兩個種族，突厥憑什麼要回契丹部落，至於梁師都只不過是大唐鍋裡的一條魚，抓住他只是時間問題。

後來的事實證明，頡利可汗的換貨條件確實是不可行的，因為李世民略施小計就征服了梁師都，壓根用不著跟頡利可汗交換。

說起來，唐朝惦記梁師都不是一天兩天了，唐朝的士兵想死梁師都了。

要說這個局面還是梁師都自己造成的，他自從造反那天起就寄居在東突厥的屋簷下，歷次東突厥入侵中原都少不了梁師都這個嚮導，李世民恨透了也想死了這個嚮導，幾次寫信規勸，梁師都就是不搭理，那李世民只能來硬的了。

夏州都督長史劉旻和司馬劉蘭成受命清理梁師都，為了梁師都兩個人還是花了一番心思。

首先，劉旻不斷從本部派出輕騎兵，深入梁師都所謂的梁國國境，這些騎兵的任務只有一個：踐踏莊稼，讓梁師都吃不上糧；其次，劉旻又派出一批閒人，他們的身分是間諜，這些閒人間諜專門鑽營梁師都的核心層，任務就是挑撥梁師都與手下的關係，總之讓梁師都的梁國形勢越亂越好。

皇天不負苦心人啊，經過間諜們的忽悠，梁師都的手下人心思變，準備投奔唐朝的人越來越多，手下大將李正寶甚至計畫發動政變，準備擒獲梁師都一起打包投奔唐朝。

計畫還是沒有變化快，李正寶的打包投奔計畫還是暴露了，打包不成的李正寶只能放棄打包計畫，一個人投奔了唐朝，留下梁師都跟剩餘的手下相互猜疑，人人自危。

牆倒眾人推，破鼓眾人捶，劉旻和劉蘭成請示李世民出兵，請示迅速得到了批准。

李世民下令右衛大將軍柴紹、殿中少監薛萬鈞出兵攻擊梁師都所在的朔方城（陝西靖邊縣北白城子），劉旻進駐朔方東城進行策應，加強攻勢。

重壓之下的梁師都一邊守城，一邊向東突厥求援，然而東突厥的援軍卻在朔方東城下碰了釘子。駐守朔方東城的夏州司馬劉蘭成命令全軍取下旗幟、停止擊鼓、就地休息、拒不出戰，任憑東突厥援軍叫陣，劉蘭成就是堅守不出，氣死你沒商量。

叫了一天的陣，沒有得到劉蘭成的任何回應，當夜東突厥援軍趁著夜色撤退，計畫休整之後再戰，然而這可由不得他們，不講究的劉蘭成率領休整了整整一天的部隊尾隨出擊，當夜大破東突厥援軍。

一撥不成，再來一撥，不死心的東突厥再次派出援軍，原本他們抱定決心要與唐軍在朔方城決一死戰，只可惜決戰的地點他們說了也不算，誰說了算？柴紹。

柴紹沒有在朔方城等候，而是將決戰的地點選在了離朔方城數十里的地方，在這裡柴紹給了東突厥援軍一個驚喜，決戰提前上演。等待多時的唐軍對進入伏擊圈的東突厥軍毫不客氣，幾番衝擊之下東突厥援軍潰不成軍，到這個時候他們才知道中了柴紹的「圍點打援」之計。

兩次重創下來，東突厥人再也不敢援助，只能遠遠看著朔方城被柴紹圍成了鐵桶，更加不幸的是由於此前劉旻派出的唐軍騎兵踐踏了太多的莊稼，朔方城被圍幾天之後，城中即告斷糧。

管仲說：「倉廩實而知禮節」，肚子餓急了，那就什麼也顧不上了。

貞觀二年（六二八年）四月二十六日，梁師都的堂弟梁洛仁再也顧不上禮節，將堂哥梁師都誅殺，獻出城池向唐軍投降，自此隋末起義頭領塵埃落定。梁師都與諸多同行殊途同歸。

遠交近攻

戰國後期的秦國，靠著「遠交近攻」的策略擊敗六國統一天下，而在唐朝貞觀年間，皇帝李世民同樣將「遠交近攻」用到了突厥人身上，事實證明很成功、很有效。

貞觀的前三年，對於李世民而言是很難熬的三年，在這三年中他無時無刻不在思考著東突厥的問題，東突厥一日不除，他一日難安，該怎樣拔掉這個眼中釘呢？

拖、耗、離間、蠶食，能用的方法李世民都用了，然而在他心底總還覺得差一點什麼呢？差一顆釘子，一顆釘入東突厥內部的釘子。

到哪裡去尋找這顆釘子呢？突利可汗似乎並不適合，因為突利可汗只對他屬下的突厥人有些號召力，對回紇、薛延陀部落根本沒有號召力。對付頡利可汗，光打還不行，還要最大程度的將他孤立，最好是把原先依附於他的回紇、薛延陀部落統統趕到頡利可汗的對立面，這樣東突厥就不再是可怕的群狼，而只是形單影孤的獨狼。

讓誰成為薛延陀等部落的領袖呢？讓誰成為大唐釘入東突厥汗國的釘子呢？李世民一直在思考，他在尋找那個可以配合他遠交近攻的人。

在李世民尋找釘子的同時，釘子也在尋找他。

此時，薛延陀和回紇部落同樣在尋找新的領袖，雖然他們已經脫離了頡利可汗並與之決裂，但這些部落如果不產生新的領袖依然會是一盤散沙，用不了多久他們就會被騰出手的東突厥汗國一一擊破。

此時從東突厥汗國脫離出來的部落紛紛歸順薛延陀部落，眾多小部落聯合起來推舉薛延陀部落俟斤（司令官）乙失夷男為可汗，心中沒底的乙失夷男連連擺手不敢答應，做可汗雖然榮耀，但同時意味著巨大的責任。

這邊乙失夷男心中沒有底不敢自稱可汗，而遠在長安的李世民卻將目標鎖定在他身上，在李世民看來這個正在崛起的年輕人正是自己遠交近攻計畫的關鍵一環，只要給乙失夷男一點信心，他一定能給大唐一個驚喜。

李世民隨即派出游擊將軍喬師望從長安出發，一路上專走小路避開東突厥人的耳目，來到乙失夷男的駐地。喬師望此行帶來李世民的封爵詔書，李世民封乙失夷男為真珠可汗，賞賜大旗巨鼓，這樣乙失夷男就成為大唐皇帝冊封的貨真價實的可汗，背靠唐朝這棵大樹，即使此前心中沒底，如今也是底氣十足。

乙失夷男大喜過望，隨即派出使者前往長安進貢，隨後正式在蒙古杭愛山之下建立王庭，薛延陀汗國正式掛牌成立。

薛延陀汗國東至靺鞨，西至西突厥，南接瀚海沙漠，北至俱倫水，汗國掛牌成立之後，回紇、拔野古、阿跌、同羅、僕固諸部落紛紛歸屬，這樣李世民就在東突厥汗國以北生生扶植起一個新生的薛延陀汗國，這就是李世民夢寐以求的釘子，只要有這顆釘子在，東突厥汗國一定會感到芒刺在背。

在李世民的經營下，東突厥汗國的生存空間急劇縮小，北面是瀚海沙漠，瀚海沙漠以北就是新崛起的薛延陀汗國，西面是素來不睦的西突厥汗國，東面是已經歸順唐朝的契丹部落，而南面則是日益強大的大唐，而更要命的是加上內部突利可汗等原本的親信加戰友離心離德。如果說以前的頡利可汗是不可一世的狼王，那麼現在的他只是一隻眾叛親離的老狼，只要李世民用力的將拳頭一握緊，頡利可汗的生存空間或許就化為烏有。

貞觀三年八月八日，乙失夷男的弟弟作為薛延陀汗國的使節到達長安，他是代表乙失夷男到長安進貢的，他的到來讓李世民大為高興，在高興之餘李世民賞賜一把寶刀和一條寶鞭，並讓他轉告乙失夷男說：「卿所部有大罪者斬之，小罪者鞭之。」言下之意，在薛延陀汗國乙失夷男掌控一切，上只對李世民負責，下對全汗國負責。至此薛延陀汗國的釘子身分已經完全確立，他將極大的分化東突厥汗國原有勢力，並對苟延殘喘的東突厥汗國進行最大程度的擠壓。

直到此時，孤獨的頡利可汗才意識到盤旋在自己頭頂的危機，此時的他願意放下身段同唐朝講和，甚至派出使節請求迎娶唐朝公主，願意對唐朝執女婿之禮，然而一切都晚了，李世民苦心經營三年就是為了擠壓東突厥的生存空間，臨近收官，怎麼會輕言放棄呢？

很快，代州都督張公瑾上書李世民，強烈建議李世民出兵討伐東突厥，張公瑾列出六條理由：

頡利縱欲逞暴，誅忠良，昵奸佞，一也

薛延陀等諸部皆叛，二也

突利可汗、阿史那拓設、阿史那欲谷皆被定罪，無所自容，三也。

塞北霜旱，糧食乏絕，四也

頡利疏其族類，親委諸胡，胡人反覆，大軍一臨，必生內變，五也

華人入北，其眾甚多，比聞所在嘯聚，保據山險，大軍出塞，自然回應，六也

六條理由，條條在理，天時地利人和皆在唐朝，此時不出兵更待何時？

李世民當即批准，以頡利可汗既跟唐朝和解又助梁師都攻擊唐朝為由，對東突厥正式宣戰，同時委任命兵部尚書李靖為行軍總管，代州都督張公瑾為副，準備出征。

前奏

貞觀三年九月九日，唐朝遠征大軍尚未出發，東突厥九名俟斤（司令官）率三千騎兵向唐朝投降。

九月二十一日，拔野古部落、僕固部落、同羅部落、奚部落酋長率眾來降。

此時的形勢相當的好。

十一月二十三日，李世民任命并州都督李世勣為通漠道行軍總管、兵部尚書李靖為定襄道行軍總管，華州刺史柴紹為金河道行軍總管、靈州大都督薛萬徹為暢武道行軍總管，兵力總計十餘萬，皆受李靖節度，分道出擊突厥，遠征突厥正式開始。

遠征開始，好消息接二連三，從唐朝建國到貞觀三年的壓抑被一一釋放，現在到了唐朝揚眉吐氣的時候。

十一月二十八日，任城王李道宗在靈州擊破東突厥軍一部。

十二月二日，開天闢地的大事發生，東突厥小可汗突利可汗阿史那什缽苾來到長安，向唐朝皇帝李世民行叩拜大禮，此時距離西元六二六年八月東突厥頡利可汗、突利可汗大兵壓境僅僅三年，李世民頓時有恍如隔世之感。

十二月六日，位於黑龍江下游的靺鞨部落派使節到長安進貢，此前靺鞨部落只臣服於東突厥汗國，而此時他們跨越數千里到唐朝國都長安進貢，兩者直線距離為兩千五百公里。

利多，全是利多，此時的利多還只是開端，等到李靖和李世勣兩記重拳祭出，等待東突厥的會是什麼？

天崩地裂！

重拳

貞觀四年正月，定襄道行軍總管李靖行色匆匆，此時的他正從山西馬邑直插惡陽嶺（內蒙古和林格爾縣南），他的身後是三千士氣高昂的大唐騎兵。

如果按照一般的部署，作為行軍總管的李靖應該在大軍的後方壓陣，然而對付突厥人卻由不得他在後方壓陣，突厥人行動迅速詭異，必須以快制快，稍有遲疑便會貽誤戰機，一旦貽誤，貞觀前三年的努力很可能都付諸東流。

行軍總管李靖火速抽出三千輕騎兵，一路疾奔直撲惡陽嶺，就地駐紮，稍事休整。

當晚，李靖率領三千騎兵奇襲定襄城（內蒙古和林格爾），城內守軍尚沒有回過神就已經被攻破，唐軍的旗幟瞬間插滿了定襄城頭。

消息傳來，頡利可汗阿史那咄苾大驚失色，驚呼道：「唐不傾國而來，靖何敢孤軍至此！」受到驚嚇的阿史那咄苾驚慌失措，緊急將王庭遷往磧口（今內蒙四子王旗西北），以其躲避李靖的重拳，此時的阿史那咄苾再也沒有往日的霸氣，能夠躲過大唐的刀鋒就是他的最大心願。

老鼠急了，也慌了，而李靖這隻老貓並不急，他知道這隻老鼠已經在自己的股掌之間，打並不是目的，玩死他才是最終目的。

在李靖的授意下，幾個間諜出沒於阿史那咄苾的陣營中，這些間諜的任務很簡單，就是策反。

在唐軍的重壓之下，要策反其實是非常簡單的。在間諜的策反之下，阿史那咄苾的親信康蘇密率領一部分部屬投降，這些部屬中居然有兩個重量級人物：隋王朝貨真價實的蕭皇后以及楊廣碩果僅存的孫子楊政道。

蕭皇后於西元六一八年目睹了丈夫楊廣被殺，並在同一年輾轉到了東突厥，在隋室宗女義成公主的照顧下強度餘生。貞觀四年正月九日，蕭皇后回到長安，此時距離她跟隨丈夫楊廣離開長安已經過去了十餘年。貞觀二十一年，蕭皇后崩逝，享年八十歲，在她逝世後，李世民以皇后禮將蕭皇后葬於楊廣之陵，諡湣皇后，此時距離楊廣被弒已經過去了整整二十九年。二十九年後這對恩愛夫妻終於團聚，至此世間再無隋煬帝，世間再無蕭皇后，寂寞身後，千古風流留給後人評說。

楊廣唯一的孫子楊政道，是楊廣次子齊王楊暕的遺腹子，江都兵變時他還在母親的肚子裡，藉此躲過了兵變，延續了楊廣的血脈，貞觀四年跟隨祖母回歸唐朝後被授予尚衣奉御（**專職為皇帝管理衣物，正五品**）。楊政道官運一般，他的兒子楊崇禮卻非常風光，唐玄宗開元初出任太府少卿，為人謹慎仔細，時人評價「其前後幾任太府少卿無出其右者」。後升任太府卿，加銀青光祿大夫，進封弘農郡公。在職二十年，公清如一。年九十餘，授戶部尚書致仕，他可能是唐朝退休時年齡最大的官員。楊政道的三個孫子楊慎矜、楊慎名、楊慎餘皆是當世能臣，可惜的是最終遭遇李林甫陷害，兄弟三人皆被賜自盡身死。

大兵壓境，親信叛離，阿史那咄苾的日子越來越難過，苦日子難道就沒有盡頭嗎？

是的，沒有盡頭，因為他的對手是李靖和李世勣，兩位不世出的千古名將。

李靖和李世勣這兩位千古名將也挺不講究，這次遠征兩人對阿史那咄苾使用的是難以招架的連續拳，李靖和李世勣各執一拳，你方唱罷我登臺，壓根不給阿史那咄苾喘息的機會。

在李靖對阿史那咄苾緊追不捨的同時，李世勣率領大軍從雲中（山西大同）出發，一路向北，在白道（內蒙古呼和浩特北）將鐵拳重重揮出，砸在前來迎戰的東突厥大軍身上。這一拳李世勣毫無含糊，一仗下來阿史那咄苾的有生力量又減少了幾成，於是東突厥人手裡的籌碼又少了好幾個。

在李世勣的鐵拳揮完之後，李靖又上來了，這一次李靖挺進得更深入，他直接從白道出發，一路追擊阿史那咄苾到了陰山。

往前是瀚海沙漠，往後是李靖的貓爪，阿史那咄苾的路又在哪裡呢？

韓信滅齊

瀕臨絕境的阿史那咄苾並不打算束手就擒，他依然保持著清醒的頭腦，他知道此時死磕已經沒有意義，只有想辦法忽悠。

在陷入絕境之前，阿史那咄苾是有準備的，他早早派出親信執失思力前往長安向李世民求饒，表示願意舉國內附歸順唐朝，而他自己將親自前往長安朝拜。

不可一世的頡利可汗會如此輕易的服輸？怎麼可能。

事實上頡利可汗的這一招不算新鮮，草原上的很多動物都會，歸結起來就是裝死。放在頡利可汗的身上，那就是裝可憐，只要李世民的心一軟，他就有了喘息的機會，只要讓他拖到草青馬肥之時，草原就依然是頡利可汗的天下，最不濟還可以橫穿瀚海沙漠，讓唐朝鞭長莫及！

換作一般的君臣，或許頡利可汗的這條妙計會有效，只可惜他遇到的是李世民和李靖這對君臣。但令人奇怪的是在如何對付頡利可汗的問題上，君臣二人並沒有進行溝通，李世民只是安排唐儉作為使節前往頡利可汗的大營安撫，同時詔令李靖準備率軍接應頡利可汗歸順唐朝。

李世民下的這盤棋到底是打算打還是和呢？

從表面看，李世民已經派出唐儉作為安撫使節，並命令李靖接應，這分明是一盤和棋啊。真的是一盤和棋嗎？作為皇帝的李世民真的看不出這有可能是頡利可汗的緩兵之計嗎？

李靖心中充滿疑慮，在他看來此番頡利可汗求和分明就是拖延時間，以頡利可汗的性格，不到山窮水盡絕不會輕言放棄，況且即便接連遭受唐朝重擊，東突厥卻並沒有真正傷筋動骨，假以時日必定會東山再起，難道這些皇帝李世民真的看不出來嗎？

苦思無果，李靖找來李世勣商量，結果李世勣與李靖的想法不謀而合，以二人多年對付東突厥的經驗判斷，此時與東突厥媾和無異於放虎歸山，東突厥這隻虎可是千萬放不得的。

英雄所見略同，皇上下的這盤棋絕不是和棋。

李靖和李世勣是對的，倘若李世民是一位太平天子，或許他會很樂於看到東突厥的求和，然而李世民恰恰是一位從戰火中走出來的天子，他的目光比太平天子看得更遠，他要的絕不是短暫的求和，他要的是大唐的長治久安。

破解了李世民詔令的深意，李靖和李世勣抱定了決戰到底的信念，經過研究他們發現此時唐朝安撫使節唐儉已經進入東突厥的大營，唐儉必定會傳達李世民的和平詔令，那麼此時的頡利可汗的防備必定會鬆懈，他一定想不到李靖和李世勣竟然會對皇帝的詔令「陽奉陰違」。

李靖隨即決定，精選騎兵一萬人，只攜帶二十天糧草，直撲頡利可汗大營。對於李靖和李世勣的決定，張公瑾是不同意的，他說：「詔書已許其降，使者在彼，奈何擊之！」，顯然張公瑾是個按合約辦事的人。而李靖和李世勣卻不這麼看，戰爭本身就是一場兵不厭詐的遊戲，李靖回應道：「此韓信所以破齊也。唐儉輩何足惜！」（**漢初韓信奉命征討齊國，進攻還沒開始，便傳來酈食其說降齊國的消息，韓信不為所動，以未接到停止進攻詔書為由，按原計劃攻打，將猝不及防的齊滅國。**）

當夜李靖率軍先發，李世勣隨後出發，目標鎖定被和平沖昏頭腦的阿史那咄苾。李靖大軍連夜前，居然在進軍路上遇到了東突厥一千多帳篷的部眾，隨即全部被俘虜，但是一個不殺，一起裹挾著向阿史那咄苾的大營進發，這些被裹挾的部眾就是唐軍天然的掩護。

隨後李靖派出了一支二百人的先鋒部隊，領頭的便是後來的唐朝名將蘇定方。蘇定方率領這支二百人的隊伍一路直撲阿史那咄苾的大營，天公作美的是當天夜裡居然還起了大霧，藉著夜色和大霧的掩護，蘇定方部慢慢的逼近了阿史那咄苾的大營。而此時的阿史那咄苾還滿心以為唐朝使節唐儉的到來就意味著緩兵之計已經奏效，卻沒有想到李靖和李世勣是兩隻不達目的誓不甘休的貓。

蘇定方的先鋒部隊一直挺進到距離阿史那咄苾大營只有七里的地方，到了這個時候阿史那咄苾的崗哨才發現了唐軍。得知消息的阿史那咄苾已經來不及集結隊伍了，他跳上自己的千里馬藉著夜色的掩護倉皇離去，身後留下群龍無首的大軍。

阿史那咄苾逃走不久，李靖的大軍就衝進了他的大營，失去指揮的大軍一觸即潰，四散逃離，李靖此役斬殺一萬餘人，俘虜男女十萬餘人，同時斬殺隋室宗女、阿史那咄苾的妻子義成公主，俘虜義成公主的兒子阿史那疊羅施。值得慶幸的是被當成炮灰的安撫使節唐儉居然在慌亂中平安逃回了李靖大營。

丟盔卸甲，喪妻失子，還有比這更壞的結局嗎？有。

趁著夜色掩護的阿史那咄苾一路瞪大了自己的眼睛，他試圖用自己的眼睛尋找屬於自己的光明，然而命中注定他是找不到的，因為他的苦主李世勣正在前方等著他。

原本阿史那咄苾準備先逃到磧口，再從磧口橫穿瀚海沙漠，只要過了瀚海沙漠，那邊就會有鐵勒部落的接應，到時自己率領的一萬多士兵依然會是東山再起的資本。

然而，等到了磧口之後，阿史那咄苾發現自己又被唐軍算計了，李世勣已經早早地等在那裡，並且布下了天羅地網，有利地形已經被他佔據，闖關已經不可能了。

阿史那咄苾畢竟也是一世英雄，眼見前方無路可走，他並不慌亂，撥轉馬頭向西便走，身後只有零散的騎兵跟隨，只留給李世勣幾個寥落的背影。

「想抓我，沒門！」阿史那咄苾在心中恨恨地說。

「沒關係，他跑不出大唐的手掌心。」李世勣輕鬆地說道，因為大唐的軍隊已經遍布整個邊境，抓住阿史那咄苾僅僅是時間問題，而且時間一定不會太長。

阿史那咄苾西奔之後，待在原地的士兵不知道何去何從，最後在大酋長的帶領下全體向唐軍投降。李世勣一盤點，此役俘獲五萬餘人，又是一場大勝。

至此，阿史那咄苾原有地盤喪失殆盡，南起陰山，北到瀚海沙漠，從此歸於大唐名下。

一個在天，一個在地

如果時光倒流四年，阿史那咄苾一定不會料到如今這樣的結局。如果時光倒流四年，李世民也未必有將阿史那咄苾打翻在地的絕對信心。時間是最好的見證，生活是最好的導演，僅僅四年唐朝與東突厥便完成了角色轉換，儘管阿史那咄苾有些不甘心。

貞觀四年三月，對於大唐而言這是一個火紅的三月，這一個月利多不斷，好戲連臺。

三月三日，李世民任命突厥夾畢公爵阿史那思摩為右武侯大將軍，這是李世民鄭重任命的第一個東突厥大將軍。之後不久，阿史那思摩的突厥同事便多了起來，五品以上的突厥官員達一百多人，幾乎佔中央官員的一半，這是何等的胸懷，這就是李世民的胸懷，包容四海的胸懷。

三月三日這一天，李世民對阿史那思摩進行了任命，卻沒有想到他自己也將得到一個任命。這一天，唐朝四方少數民族酋長、國王雲集長安皇宮門前，向李世民送上他們醞釀已久的尊號：天可汗，普天之下共同擁戴的可汗！

得到這個尊號，李世民心花怒放，在他之前沒有一個中原政權皇帝曾經得到這個封號，即使漢武大帝劉徹，也只能是中原政權的皇帝，而不是全天下的大帝，如今四方少數民族臣服，奉上尊號「天可汗」，這是何等的榮光！在中國大歷史上前無古人，後有來者乎？

然而，即便想到這一層，李世民還是謙虛地擺了擺手，說道：「我為大唐天子，又下行可汗事乎？」意思是說我是大唐的天子，難道還要兼職幹可汗的事情嗎？

李世民話音剛落，文武百官和四方少數民族酋長、國王高呼萬歲，場面激昂震撼，令李世民久久不能平靜。自此李世民默認了天可汗的尊號，在給西北邊陲少數民族酋長頒布詔書時，一律自稱「天可汗」。

在李世民被擁戴為天可汗的同時，他的老朋友阿史那咄苾又在做什麼呢？

阿史那咄苾西奔之後，將目標鎖定在唐朝的靈州（寧夏靈武），在那裡有他碩果僅存的忠臣阿史那蘇尼失。阿史那蘇尼失是啟民可汗的親弟弟，始畢可汗、處羅可汗、頡利可汗都是他的侄子。鑒於他與啟民可汗一母所生，他的侄子始畢可汗就將他封為沙缽羅將軍，管轄部落屬民五萬家，牙帳設立在唐朝靈州的西北。

自從被封為沙缽羅將軍之後，阿史那蘇尼失見證了三個侄子的起起落落，始畢可汗去世，處羅可汗接任，處羅可汗去世，頡利可汗接任，隨著時光一天一天流失，東突厥汗國日薄西山。由於頡利可汗親近外族人，疏遠本族人，屬下很多部屬都離他而去，唯獨他的親叔叔阿史那蘇尼失卻不為所動，忠誠之心天地可鑒。後來突利可汗投奔唐朝，無形中就空出了一個小可汗的名額，頡利可汗投桃報李，順手就將這個名額送給了阿史那蘇尼失，從此以後叔叔你就是侄子任命的小可汗了。

等到頡利可汗兵敗之後，阿史那蘇尼失成了他的投靠對象，不過他並不準備在靈州常住，因為這裡離唐朝實在太近了。頡利可汗打算在這裡休整一段時間，然後繼續投奔吐谷渾汗國，因為那裡山高皇帝遠，李世民的手伸不到。

想法不可謂不好，前景不可謂不妙，然而人到倒楣的時候，喝水都會塞牙。

就在頡利可汗醞釀投奔吐谷渾汗國的同時，唐朝的追兵已經逼近了靈州，帶頭的是大同道行軍總管任城王李道宗，李道宗人未至令先到，責令阿史那蘇尼失將頡利可汗抓住扭送唐朝。

阿史那蘇尼失正左右為難之時，嗅覺靈敏的頡利可汗已經聞到了異常的味道，連夜帶著幾名騎兵逃走，藏到了荒山野谷之中，能不能逃出李世民的手掌心就要看命運的安排了。

頡利可汗逃逸，阿史那蘇尼失在心中開始盤算，如今東突厥汗國已經基本被滅國，只剩下自己屬下這五萬家在苦苦支撐，其實也是朝不保夕，此地離唐朝太近，唐朝大軍出兵也就是抬腳就到，在唐朝的兵鋒下焉能獨善其身？唯一的路便是歸順。

無論如何，還是先把頡利可汗抓回來再說，為了五萬家的性命，也就顧不上叔侄情深了，父子都能相互出賣，何況叔侄。隨即阿史那蘇尼失派出騎兵，在附近荒山野谷搜尋，很快就將慌不擇路找不著北的頡利可汗抓獲回營，一代可汗頡利居然成了自己叔叔的投名狀。

其實阿史那蘇尼失的心中也是矛盾的，他也不想賣侄求榮，讓他親手將頡利可汗扭送唐朝，他心裡還有些不忍，眼下只能先拖著，或許拖著拖著唐朝就把頡利這茬給忘了。

事實上，唐朝把所有的人忘了都不會忘記頡利可汗，他永遠活在唐朝人民的心中，唐朝人民想念他想得咬牙切齒已經很久了。

貞觀四年三月十五日，大同道行軍副總管張寶相率大軍突襲阿史那蘇尼失大營，將已經淪為階下囚的頡利可汗俘獲執送長安，頡利可汗成為了第一個被中原政權生擒的外族大國國王。

在頡利可汗被送往長安的同時，他的叔叔、小可汗阿史那蘇尼失率眾歸順唐朝，自此瀚海沙漠以南再無敵蹤。

受降

貞觀四年四月三日注定要寫進大唐的歷史，這一天李世民登順天樓接受東突厥的投降，此時距離「渭水盟誓」僅僅四年，李世民用四年的時間實現了自己的諾言，將東突厥踩在自己的腳下，讓頡利可汗滿地找牙。

看著已經淪為階下囚的頡利可汗，李世民不禁感慨，從老爹起兵開始大唐一直生活在東突厥的刀鋒之下，如今形勢逆轉，東突厥的可汗成了自己的階下囚。

當然勝者李世民自然沒有放過羞辱頡利可汗的機會，對於中原政權的皇帝而言，這種面對面居高臨下羞辱外族可汗的機會實在太少了。

李世民指著頡利可汗，歷數他的五大罪：

放情縱欲，荒淫殘暴，罪狀一；

結盟大唐，又不斷騷擾，罪狀二；

自恃強大，喜愛戰爭，白骨遍地，不能安葬，罪狀三；

踐踏大唐莊稼，掠奪大唐子民，罪狀四；

既蒙大唐赦免，又拖延入朝時間，罪狀五。

說完五大罪，李世民話鋒一轉，說道：「念及渭水盟誓之後你不再有大舉進犯，饒你不死。」

這就給了頡利可汗一個臺階，一個勉強活下去的臺階。

有些人死了，但還活著；有些人活著，但已經死了。

在唐朝刀鋒下延續生命的頡利可汗自此成了活死人，從被俘到去世他的心中只有憋屈兩個字。無可名狀，無可奈何，因為屬於他的時代已經過去了！

貞觀八年正月十日，頡利可汗鬱鬱而終。

歸心

東突厥覆滅，殘餘部落有的投奔薛延陀汗國，有的投奔西域，而向唐朝投降的有十餘萬人，如何安置這十餘萬人呢？這是一個問題，安置得當這些人會成為大唐子民，安置失當這些人就是大唐的定時炸彈。

基於這個安置難題，李世民的大臣們意見很分歧，有人主張這些人化整為零，分散到全國各地，讓他們原來的地盤成為千里無人區，有人則主張安置在黃河河套以北。

此時中書令溫彥博站了出來，說道：「化整為零，遷移內地，違背人性，不是上策，最好依照東漢時將匈奴人安置在邊塞之內的方法，維持他們原有的部落編制，尊重他們的風俗習慣，讓他們在邊塞開墾土地，作為中原的屏障，如此最好。」

「我不同意！戎狄之人都是人面獸心。」說這狠話的不是別人，正是聲名赫赫的魏徵。

說起來，魏徵這個人能力不足、眼光短淺、脾氣不小，勇氣卻是裝的，這一點我們在後面的章節裡再說。

魏徵的觀點也不是一點道理都沒有，他的依據是西晉初年司馬炎處理胡族不當結果導致五胡亂華，導致中原政權長達數百年孱弱不堪。

然而魏徵的觀點又是陳舊的，此時的大唐已經不是數百年前的西晉，五胡亂華其實不是胡族有本事，而是因為西晉太差勁，如今的唐朝已經走上軌道，孱弱的西晉怎麼能跟唐朝同日而語。

儘管李世民很重視魏徵的意見，然而這一次李世民接受了溫彥博的建議，在突利可汗故地設置順州、化州等四個都督府；在頡利可汗故地設置定襄、雲中設立六個州，兩個都督府，以這些州和都督府直接統御東突厥部眾。

與此同時，李世民大封東突厥原屬將軍，封突利可汗為順州都督，封頡利可汗的叔叔阿史那蘇尼失為懷德郡王，封頡利可汗的忠誠部屬阿史那思摩為懷化郡王，封阿史那大奈為豐州都督，其他歸降突厥酋長全部晉封中郎將，在政府各職能部門安置。五品以上官員中，突厥人有一百多人，佔所有官員的半數，而定居長安的突厥人更是達到了一萬家之多。

比大地廣闊的是海洋，比海洋廣闊的是人的胸懷，如果說宰相的肚子能撐船，那麼李世民的肚子能跑幾艘航空母艦。**（後來的事實證明，李世民的胸懷也是裝的。）**

一朝君子一朝臣

第七章

過時

歷史就是一個舞臺，你方唱罷我登臺，到了這個時候想賴著不走是不行的，因為你的戲已經唱完，該給後來人騰地方了。

這個世界什麼東西老了都值錢，就老馬仔不值錢。老馬仔們總以為新主子上任後還會買自己的帳，只可惜新主子通常都不買老馬仔的帳，因為他們已經過時了。

如果說一定要人以群分，那麼開國重臣裴寂就要被劃到「過時」的那一撥了。

在開國重臣中，裴寂的地位相當高，因為他跟李淵的關係好到可以同穿一條褲子，甚至可以不經李淵同意留宿貴妃。

武德初年，有人控告裴寂謀反，李淵表示不信，為了安撫裴寂，讓自己的三名貴妃攜帶珍玩寶器上門代表自己撫慰，史稱當晚裴寂與三貴妃「宴樂極歡，經宿而去」。對於這一點《舊唐書》評價裴寂「留貴妃以經宿，終昧為臣之道」，總之一切都說明裴寂和李淵親密的關係。

李淵甚至跟裴寂開玩笑：「你可不能走，要走也得等到我當太上皇」，沒想到李淵玩笑開大了，武德九年他真當上了太上皇，雖然不是他自願的。

從武德九年六月四日開始，開國重臣裴寂的幸福日子到頭了，從這一天起他的老友李淵成了太上皇，而他也在無形中成了太上皇的老臣，簡稱太上老臣。裴寂的心裡始終有一個結，他知道這個結是他跟李世民共同的結，這個結就是劉文靜。

裴寂和劉文靜原本是不錯的朋友，兩人關係好到可以無話不談。兩個人一起輔佐李淵起兵，一起當上了開國元勳，然而卻在開國後不久走上了三岔口，裴寂抱定了李淵的粗腿，而劉文靜投向李世民這顆冉冉升起的新星，兩個人在各自的道路上漸行漸遠。

武德二年，兩人矛盾越來越深，裴寂依然堅定的站在李淵一邊，而劉文靜則與李世民打成了鐵板一塊，在劉文靜看來假以時日大唐的江山必定歸於李世民的名下。

然而劉文靜的算盤並沒有打多久，他的如意算盤就被李淵給撥亂了，見慣了隋朝皇帝父子角力的李淵自然清楚劉文靜的打算，因此他決定提前出手，不等李世民羽翼豐滿就先把劉文靜剷除掉。

不久，在失寵小妾的告密下、在裴寂的審判下、在李淵的默認下，開國功臣劉文靜被送上了斷頭臺，這一次曾經承諾劉文靜有兩次免死機會的李淵做了一回說話不算話的皇帝，劉文靜一次免死機會都沒有用上就於武德二年直接掛掉。

劉文靜掛了，裴寂清淨了，而李世民卻在心底刻下了劉文靜的名字，斐寂就是殺害劉文靜的凶手之一，這筆帳早晚要算，一算就要算個明明白白，徹徹底底。

李世民登基之後，裴寂自動靠邊站，靠山李淵都已經是太上皇了，自己再往前站就是自找沒趣。在他的眼前是李世民的意氣風發，在他的旁邊是長孫無忌、房玄齡、杜如晦的後生可畏，裴叔叔知道自己的時代過去了，誰讓自己當年沒多幫李世民說說好話呢？

裴叔叔自慚形穢，然而李世民卻表現得跟以往一樣，照舊尊重著裴叔叔，李世民的認真讓裴叔叔心裡直打鼓，「這小子唱的究竟是哪齣呢？」

貞觀二年，李世民到南郊祭祀，裴寂和長孫無忌陪同前往，李世民命裴寂與長孫無忌同升金格（**皇帝御用車輛**），裴寂趕忙辭讓，李世民說：「以公有佐命之勳，無忌亦宣力於朕，同載參乘，非公而誰？」

這話得分怎麼聽，仔細一聽李世民這是話裡有話，前兩句話直接翻譯就是：你是太上皇的人，長孫無忌是我的人。看明白了吧？潛臺詞是你不是我的人，帶不帶你玩得看我高不高興。

表面給足你面子，實際卻給你一錐子，這錐子扎得裴叔叔渾身難受，他不知道下一錐子什麼時候會扎過來。裴寂沒有等太久，僅僅一年之後，他就等來了又一把錐子，只不過這一次更加致命。

導致裴寂挨錐子的是一個和尚，這個和尚的名字叫法雅。法雅原本是混跡於皇宮的和尚，皇宮大門抬腳就進，後來因為李世民禁止和尚進入，法雅由此失落不已，失落之餘就是發發牢騷，扯扯閒話，沒想到一扯把自己扯成了妖言惑眾，被判斬首。

本來一個被斬首的和尚跟貴為司空的裴寂是扯不上關係的，然而皇帝李世民說有關係，那就是有。什麼關係？裴寂聽過法雅的妖言卻沒有舉報，沒有盡到一個司空的責任，辜負了國家的信任，枉穿了這身官服，總之罪過大了。

到這個時候，裴叔叔明白了什麼叫找茬。

裴叔叔屈指一算，也對，已經貞觀三年了，李世民已經給太上皇李淵三年的面子了，孔子都說「三年不改為父之道是為忠」，人家李世民給了你三年面子，夠意思了。

這一年正月二十九日，裴寂一生中最灰暗的日子到來了，他被免除官職，食邑消減一半，外加勒令即日遷出長安，回家鄉蒲州（山西永濟）居住。官被撤了還不算，連戶口和糧油關係都一併轉回老家，一句話，滾，滾得遠遠的！

裴寂原本還想請求留在長安居住，沒想到遭到了大侄子李世民劈頭蓋臉的數落：「以你的功勞，怎麼能升到這麼高的地位？不過是受太上皇恩寵，你才在文武百官中排第一。武德年間法紀混亂、賄賂橫行，毛病都出在你身上，就因為你是故舊，不處理你也就罷了，能讓你活著回鄉，也算照顧你了。」

人活一張臉，樹活一張皮，這下裴寂臉和皮都沒了。沒皮沒臉的裴寂鬱悶地回到了蒲州，打算蒲州終老，然而沒想到終老蒲州居然也是一個可望不可即的夢想。在他回到蒲州不久，又有人參了他一本，有個叫信行的神經病患者曾經說裴寂有皇帝命，可裴寂沒有報告按律當斬。

在神經病的折騰下，裴寂很快接到新的調令，即日起戶口和糧油關係再次轉移，奔哪？交州。

交州，今越南中部、北部、廣西的一部分，離長安有多遠，自己看地圖。

好在李世民做事還沒有做絕，儘管裴寂向著交州進發，最終李世民還是照顧了他，交州就不用去了，去靜州吧！靜州，今廣西昭平縣，比交州近那麼一點點。

落戶廣西昭平縣的裴寂很快做出了一件大事：犯上作亂，當羌族的盟主。

別緊張，這是謠傳。

在裴寂落戶昭平之後，當地羌族部落作亂，風傳他們劫持了前任司空裴寂，並邀請裴寂出任盟主。謠言晃晃悠悠的飄進了長安，飄進了唐朝的高層，也飄進了李世民的耳朵裡，對此李世民堅定的搖了搖頭，說道：「不可能，裴寂理應被處死，是我網開一面饒他不死，他一定不會那麼做。」

李世民儘管討厭裴寂，但他還是了解裴寂的，裴寂雖然仕途已經走到盡頭，但對唐朝的忠誠之心天地可鑒。不久，正式消息傳來：裴寂率領家人奮勇作戰，擊破羌族軍，平息叛亂！

三年後，李世民淡忘了與裴寂的往日恩怨，反而記起了裴寂的開國功勳，徵召裴寂回長安任職。在接到徵召數天後，唐朝開國功勳裴寂因病醫治無效於靜州去世，享年六十歲。

或許裴寂真的本事不濟，或許他的功績被李世民及其後人刻意掩蓋了，但他在起事之初為李淵提供的援助是不可抹殺的。在他主事的武德年間，並沒有李世民說的那麼不堪，事實上《唐律》正是在裴寂的主持下制定的，武德年間的諸多大事都有裴寂的身影。說他本事不濟是可以的，說他於社稷無功是不對的，一切只因為他與李世民之間有一道叫做劉文靜的結，更重要的是在武德的九年裡他沒有幫李世民多多美言。

在裴寂被流放靜州的同時，那道叫劉文靜的結打開了，劉文靜在死後十年終於迎來了平反的日子。貞觀三年，李世民追復劉文靜官爵，以其子劉樹義襲封魯國公，許尚公主。後劉樹義與其兄樹藝怨其父被戮，又謀反，伏誅。

感恩

李世民的胸懷很大，比如他可以重用東突厥的大批降將。

李世民的胸懷很小，比如他忍了三年還是要把裴寂從高位上狠狠摔下。

李世民究竟是一個什麼樣的人？

一個有仇報仇，有恩報恩的正常人，僅此而已。

裴寂從司空高位摔落，主要是因為那道叫做劉文靜的結，再加上在武德年間沒有給李世民出力，而另外兩位武德年間的高官在貞觀年間依然活躍在唐朝政壇，一切只因為他們在關鍵的時刻說了關鍵的話。

這兩個人的名字，一位叫陳叔達，一位叫蕭瑀。

陳叔達，字子聰，陳宣帝第十六子也。

陳叔達得算是兩朝遺老了，在隋時他算南陳遺老，在唐時他又能算前隋遺老。其實能算遺老的只是他的血緣，陳叔達的仕途完全是自己奮鬥，早在李淵起事不久，陳叔達就加入了李淵的起事行列，他此前的身分是隋絳郡通守。

陳叔達從李淵任命的丞相府主簿幹起，與記室溫大雅同掌機密，李淵的軍書、赦令及禪代文誥，多數都是陳叔達所為，有筆桿子開路再加上長期在李淵身邊效力，陳叔達的仕途就是一條高速路。

武德元年，授黃門侍郎。

武德二年，兼納言。

武德四年，拜侍中。

武德五年，進封江國公。

武德九年六月四日，當殺氣騰騰的尉遲敬德向李淵通報玄武門事變時，陳叔達正和裴寂、蕭瑀一起陪在李淵的身邊，也正是陳叔達和蕭瑀當場建議李淵讓位給李世民，算是為李淵在死棋中找到了一招活棋。

事實上，陳叔達和蕭瑀早就算「挺秦王派」了，讓李淵讓位的建議只不過給李世民送個順水人情，李世民、陳叔達、蕭瑀都看明白了這步棋，只有李淵一個人蒙在鼓裡。

繼位之後的李世民有恩必報，貞觀初年加授陳叔達為光祿大夫。

然而進入貞觀年間後，陳叔達的仕途從高速路變成了山間小路。武德九年十月二十五日，剛剛與李世民分享了四個月的勝利果實，陳叔達的仕途遭遇了急剎車。

當日，李世民的心情非常低落，原因是他看到了大臣們的新舊不和，老資格大臣蕭瑀與新晉大臣房玄齡、長孫無忌等人有著很深的矛盾，房玄齡等人看不慣蕭瑀「資深老臣」的派頭，蕭瑀也看不慣房玄齡等新人當權，而且與自己的老對頭封德彝親近，因此就給李世民上了一道言辭激烈的「親啟密奏」，這封「親啟密奏」火藥味十足，讓李世民頗為惱火。

李世民本來心裡就有火，沒想到陳叔達和蕭瑀因為意見不和，當著李世民的面又吵了起來，這下皇帝生氣了，後果很嚴重，陳叔達、蕭瑀「御前爭吵對皇帝不敬」，雙雙免職。

說到底，李世民還是個念舊的人。等到陳叔達在家為母守孝期滿，李世民又委任陳叔達為遂州都督，這一次陳叔達卻沒有從命，理由是有病，事實上是真有病，不是裝的。又過了一段日子，李世民又想起了他，這一次不用出遠門了，就近在長安上班，官不算大，禮部尚書。

如果能在禮部尚書任上持久也算不錯的結局，然而陳叔達的挫折又來了。

在陳叔達就任禮部尚書不久，他又遭到了彈劾，理由是「閨庭不理」，用通俗的話說是家庭私生活出現了醜聞，這在講究名節的當時可是不小的罪責。幸好李世民是個有恩報恩的人，沒把這件事放大，只是給陳叔達安排了閒散官職，原有待遇照舊，提前進入退居二線的狀態，自此陳叔達的仕途體面的走到了盡頭。

李世民為什麼對陳叔達如此照顧，《舊唐書》給出了答案：

建成、元吉嫉害太宗，陰行譖毀，高祖惑其言，將有貶責，叔達固諫乃止。至是太宗勞之曰：「武德時，危難潛構，知公有讜言，今之此拜，有以相答。」叔達謝曰：「此不獨為陛下，社稷計耳。」

看明白了吧，關鍵時刻關鍵的幾句話發揮了關鍵的作用。

貞觀九年，陳叔達卒，謚曰繆。後贈戶部尚書，改謚曰忠，這樣武德年間又一重臣走完了自己的人生路，他的路不算平坦，但比裴寂好得多。

陳叔達的路走完了，該說說蕭瑀的路。

同陳叔達一樣，蕭瑀也是皇親國戚，值得一提的是蕭瑀祖上的江山還是被陳叔達的祖上奪走的，南朝宋齊梁陳更替，陳叔達家的陳取代的正是蕭瑀家的梁，而兩大皇族後裔同時給李淵打工，李淵的譜夠大的。

蕭瑀，字時文，其高祖為梁武帝，曾祖為昭明太子，祖父蕭詧為梁宣帝，父親蕭巋為梁明帝，姐姐為隋煬帝楊廣的皇后蕭皇后。從祖上和姐姐來看，蕭瑀算得上純粹的金枝玉葉，不過同陳叔達一樣，他在唐朝的地位也是靠自己奮鬥來的。

其實蕭瑀在姐夫楊廣的手下當官已經當得風生水起，一路官至銀青光祿大夫、內史侍郎，本來還有可能更進一步，結果壞就壞在自己的嘴巴。

說起來，蕭瑀也是一片好心，結果好心遇上了驢肝肺。隋大業年間，隋煬帝北巡至雁門被東突厥大兵圍困，二十萬東突厥大軍圍困雁門一座孤城，不出意外的話，楊廣和所有隨從將有可能被活活餓死。這時候小舅子蕭瑀站了出來，建議姐夫楊廣派使節前往東突厥國內向義成公主求救，興許還有一線生機，另外請楊廣下令不再征遼東，以安撫人心。

兩個建議楊廣都採納了，前一個建議立刻見效，義成公主謊稱邊境報警騙得始畢可汗撤兵而去，而後一個建議楊廣卻出爾反爾，表面同意，心底卻有另外的打算。等到三征遼東時，楊廣就把自己在雁門不再征遼東的承諾拋在了腦後，並且為自己當初的承諾找到了一個替罪羊——他的小舅子蕭瑀。

楊廣謂群臣曰：「突厥狂悖為寇，勢何能為？以其少時未散，蕭瑀遂相恐動，情不可恕。」意思是說，突厥人能成什麼氣候，都怪當時蕭瑀大驚小怪給我出的餿主意，還不讓我征遼東，我怎麼有這麼個不成器的小舅子呢？

隨後楊廣下令，將小舅子蕭瑀降職為河池郡守，即日啟程。

自此，蕭瑀與姐夫楊廣分道揚鑣，姐夫楊廣以死豬不怕開水燙的精神衝向了遼東，遭受了第三次慘敗，又以一去不歸的勢頭三下揚州，最終在揚州兵變中被弒，結束了自己的大業。而小舅子蕭瑀卻在河池郡守任上等到了李淵的起兵，後舉河池郡向李淵投降，授光祿大夫，封宋國公，拜民部尚書，開始了自己在唐朝的仕途。

在李世民繼位之前，蕭瑀在唐朝的仕途也是一條高速路。

李世民為右元帥攻洛陽時，蕭瑀為元帥府司馬。

及平王世充，加邑二千戶，拜尚書右僕射。

武德五年，遷內史令。

李世民繼位後，遷尚書左僕射。

蕭瑀為什麼在武德年間仕途如此之順，有四個原因：為人正直；累世金枝玉葉；李淵母系獨孤一脈女婿；熟識國典朝儀，孜孜自勉，留心政事。

有了這四個原因，蕭瑀想不得寵都難。因此李淵以心腹視之，每次臨朝聽政，都賜蕭瑀升於御榻而立，親切地呼之為「蕭郎」。

然而物極必反，盛極必衰，一路高歌的蕭瑀還是在李世民繼位之後開始走下坡路，這一下就是二十多年。李世民即位之初，本著沿用老人的原則，任命蕭瑀為尚書左僕射、封德彝為尚書右僕射，本來蕭瑀以為自己領袖群臣的時代到來了，結果沒想到自己面前是一個又一個大坑。

給蕭瑀挖第一個大坑的是右僕射封德彝。

封德彝，典型的左右逢源之人，先後侍奉過楊廣、李淵、李世民三位皇帝，無論誰當皇帝他都能得到重用，靠的就是圓滑兩個字。

李世民與李建成爭儲時，封德彝坐山觀虎鬥，眼睛看著二虎相爭，心裡打著自己的算盤，鑒於李建成有嫡子身分，因此封德彝的天平就傾向了李建成，後來太子建成因為捲入楊文幹謀反險些被李淵廢掉，正是封德彝上書力挺李建成，才使李建成有驚無險地保住了太子之位，而李世民對此卻一無所知，反而認為封德彝是個能替自己說話的好人。

李世民的錯覺一直延續了二十多年，直到封德彝死後十六年當年的真相才被調查清楚，原來人家封德彝誰的人也不是，人家就是一個切豆腐的——刀切豆腐兩面光，誰也不得罪。

儘管封德彝是個切豆腐的，但挖起坑來也是個高手，蕭瑀與他共事僅僅幾個月就掉坑裡了。

封德彝挖坑的手法很簡單，反覆無常。

通常手法是這樣的，蕭瑀事前跟封德彝商量好上奏皇帝的奏摺，說好兩人要口徑一致地說服皇上，然而到了李世民面前封德彝馬上變臉說自己壓根不贊成蕭瑀的提議，反過頭來找蕭瑀提議中的漏洞。這樣的事有個兩三次，蕭瑀的臉也就丟盡了，再加上蕭瑀有嘴狠的毛病，得理不饒人，所以左僕射蕭瑀的朋友越來越少，而右僕射封德彝的朋友越來越多，房玄齡、杜如晦這些新人願意跟和藹可親的封德彝做朋友。

感到受冷落的蕭瑀隨後給李世民上了一道親啟密奏，這道親啟密奏寫得措辭激烈，火藥味十足，隔著紙張李世民就能聞到裡面的醋酸味，李世民儘管能忍也是有脾氣的，堂堂左僕射跟群臣爭風吃醋像什麼樣子？停職反省，家裡蹲著吧！

在家裡蹲了一些天後，李世民的火氣消了，隨即下旨，蕭瑀官復原職，接著當尚書左僕射。

然而蕭僕射復職沒多久又出事了，差點當著皇帝李世民的面跟陳叔達打了起來。當天其實也沒有什麼大事，僅僅是兩個人意見不和，結果兩個老臣面紅耳赤地吵了起來，像兩隻鬥雞一樣就差抬胳膊挽袖子直接肉搏了。

一直冷眼旁觀的李世民再也忍不住了，老爹李淵留下的這些人不是老油條（封德彝）就是老棒槌（裴寂），再不就是老鬥雞（蕭瑀、陳叔達）。李世民一聲大喝，兩隻鬥雞各自收了聲草草收場，當場他們得到處理意見：御前爭吵，大不敬，雙雙免職。

經過封德彝的挖坑以及蕭瑀自身的努力，武德時期重臣蕭瑀終於坐上了滑梯，從尚書左僕射的高位滑落到谷底，也滑出了貞觀一朝的核心層。從此蕭瑀的仕途起起伏伏，時而接近權力中心，時而遠離。

一年後蕭瑀授晉州都督。

再一年後，徵授左光祿大夫，兼領御史大夫。

後來彈劾房玄齡、魏徵、溫彥博等人以失敗告終，罷御史大夫，轉任太子少傅，不再參預政事。

貞觀六年，授特進（**文散官二級，正二品**），行太常卿。

貞觀八年，為河南道巡省大使，不料刑訊逼供致人死命，幸虧李世民力保過關。

貞觀九年，拜特進，復令參預政事。

貞觀十七年，與長孫無忌等二十四人並圖形於凌煙閣。是歲，立晉王為皇太子，拜瑀太子太保，仍參預政事。

貞觀二十年，蕭瑀再次得罪李世民，得罪的理由居然是反覆無常。由於蕭瑀看不慣房玄齡等人得寵懇請出家為僧，李世民勉強准奏，然而緊接著蕭瑀變卦了。再次上奏，考慮再三，不能出家為僧。如此反覆無常，此時的李世民只有一個念頭：蕭瑀，你在逗我玩呢！

隨即李世民下詔將蕭瑀趕出中央，外放為商州刺史。

於是在唐朝奮鬥了將近三十年的蕭瑀從終點又回到了起點，大業十四年他是河池郡守，貞觀二十年他是商州刺史。

貞觀二十一年，蕭瑀被徵授為金紫光祿大夫，復封宋國公，從幸玉華宮，遇疾薨於宮所，享年七十四歲。蕭瑀的一生是跌宕的一生、起伏的一生、有故事的一生。

他曾經官至尚書左僕射，位極人臣；他曾經外放商州刺史，於權力中心外遠遠地徘徊；他曾經在太子廢立的關鍵時刻力挺李世民，後被李世民贈詩：疾風知勁草，板蕩識誠臣；他曾經與長孫無忌等二十四人一起畫像凌煙閣，在武德年間重臣中他是唯一的一個（屈突通、唐儉等人算核心大臣，不算重臣）。

他一度被太常寺擬諡為「肅」（剛德克就曰肅），然而卻被李世民否決了，李世民說：「易名之典，必考其行。蕭瑀性多猜貳，此諡失於不直，更宜摭實。」改諡曰貞褊公，「貞」表明端莊，「褊」表明多猜疑，顯然這是一個打了折的諡號。

三朝元老，累世金枝，皇帝贈詩「疾風知勁草，板蕩識誠臣」，一輩子活這一句話，足矣！

新人生猛

裴寂摔了，陳叔達隱了，蕭瑀坐上了忽上忽下的過山車，武德年間的三位重臣逐漸淡出了權力中心，剩下房玄齡、杜如晦、長孫無忌唱起了主角。

其實早在李世民即位之初，房玄齡等人已經形成了貞觀一朝的核心架構，期間雖然還有裴寂、陳叔達、蕭瑀這些老同志摻和，但顯而易見貞觀一朝的主力軍已經由原秦王府府屬接力擔綱。

貞觀元年，房玄齡、長孫無忌、杜如晦、尉遲敬德、侯君集五人論功為第一，進爵國公，各賜實封千三百戶，自此朝政已經不動聲息地進入房玄齡們的時代。

說起來，房玄齡和杜如晦受重用還跟一個人有關，這個人是隋朝一位並不起眼的官員，他的名字叫高孝基，時任隋吏部侍郎（人事部副部長）。

高侍郎官職不高，僅僅為侍郎（副部級），但是他卻有知人能力。

房玄齡十八歲時本州舉進士，授羽騎尉，房玄齡到吏部報到，在這裡房玄齡遇到了他人生的第一個伯樂高孝基。

高孝基把房玄齡上下端詳個仔細，一邊看、一邊交談、一邊感歎，隨後跟同事裴矩說了一句話：「僕閱人多矣，未見如此郎者。必成偉器，但恨不睹其聳壑凌霄耳。」意思是說，我閱人無數，從來沒見過像這個青年這樣的，他將來必成國之重器，只可惜我老了，看不到他直沖雲霄的那一天了。

果如其言，貞觀四年，房玄齡出任尚書左僕射，位極人臣，這一年他五十一歲，距離高孝基品鑒時已經過了二十多年。

與房玄齡一樣，青年時期的杜如晦也曾經被高孝基品鑒了一番。

隋大業中，杜如晦以常調預選，吏部侍郎高孝基對他非常器重。高孝基端詳良久，語重心長地對杜如晦說了一句話：「公有應變之才，當為棟樑之用，願保崇令德。今欲俯就卑職，為須少祿俸耳。」意思是說，你將來一定會成為國家棟樑之才，今天先安排你幹一個小官，可別因為俸祿少就不幹啊。

果如其言，武德九年八月李世民繼位，杜如晦出任兵部尚書，貞觀二年，兵部尚書職位保留，同時加授侍中一職，同時兼任吏部尚書，同時總監東宮兵馬事。貞觀三年，代長孫無忌出任尚書右僕射，同時主管全國官員選拔，與房玄齡共掌朝政，千古良相組合「房謀杜斷」由此而來，而「房杜」最早的伯樂便是隋吏部侍郎高孝基。

貞觀三年，杜如晦以高孝基有知人之鑒，為其樹神道碑以紀其德，在杜如晦的腦海中一直回想著高孝基的那句話，那是高孝基對杜如晦和房玄齡兩個人說的：「二賢當有興王佐命，位極人臣」。這句話一直激勵著房玄齡和杜如晦，沒想到高孝基的這句話真的變成了現實。

然而在杜如晦牢記高孝基勉勵之言的同時，他卻忘了高孝基的話是有後半句的。後半句是什麼呢？

「只杜的年壽要稍減於房。」高孝基如是說。

貞觀三年冬，杜如晦染病，貞觀四年，薨。

在杜如晦之後，房玄齡繼續發揮著自己的光熱，和李世民的大舅子長孫無忌一起為貞觀一朝打理著江山，一直到貞觀二十二年，享年七十歲。

長孫無忌從小就跟李世民是鐵瓷（鐵哥兒們的意思），李淵晉陽起兵之後，長孫無忌聞風而動，並在義軍渡河時趕上了隊伍，開始了與李世民並肩戰鬥的光輝歲月。之後平王世充、戰玄武門，有李世民的地方就有長孫無忌的身影，有打小的鐵瓷關係，有打斷骨頭連著筋的姻親關係，再加上長孫無忌本身也是一個能人，想不紅都難。

李世民繼位之後，長孫無忌歷任吏部尚書、尚書右僕射，當別人還在仕途苦苦攀登的時候，長孫無忌已經到了隱藏鋒芒的時候，因為已經有人向李世民密奏：長孫無忌權寵過盛，該遏制了。

然而遏制不遏制，群臣說了不算，李世民說了才算。

李世民說了，而且說得很明白：「朕今有子皆幼，無忌於朕，實有大功，今者委之，猶如子也。疏間親，新間舊，謂之不順，朕所不取也。」

這話說得硬氣，不過有點彆扭，有把大舅子比作兒子的嗎？不過不管怎麼說，論關係、論出身、論能力長孫無忌這個紅人是當定了。

縱貫貞觀一朝，長孫無忌從頭紅到了尾，儘管為了避免權寵過盛，長孫無忌拼命推辭李世民給予的委任，結果越推辭委任越多，長孫無忌就像一頭馱著棉花的毛驢，跌進了那條叫做大唐的河流，河水不斷侵入長孫無忌背上的棉花，棉花越來越重，直到長孫無忌再也背不動。

在卸任尚書右僕射之後，李世民拜長孫無忌為開府儀同三司（從一品），開府儀同三司是地位相當於三公的閒散高官職位。然而長孫無忌的地位等同於三公，職位卻一點也不閒散，他這個散官比正常的官員都忙，沒辦法，太重要，皇帝離不開。

就這樣，長孫無忌和房玄齡成為李世民最得力的兩位能臣，在這兩個人之外還有一干人等，比如岑文本、唐儉、魏徵、高士廉，再加上武將李靖、李世勣、侯君集，這些人便構成了貞觀一朝的主力陣容。然而在這個陣容之外，還有一個人，這個人的一生就是一個奇蹟。

這個人是誰呢？布衣宰相，馬周。

馬周出道

「有準備的人趕上了好機會」，這句話用在馬周身上超適合，沒有李世民就不可能有馬周的奇蹟，而沒有馬周李世民的形象也不會像今天這樣豐滿，這就是所謂的君臣際遇吧。

馬周，字賓王，博州茌平（今山東省茌平縣）人。世人知道馬周這兩個字，卻很少有人仔細琢磨「賓王」這兩個字，「賓王」是什麼意思呢？賓客之王，天子的上賓，能為天子出謀劃策的人。取「賓王」作為自己的字，馬周志向不小。除馬周之外，歷史上還有很多叫「賓王」的有志青年，比如那個文才讓武曌歎為觀止的駱賓王。

馬周少時父母雙亡，貧苦無依，勤讀博學，精《詩》、《書》，善《春秋》，這就是馬周二十歲前的履歷，很簡短，很苦澀。

青年時期的馬周其實是一個憤青，落拓不治產業不為州里所敬，基本屬於快混不下去那一撥。到了武德年間，馬周在博州找了人生第一份工作——助教，他搖身一變成了州教育局下屬的一名教師。如果換了別人一定會珍惜來自不易的工作機會，偏偏馬周不是一般人，整日以喝酒聊天為樂，工作？跟我有關係嗎？

長此以往，博州刺史達奚恕看不下去了，隔三差五把馬周叫到跟前斥責一頓，幾次斥責下來，馬周一拂袖，大爺不幹了，走！

隨後兩手空空的馬周遊蕩到了曹州、汴州，依然是四處碰壁。如果僅僅是碰壁也沒什麼，他還受到了一頓羞辱，浚儀令崔賢本著「痛打落水狗」的精神把馬周狠狠地羞辱了一番，這次羞辱深深刺痛了馬周的自尊。他痛定思痛，一定要尋找機會改變目前的生活。

到哪裡尋找機會？還是去比較大的城市吧——長安。

在長安城外的新豐鎮，馬周又一次遭到了白眼，不過這一次他把別人的白眼轉變成了青眼。

事情是這樣的，穿著普通的馬周走進新豐的一家客店，店小二看他穿著普通也就沒搭理他，轉而去熱情的招呼來往的商販，畢竟人家的兜裡有的是錢。馬周一看又遭到冷落，心中不快，不過他不準備發作，他來長安是尋找機會的，不是找茬的，只是老讓別人在門縫裡把自己看扁了很不是滋味，還是給他們露一手吧。

「小二，酒，一斗八升！」

一斗八升？開什麼玩笑，本店客人最高紀錄一斗，就你還一斗八升？

馬周微笑著點點頭，對，就是一斗八升。

酒上來了，馬周一個人悠然獨飲，酒在他的面前逐漸消失，而店主人和店小二已經悄悄的將白眼換成青眼，能喝一斗八升的人肯定不是一般人，看來這個疑似窮鬼不是一般人。

喝了一斗八升之後，兩眼一抹黑的馬周進入了長安城，不知什麼機緣進入了中郎將常何的家中，什麼機緣，《舊唐書》、《新唐書》都沒有交代。

馬周是如何得到李世民青睞的呢？說到底還是因為一道奏摺。

貞觀五年，李世民下令文武百官給朝廷提建議、言得失，常何作為中郎將也有提建議的任務，然而這個任務折騰了常何好幾天。常何是一個粗人，讓這樣一個粗人寫奏摺提建議，基本等於逼著瞎子拉小提琴。

正當常何不知道如何交差的時候，晚上起來上廁所的馬周看見常何的房間有亮光就敲門走了進去，一問才知道原來常何是被奏摺給憋的。

至於嗎？不就是提建議、言得失嗎？

馬周一拍胸脯，說道：「我替你寫吧！」這句話為馬周贏得了一生的機遇。

第二天，「完成」任務的常何極其瀟脫上交了奏摺，這一交不要緊，李世民驚著了。

所書二十餘條，條條切合時弊、針針見血，再一看署名，李世民又驚著了，認識大字不超過一筐的常何？不可能。

常何忐忑不安的來到李世民面前，一頭霧水、一臉驚愕，說實話他知道馬周在奏摺上寫滿了字，至於寫了什麼他並不是很清楚。不過看看李世民的臉色很溫和，常何放寬了心，索性實話實說：「此非臣所能，家客馬周具草也。每與臣言，未嘗不以忠孝為意。」

這句話改變了馬周的一生。

李世民隨即傳令，急召馬周進宮晉見，馬周一時未到，李世民連派四撥使者，馬周你的機會來了！

接下來的相會讓馬周終生難忘，對馬周而言，這就是他與李世民兩個人的「隆中對」，一番「隆中對」之後，李世民大喜過望，當即命馬周入直門下省。

由此，布衣馬周進入貞觀一朝的權力中心，由最初的票友最終奮鬥成實質宰相——中書令。

貞觀五年，直門下省（票友）。

貞觀六年，授監察御史（正八品上、正科級），奉使稱旨；尋除侍御史，加朝散大夫（文散官，從五品，副廳級）。

貞觀十二年，轉中書舍人（正五品、副廳級）。

貞觀十五年，遷治書侍御史，兼知諫議大夫，又兼檢校晉王府長史。

貞觀十七年，晉王為皇太子，拜中書侍郎（正四品，正廳級），兼太子右庶子。

貞觀十八年，遷中書令（正三品，正部級），兼太子右庶子。

貞觀二十一年，加銀青光祿大夫（從三品）。

從貞觀五年到貞觀十八年，短短十三年裡，馬周就完成了從票友到實質宰相的轉變，這樣的速度在貞觀一朝罕見，即使在武則天鼓勵告密的年代也極為罕見，而馬周做到了，而且做得很好。

馬周靠什麼做到的呢？上奏疏。

上奏疏三個字很簡單，然而上奏疏必須充滿了智慧，一般智慧辦不到。

馬周的奏疏範圍很廣泛，從國家穩定到皇帝與太上皇的關係，從分封制到官員選拔，每一次上書都深得李世民認可，舊唐書寫到「周有機辯，能敷奏，深識事端，動無不中」，因此善於誇人的李世民說道：「我於馬周，暫不見則便思之。」

然而李世民並不是唯一一位誇馬周的偉人，毛澤東也曾經給予馬周高度評價，他評價馬周於貞觀十一年的上書時寫道：「賈生《治安策》以後第一奇文，宋人萬言書，如蘇軾之流所為者，紙上空談耳。傅說、呂望，何足道哉。馬周才德，迥乎遠矣。」

比蘇軾、比傅說、比呂望（姜子牙）都神！

其實馬周的智慧不僅僅體現在大事上，不起眼的小事依然能體現馬周的智慧。

靠右行走，在今天是慣例，這個慣例誰提出的？馬周。

以前長安早晚靠喊聲警示民眾注意開關城門的時間，後置鼓代之，誰提出的？馬周。

之前唐代官服只有黃紫兩色，後三品服紫，四品五品硃，六品七品綠，八品九品青，誰提出的？馬周。

現代企業加班有「大夜」和「小夜」之分，在唐代宿衛也採用這種方式輪流值勤，誰提出的？馬周。

官府驛站馬匹容易走失，難以辨認，馬周說了一句話：把馬尾巴截了，結果驛馬無論跑到哪，都能找回來。

上面說的是為公，其實為私馬周的小聰明也不含糊。

馬周還是御史時，曾經四處讓人尋找房子，找到一處豪宅，馬周非常滿意，一問，挺貴，二百多萬。旁人以為馬周瘋了，御史向來口袋空空，哪來二百多萬買房？沒過幾天，笑話馬周的人傻眼了，有關部門迅速付完房款，外加奴婢什物一應俱全，這時大家全明白了，哦，不是大款，是公款。不用張口，李世民賞的。

除了房子外，馬周的胃口一直很好，尤其好吃雞，每次下到郡縣食必進雞，有小吏認為馬周違規，告到了李世民那裡。李世民聽後一笑：「我禁御史食肉，恐州縣廣費，食雞尚何與？」吃肉非法，吃雞合法！隨即李世民下令，綁了，狠狠罵一頓再放人。告狀？也不提前看看規則！

顯然，馬周是聰明的，也是吃透規則的。數年後馬周得到了考選官員的權力，本著「君子報仇十年不晚」的原則，馬周廢淩儀令崔賢以報當年羞辱之仇，事後官方追查此事，結果處處符合規則，最終官方認定合法。

總而言之，馬周是一個善於思考、活用規則的人，他用自己的思考贏得李世民的信任，而李世民也用馬周向世人展示了自己用人的手腕與肚量。

即使過往經歷複雜如魏徵、王珪、薛萬徹（太子故人），李世民可以用；即使過往敵對如阿史那思摩、阿史那社爾（突厥戰將），李世民可以用；即使過往履歷如馬周一樣平淡，李世民也可以用。

海納百川，有容乃大！

能容常人難容之事，貞觀一朝，萬象更新！

新氣象

第八章

三省六部

無論李淵願不願意承認，貞觀一朝的確比武德年間呈現出越來越多的新氣象。

貞觀元年正月十五日，李世民下詔，從即日起，中書、門下以及三品以上官員進入內閣議事，「內閣」一詞，由此而來。

其實在唐代，內閣純粹是一個空間概念，李世民執政時期平常在兩儀殿上朝，每月一日、十五日則在太極殿上朝，而在太極殿前有東西兩排房舍，稱為「上閣」，李世民所說的內閣就是太極殿前的「上閣」。簡單的說，就是高級官員開小會的地方，更高級的權力中心而已，如果能進入「上閣」開會，那麼恭喜你，你已經是唐朝的核心了。

在引入「內閣」概念以後，李世民開始實行三省六部制，其實這不是他的首創，而是延續隋朝的制度，在老爹李淵時代就已經實施，只不過李世民實施得更徹底而已。

三省為中書省、門下省、尚書省，均為國家最高的政務機構，分別負責決策、審議和執行國家的政務，尚書省原有諸曹確定為吏部、戶部、禮部、兵部、刑部、工部六部，戶部原本叫民部，為了避李世民的名諱，改名為戶部。

六部下有司，部的首長稱尚書（**部級**），副首長稱侍郎（**副部級**），各司正、副負責人稱郎中（**正司局級**）、員外郎（**副司局級**）。

中書省首長稱中書令，門下省首長稱侍中，尚書省由於武德年間李世民曾經擔任過尚書令，因此在他當皇帝之後沒有人再敢擔當尚書令這樣的高位，這樣尚書省原來的首長稱呼尚書令就消失了，而由尚書左僕射和尚書右僕射執掌尚書省。

在三省六部制下，通常的程序是這樣的：中書省負責制令決策，門下省負責封駁審議。凡軍國要政，皆由中書省預先定策，並草為詔敕，交門下省審議復奏，然後付尚書省頒發執行。門下省如果對中書省所草擬的詔敕有異議，可以封還重擬。凡中央各部、寺、監及地方各部門所呈上的奏章，重要的必須通過尚書省交門下省審議，認可以後方送中書省呈請皇帝批閱或草擬批答，門下省如認為批答不妥也可駁回修改。

如此一來，三省有互相制約的功能，相當於早期的「三權分立」。唐朝的三省說到底是群臣相互制約，皇帝坐收漁翁之利，三省即便鬥得死去活來，最後收益的一定是皇帝，因為最後的決定權在手。

李世民的「三權分立」非常巧妙，既給三省當家作主的權力，又不放棄背後操縱的手，說到底唐代三省分割的是相權，鞏固的是皇權，相權分散了，皇帝就安全了。

一個大型企業，總經理就如同秦漢時代的宰相，而董事長相當於封建王朝的皇帝，如果相權過大，那麼皇權就必然受到壓縮。為了避免皇權被壓縮，隋唐都採用三省制，三省就如同三個大部門，大部門經理權力適中且相互制約，更關鍵的是三個大部門經理都不足以衝擊董事長的大權。如此一來董事長安心了，大部門經理也安心了，兩下心安其實是最好的選擇。

那麼三省六部制裡真的沒有宰相嗎？有。

宰相是哪些人呢？三省的首長，即中書令兩人，侍中兩人，尚書左僕射和尚書右僕射，這六個人就是宰相，沒有宰相之名，但有宰相之實。如此一來，唐代的宰相實際採用的是群相制、委員制，不像秦漢同一時期只有一根獨苗，而唐代同一時期可以有一群宰相。

唐朝初年，宰相並不多，只有三省首長等六人為宰相，而且還經常有空缺。等到李世民執政時，宰相的群體開始龐大起來，除了三省首長，其餘的一些高官也可以是宰相，只要加授「參預朝政」、「參知政務」、「參議得失」、「平章政事」，那麼恭喜你，你也是宰相了。

以人為本

「以人為本」這個詞這些年被提及很多，看起來似乎是個新詞，又或許是舶來品，其實都錯了，「以人為本」是中國的傳統詞彙，最早可以追溯到唐朝。

貞觀十一年，馬周上書李世民，其中有一句話讓李世民記憶深刻，這句話是這樣說的：「臨天下者，以人為本」，以人為本由此而來。

在我看來，「以人為本」才是真正的金玉良言，比魏徵老爺子那些喋喋不休的諫言更管用、更實際。以人為本說白了就是把人當人，皇帝能把老百姓當人看，那麼這個王朝就有希望，一切就這麼簡單。

難道還有王朝不把老百姓當人看？有，多了去了。在一般情況下，老百姓就是皇帝眼中的羊，而他就是天底下最大的牧羊人。漢代以及唐代都有一個官職叫「州牧」（職位相當於州長），劉備就當過徐州牧，「州牧」是什麼意思？就是替天子牧羊的。天子是天下最大的羊倌，而官員則是天子手下的小羊倌，大大小小的羊倌聯合在一起，放牧天下大大小小的羊，這就是「以羊為本」，而不是「以人為本」。

幸好，中國歷史中有了李世民，有了貞觀之治，也就有了「以人為本」。以人為本，把人當人，首先體現在「慎殺」，然而「慎殺」也來之不易，這是兩個無辜的人用血換來的。

第一個無辜的人叫盧祖尚，時任瀛洲（今河北省河間市）州長，被殺原因：拒絕正常的工作調動。貞觀二年，時任交州都督的遂安公李壽腐敗了，貪污了公款，李世民將他撤職定罪，這樣一來交州都督就空了出來，需要一個合適的人選填充上去。李世民查看官員履歷，發現時任瀛洲州長的盧祖尚文武全才、清廉正直，正是交州都督的合適人選，行，就是他了。

對於這次委任，李世民很看重，親自召見了盧祖尚，當面激勵了一番，說了一通「去了好好幹」的話，盧祖尚感恩戴德，連連叩頭稱是，最後叩頭謝恩退出。

大家本以為交州都督的空缺將就此填上，沒想到，盧祖尚在退出皇宮之後居然反悔了，理由是我有病，而且還沒痊癒。

盧祖尚為什麼要反悔呢？看一看地圖我們就明白了。

盧祖尚時任瀛洲州長，地理位置在今河北省河間市，而擬任的交州都督地理位置在哪裡呢？今越南河內市。在那個交通基本靠走的年代，兩者之間的距離怎麼能說遠呢？那得說是相當遠。

不願意出遠門的盧州長想以有病為由拒絕去交州，然而李世民卻不答應，並且讓杜如晦轉告盧州長：「匹夫尚且遵守承諾，何況你已經答應怎麼能反悔呢？」

其實李世民派去勸告盧祖尚的還不只杜如晦一個，還有另外一個人，這個人就是盧祖尚的大舅子周範。周範這個人在歷史上沒有什麼名氣，不過在當時卻是李世民面前的紅人之一，李世民走到哪裡，周範就跟到哪裡，他的任務是保衛首長安全。

李世民讓周範再次告誡盧祖尚說：「只管去，只去三年，三年後一定徵召回京，另有任命。」話已經說得很直白了，甚至把盧祖尚三年後的仕途都安排好，再不去就是給臉不要臉了。出乎李世民的意料，盧祖尚居然不為所動，堅決辭職，寧可州長不幹了，也不去交州那個或許鳥都飛不到的地方。

幾天後，李世民再次召見決絕的盧州長當面規勸，然而即便李世民再三勸說，一根筋的盧州長還是堅決請辭，不去，就是不去。

李世民被徹底激怒了，從來沒有人敢違背他的意願，這個槓頭盧祖尚居然觸摸他忍耐的底線。李世民大怒，指著盧祖尚說道：「我連一個人都指揮不動，還如何主持朝政！」

一揮手，拉下去，不用去交州了，就留在金鑾大殿前吧！

斬立決！

一刀下去，盧祖尚遂願了，終於不用去交州了，改道去了天國。

事後不久，李世民後悔了，自己貴為天子怎麼一點肚量都沒有呢？怎麼能盛怒殺人呢？以後的歷史會怎麼寫自己？後人將怎麼評價自己這個皇帝？

不應該，太不應該了！

此時的李世民儘管懊悔，但還沒有找到癥結所在。三年後，他在同一塊石頭絆倒，又是盛怒之下殺人，起因是一個瘋子。

貞觀五年，河內（今河南省沁陽市）人李好德瘋了，成天胡言亂語，經常說些不著四六的混帳話，這些混帳話可能有攻擊政府的言論，於是被認定為妖言惑眾，被收入大理寺審判。

經過審判，大理丞（**最高法院主任秘書**）張蘊古認定：李好德精神失常，有相關的醫學鑒定，按律不應承擔法律責任，隨即便將這個結論上報給了李世民。

瘋子？精神失常？醫學鑒定？哦，原來如此，那就準備放人吧！

然而就在「瘋子事件」即將翻過去的瞬間，一封奏疏將原本要收尾的「瘋子事件」一下子推上了高潮，這個高潮讓瘋子事件的定性來了一百八十度的大轉變。

奏疏是時任治書侍御書（**副總監察官**）權萬紀上的，這個權萬紀在歷史上的口碑很不好，可以總結為「能吏加酷吏」，有能力，但很冷血。

事實上，正是權萬紀的奏疏將張蘊古逼上了黃泉路。

權萬紀的奏疏主要內容可以概括為一個三段論：張蘊古的老家在相州（河南省安陽市），需要得到地方官的照顧；李好德的哥哥李厚德恰好是相州州長；因此張蘊古說李好德有精神病史是為了討好老家所在地的州長，是存心包庇，辦案不公。

完了，神仙也沒救了。

看完權萬紀的奏疏，李世民又衝動了，一揮手，殺！

張蘊古被斬於長安街市之後，李世民後悔了，權萬紀的奏疏儘管邏輯嚴密合乎情理，但是證據呢？誰能證明張蘊古確實跟李好德的哥哥勾結？怎麼能因為權萬紀一個人的推斷就認定張蘊古有罪呢？怎麼又在盛怒中殺人呢？為什麼又犯了跟三年前同樣的錯誤？不應該，不應該！

思索了半天，李世民終於發現癥結的關鍵所在，原來毛病出在死刑執行太快，快得讓你連改正錯誤的機會都沒有，即使你想改正，人頭已經落地，人死不能復生的。如果在死刑執行前設置幾道坎，死刑執行前要多次審奏，那麼或許就能最大程度避免衝動殺人。

隨即李世民下詔：「今後有死罪案件上報的，即使是皇帝下令立即執行死刑的，也要重複報告三次，三次都批准處死的，才可以執行。」

這樣，李世民就利用規則給自己上了三道緊箍咒，以提醒自己要慎殺。

不過三審而殺的規則也沒有持續多久，沒過多長時間，李世民把這個規則給改了，三次審奏升級到了五次。李世民規定，凡是執行死刑，京師地區的案件，應該在兩天內分別向皇帝重複奏報五次，五次分別為處決前二日、一日分別奏報一次，處決當天重複奏報三次；地方上報的案件，應該向皇帝重複奏報三次。另外執行死刑的當天，宮廷內不得進酒肉，各機關不准奏樂（**犯有十惡不赦大罪的不在此列，十惡不赦者只需奏報一次既可執行**）。

自此，李世民堅定了「慎殺」的主題。貞觀四年，全國一年累計處決二十九人，數字之低，在中國五千年的歷史長河中可以名列前茅。

貞觀六年，李世民又做出一個驚人之舉，這個驚人之舉就是歷史上赫赫有名的「縱囚」事件。

事情是這樣的，這一年李世民來到了監獄，親自提審了所有在押即將處以死刑的罪犯，盤點下來共計三百九十人。

提審完畢之後，李世民竟然提出了一個建議，這個建議令在場的所有人都大吃一驚。

「朕跟你們做個約定，現在就放你們回家，明年秋後回來接受死刑，你們同意嗎？」李世民滿懷誠意的看著死到臨頭的罪犯們。

三百多名罪犯面面相覷，不敢相信是真的，大家把求證的眼神轉移到李世民臉上，此時李世民的臉上是堅定的神情，他的神情告訴罪犯們，「君無戲言」。

這個約定就這樣執行了，三百九十名罪犯星散而去，只留下李世民在原地沉思。

貞觀七年秋，三百九十名罪犯應到三百九十人，實到三百九十人，全部到齊等候李世民的最後處決令。李世民緩緩的抬起手，現場的空氣凝固了，三百九十人在一起等待那遲來一年的死刑。

「赦免，全部赦免。」

沒聽錯吧？沒聽錯！君無戲言！

自此，「縱囚」事件以約定開始，以赦免告終，李世民不按常理出牌，卻贏得了更大的收益，三百九十人獲得劫後餘生，而李世民則獲得天下人心。

儘管史書上宣稱此次縱囚事件自始至終官方沒有任何監視，一切憑犯人自覺遵守約定，實際上這一定是美化歷史的結果。縱囚事件說白了是一個秀，而這個秀是做給天下人看的，所幸三百九十名罪犯都是好演員，他們看出了李導演的本意，也看到了暗處潛伏秘密監視的眼睛，結果三百九十名罪犯加一個皇帝為全天下上演了一齣「縱囚」好戲，效果很好，掌聲熱烈的史上最佳政治秀。

其實，真放也好，作秀也罷，不可否認的是李世民確實做到了「慎殺」，君臨天下者能做到這一點，殊為不易。

滅國吐谷渾

第九章

喪家狗也有春天

說起吐谷渾，這個小國與中原政權的淵源太長了，這個小國自從建立之日起就跟中原政權糾纏不清，他們對付中原政權的方法概括起來就是「打得過就打，打不過就跑」。

別看這方法很簡單，但對吐谷渾很實用，隋大業五年（六〇九年），楊廣採用狗咬狗的方法命令鐵勒汗國將吐谷渾打得大敗，隨後吐谷渾向隋投降。由於前往受降的宇文述陣容過於強大，吐谷渾可汗慕容伏允害怕對自己不利轉而率軍逃跑不再投降，結果又被宇文述一頓痛打。

然而吐谷渾的生存能力太強了，隨後楊廣集合四路大軍對吐谷渾可汗慕容伏允進行圍剿，結果又讓慕容伏允從縫隙中鑽了出去，不過老家已經回不去了，因為楊廣已經將吐谷渾故地設立成西海、河源等四郡，並安排全國罪犯集中到這裡參與大開發，已經沒有立錐之地的慕容伏允從此過上了喪家狗的流浪生活。

都說野百合也有春天，其實喪家狗同樣有春天。

幾年之後，隋朝天下大亂無暇西顧，慕容伏允重新回到故地，重打鑼鼓新開張，正式重裝營業。一轉眼又過了很多年，在這期間隋朝滅亡、唐朝興立、李淵退位、李世民登基，慕容伏允接連送走了兩茬皇帝，這第三茬就迎來了李世民。

這麼多年過去了，可是慕容伏允的風格居然一點都沒有改變。慕容伏允對付唐朝的方法與隋朝一樣，兩手抓，一手抓上貢，一手抓騷擾，兩不耽誤。

貞觀初年，慕容伏允先派使節到唐朝進貢，言辭極其謙卑、態度極其誠懇，順服的樣子很招人疼。然而令人想不到的是，進貢的使節還沒有回去，慕容伏允的部隊已經對唐朝的鄯州地區（今青海省樂都縣）發動了攻擊，一番劫掠之後揚長而去。

一手上貢，一手騷擾，到底唱的是哪齣啊？

很快李世民的欽差來到了吐谷渾，對慕容伏允進行質問，然而這個時候慕容伏允又恢復了乖孩子的面目，眼淚汪汪的指著天向欽差表示：誤會，絕對是誤會。

當然，這套騙鬼的話已經沒有人信了。對於李世民命他到長安晉見的徵召，慕容伏允眼珠一轉又開始忽悠：「我是真想去，我又真去不了，我有病，真的有病。」

本著忽悠到底的原則，老滑頭慕容伏允又讓欽差給李世民帶了個話：請賜公主給兒子慕容尊王配婚，現在皮球踢給了李世民，看你接不接招。

接招，李世民焉能不接招。

李世民也提出一個要求：讓你兒子慕容尊王親自到長安迎親。皮球再次踢回給慕容伏允，老滑頭，接招吧！

這一次老滑頭不接招了，索性沒收皮球不跟李世民玩了。讓兒子到長安迎親，這分明是要拿我兒子當人質。

皮球踢了半天，親沒提成，兩家的關係又冷了下來。

李靖出山

老驥伏櫪的慕容伏允肯定是不會消停的，就在求親計畫破局之後不久吐谷渾的軍隊又一次出動了，這一次攻擊的是蘭州和廓州（今青海省化隆縣），又是一次目標明確的搶劫，越老越不要臉。

此時的慕容伏允其實已經老邁，汗國的實權落到受他寵信的高級幕僚天柱王手中，正是在天柱王的策動下不斷地騷擾唐朝邊界，劫掠不斷，即使李世民先後十次派使節交涉，吐谷渾依然故我，照搶不誤。

貞觀八年六月，李世民決定要給吐谷渾一點顏色看看了，他任命左驍衛大將軍段志玄為西海道行軍總管（**西海兵團司令**），左驍衛將軍樊興為赤水道行軍總管，分別率軍攻擊吐谷渾。

四個月後，段志玄對吐谷渾發起攻擊，大敗吐谷渾軍，連續追殺八百餘里，直到距離青海湖三十里處收兵，在段志玄的追殺下吐谷渾軍民驅趕馬匹牛羊四散逃竄，狼狽不堪。

然而段志玄的大勝只是短暫地打擊了吐谷渾的囂張氣焰，並不能解決所有問題。而善於折騰的慕容伏允在這次大戰中依然毫髮無傷，只要這個人還在，對唐朝的騷擾就不會停止。

果不其然，僅僅消停了一個月，吐谷渾的折騰又開始了，十一月十九日，吐谷渾軍隊攻擊唐朝涼州（今甘肅武威）。顯然僅僅派段志玄進行大規模作戰是不行了，要想徹底解除吐谷渾這個後患，必須進行大會戰，這次大會戰要讓吐谷渾滅國，絕不反覆。

然而千軍易得，一將難求，此時讓李世民發愁的是主帥的人選。仔細一盤算，如此大規模的會戰適合的人選只有一個，這個人就是唐朝第一名將李靖。

李靖的勇猛在前面已經提到過，最近的一次功績可以追溯到貞觀四年攻滅東突厥，不過從那之後，李靖為自己踩了剎車，起因是御史大夫蕭瑀的一次彈劾。

貞觀四年五月，李靖得勝回朝，對東突厥作戰的勝利讓唐朝一雪多年之恥。然而就在唐朝上下還沉浸在勝利的喜悅中時，御史大夫蕭瑀於五月二十三日上了一道奏疏，這道奏疏幾乎讓李靖跌入萬丈深淵。奏疏指控李靖軍紀敗壞，攻陷東突厥頡利可汗王庭時放縱官兵大肆劫掠，致使金銀財寶、珍玩古董被搶劫一空，李靖按律應軍法處置。

一邊是得勝回朝，一邊是軍法處置，李靖無意中走在兩個極端上。

事實上，戰後劫掠一直以來都是一個潛規則，中國歷史上有無數名將都默許甚至縱容戰後劫掠，不為別的，只為保持所部的戰鬥力。因為在一般情況下，當兵的收入很低，待遇很差，想要激勵士兵奮勇殺敵除了要有領袖魅力，更重要的還要給當兵的一個可望可及的盼頭，而允許戰後劫掠就是一個成本很低見效很快的手段。

在李靖看來戰後劫掠其實情有可原，而在蕭瑀看來戰後劫掠罪無可恕。李靖從維護士氣考慮，蕭瑀從道德層面考慮，兩者沒有絕對的對錯，而評判權交到了李世民的手中。

可是蕭瑀忘記了，李世民帶過兵、打過仗，也當過大軍統帥，多年的戰場經驗讓李世民能夠體諒李靖的苦衷，因此李世民阻止了蕭瑀的彈劾，戰後劫掠一事以後不要再提。

李世民是聰明的，他深知「揚善於公廷歸過於私室」的道理，對李靖這樣的名將，在公開場合維護其形象是必須的，而在私下場合進行敲打也是必要的。

在這次私下談心時，李世民跟李靖聊起了隋朝名將史萬歲，當年史萬歲大破東突厥戰功赫赫，然而剛回到朝廷就被當庭活活打死，理由僅僅是被控擅自與太子楊勇交往。

提到史萬歲就是為了敲打李靖，頗具城府的李靖怎能不懂，急忙做起了自我檢討。

李世民的目的達到了，這時他又變得和顏悅色，說道：「你放心，我跟我姨姥爺（楊堅）不一樣，我只記你的功，不記你的過。」

談話結束了，對李靖的敲打也結束了，然而這次談話對李靖的影響是深遠的，自此勇猛的李靖給自己狠狠踩了剎車，從此人生謹守低調過生活。

貞觀四年八月二十二日，李靖由兵部尚書升任尚書右僕射，有唐一代，「出將入相」正式拉開了序幕。

其實嚴格而言，唐代出將入相第一人應該是李世民，武德年間他出則是大軍統帥，入則是大唐宰相，一度甚至高居尚書令。也正因為他曾經出任過尚書令，因而尚書令就成了可望而不可及的榮譽稱號，在李世民之後，尚書令只授予過中興重臣郭子儀，不過那時的尚書令已經是純粹的榮譽稱號了。

回過頭再來說李靖，時任侍中的王珪說李靖是出將入相的文武全才，然而這個文武全才在升任尚書右僕射後完全像變了一個人。宮廷之上，這個尚書右僕射幾乎成了一個啞巴，「恂恂似不能言」，這就是李靖，宮廷之上的李靖，出將入相後的李靖。

李靖「恂恂似不能言」持續了四年，貞觀八年十月，李靖以病重為由辭去尚書右僕射一職，改任特進（**正二品，類似國務顧問一樣的閒職**），應享待遇一切照舊，李世民附加規定，待病情減輕，每隔兩到三天依然要參知政事。

李靖真的有病嗎？如果有，也是裝的。如果有，不是在身上，而是在心裡。

在那個皇權高於一切的年代，絕不會允許任何威脅皇權的東西存在，李靖出將入相，鋒頭無雙，此時再不知避禍便是自取滅亡，所以從貞觀四年開始，李靖一直在裝，一直「恂恂似不能言」，一直「有病在身」，甚至一度「病重」，其實所有的一切只為了自保。

到了貞觀八年十一月，吐谷渾烽煙已起，大戰在即，無論李世民還是李靖，他們都明白此次主帥的天然人選只有一個，這個人就是李靖。

李世民是期待李靖出山的，畢竟他是目前唯一一個經歷過無數大場面的大將，李世勣勉強也可以，但跟李靖相比他還嫩得很，況且他一直駐守并州，不能擅離。

李靖會不會欣然出山呢？李世民在思考，李靖也在思考。

出山，還是繼續裝病？

這是擺在李靖面前很現實的問題。如果出山，很有可能迎來又一次大勝，那麼離功高震主又進了一步；如果繼續裝病，那可能會讓李世民處在無帥可用的境地，以他犀利的目光難道會看不出李靖在裝病避禍？

罷，罷，罷，該你經歷的一定要經歷，躲是躲不過去的，為將者侍奉皇帝，除了要學會自保，更重要的是要讓皇帝看到你的一顆赤膽忠心。

出征

貞觀八年十一月，六十四歲高齡的李靖向李世民主動請纓，願意率軍征戰吐谷渾，由此唐朝大戰吐谷渾正式拉開帷幕。

十二月三日，李世民下詔，任命李靖為西海道行軍大總管、兵部尚書侯君集為積石道行軍總管、刑部尚書任城王李道宗為鄯善道行軍總管、涼州總管李大亮為且末道行軍總管、岷州總管李道彥為赤水道行軍總管、利州州長高甄生為鹽澤道行軍總管，另外突厥部落軍、契苾部落軍一同參與會戰。

時間隨著李靖的征戰走進了貞觀九年，這一年注定是大唐的勝利年，這一年也注定是吐谷渾的末年。

貞觀九年閏四月八日，任城王李道宗率領所部在庫山大敗吐谷渾軍隊。吐谷渾可汗慕容伏允再次啟動了「流浪狗」計畫，在他看來，無論唐朝如何進攻，吐谷渾都不會亡國，只要自己跑得快，唐朝大軍就只能看著自己的背影望塵莫及。

慕容伏允率領輕裝部隊逃入了沙漠石磧地帶，大師柏楊推測老滑頭慕容伏允逃亡的地方很有可能是今天青海省西北部的柴達木盆地，這塊地帶在唐代可以視為無人區。

為了避免唐朝大軍追趕過於辛苦，經驗豐富的慕容伏允下令縱火焚燒沿途全部野草，草都沒了，唐朝戰馬餓著肚子怎麼追？

怎麼辦？追還是不追？

此去千里無人煙，連把野草都沒有，連日征戰已經把戰馬耗得羸弱，再讓羸弱的戰馬沿著沒有野草的路追擊，可能嗎？不如放棄吧！

「絕不能放棄。」說這話的是積石道行軍總管侯君集。

侯君集說道：「上一次段志玄出征，連續追擊八百里，然而剛回軍，吐谷渾的軍隊就兵臨城下了。這一次吐谷渾還沒有受到重創卻四散逃去，這是他們自保的方法，也說明他們已經君臣離心，逃跑的時候連偵察騎兵都沒有布置，說明他們已經不能組織起有效抵抗了，這時將他們徹底征服如拾草芥，如果錯過這次機會我們將追悔莫及。」

一句話可以改變人的一生，侯君集的這席話讓他成功躋身大唐名將行列。

英雄所見，名將相惜，身為主帥的李靖深深認同侯君集的觀點，當即下令大軍兵分南北兩路，南路侯君集、李道宗，北路李靖、李大亮、薛萬鈞，兩路齊進，不滅吐谷渾誓不甘休！

閏四月二十三日，北路的李靖有了收穫。

部將薛孤兒在饅頭山與吐谷渾軍遭遇，一心想跑無心抵抗的吐谷渾軍沒有做多少抵抗就兵敗如山倒，這一仗吐谷渾賠掉了幾名親王，唐軍代價很小，收穫很大，更重要的是俘獲了大量牲畜，軍糧有著落了。五天後，李靖繼續擴大戰果，接連在牛心堆、赤水源大敗吐谷渾軍。

與李靖的北路相比，南路的侯君集和李道宗就艱苦多了。

李靖這邊打仗輕鬆，俘獲良多，吃肉還能挑肥揀瘦，侯君集那邊可就慘了。

他們深入兩千里，穿過無人區，一路上連條狗都沒遇上，更要命的是居然還沒有水。所過之地地勢高、氣候差，盛夏季節居然還在下霜，真是要命。

這一路，人吃冰、馬吃雪，人馬飲著冰雪穿過了無人區，在烏海（喀拉湖）追上了吐谷渾軍隊一部，唐朝人馬發起了衝鋒再次大破吐谷渾軍，俘虜吐谷渾著名親王。

與此同時，南路軍的一部分由薛萬鈞、薛萬徹率領，在赤海（青海省興海縣）也迎來了一場大勝，他們的對手是吐谷渾智囊天柱王的部隊，可惜的是居然讓天柱王跑掉了。

薛萬鈞和薛萬徹沒有遺憾太久，因為僅僅幾天之後哥倆就被吐谷渾的軍隊包圍了。

說起這次包圍，其實都是哥倆輕敵冒進惹的禍。為了追擊吐谷渾殘部，薛萬鈞、薛萬徹只帶了少數騎兵一路追趕，沒想到追著追著就追進了包圍圈，吐谷渾的殘部是不多了，不過包圍薛萬鈞、薛萬徹所帶領的少數騎兵還是綽綽有餘。

包圍圈越來越小，薛家哥倆手裡剩下的牌已經不多了，唐軍陣亡人數已過半，陣亡人數還在上升，哥倆也都掛了彩，戰馬也都戰死了，這仗已經沒法打了。

切斷了所有退路，難道就這樣被人家征服？

就在薛萬鈞、薛萬徹幾乎絕望的時候，援軍終於到了，領頭的是左領軍將軍契苾何力，他帶著數百名騎兵殺進了吐谷渾的包圍圈。本來吐谷渾人想趁亂收拾掉薛家兄弟，可沒想到來了契苾何力這樣一個攪局的，更可怕的是他手下是數百名訓練有素的鐵勒騎兵，這下就夠吐谷渾人喝一壺了。

經過契苾何力的反覆衝殺，薛萬鈞、薛萬徹終於得救了，契苾何力的數百名騎兵擁著薛萬鈞、薛萬徹衝出了包圍圈。

儘管薛萬鈞、薛萬徹這一路遭遇了挫折，而唐軍的其他幾路卻是捷報頻傳，李大亮在蜀渾山、執失思力在居茹川都取得了大勝，吐谷渾已經如同一頭被肢解的牛。戰爭的恐怖一直籠罩在吐谷渾汗王慕容伏允頭上，沒有盡頭。

恐怖沒有盡頭，追擊也沒有盡頭，此時李靖已經率領大軍抵達且末（新疆且末縣），到了吐谷渾汗國最西邊的邊境，此行他的目標只有一個，就是慕容伏允。

那麼此時如驚弓之鳥的慕容伏允又在哪裡呢？據說在突倫川。

突倫川這個地方具體在哪裡，現在的人沒有人能說清楚，根據地理位置判斷應該在現在新疆境內，靠近塔克拉瑪干沙漠，慕容伏允之所以選擇這裡，就是因為這裡地理環境惡劣，唐朝追兵一般追不到，所以這裡是安全的。

然而慕容伏允還是錯了，此刻他面對的對手已經不是點到為止的段志玄，而是不達目的誓不甘休的李靖，更何況還有更執著的契苾何力。契苾何力這個人最大的優點就是執著，即使慕容伏允躲在鳥跡罕至的突倫川，契苾何力也一定要把這個老小子給揪出來。

令契苾何力沒想到的是，死裡逃生的薛萬鈞居然反對自己的追擊建議，原來他是被上一次落入包圍圈的經歷嚇怕了。契苾何力搖了搖頭，說道：「吐谷渾人沒有城池，隨水草居住，現在不趁他們聚集在一起一網打盡，等到他們四散而去，分散居住，就再也打不盡了。」

說完，契苾何力上馬招呼自己所部往突倫川方面奔去。此時的薛萬鈞還有選擇嗎？沒有選擇了，追！

慕容伏允之所以選擇突倫川就是因為沿途都是沙漠，更要命的是沒有水。如果是一般人，多半要半路折返放棄追蹤，只可惜契苾何力和薛萬鈞不是一般人。

一路上沒有水難不倒契苾何力，帶的水喝光了，那就刺馬出血，飲血解渴。在漫天的沙漠之中，有一支唐軍在孤獨的行進，累了席地而坐，渴了飲血解渴。在勇敢的唐軍面前，慕容伏允注定是不幸的，他做夢也不會想到，不一般的唐軍居然意外的出現在烏煙不至的突倫川。

沒有防備的慕容伏允面對唐軍的進攻驚慌失措，混亂之中只率領一千多騎兵倉皇逃去，儘管自己逃出了一條命，但老婆孩子全丟了。

這一仗，契苾何力收穫很大，殺數千人，俘虜慕容伏允的皇后和王子數人，外加各類牲畜二十餘萬頭。

末日

老婆丟了，孩子丟了，連智囊天柱王也丟了，慕容伏允這日子沒法過了。

準確的說，天柱王並不是丟了而是死了，死於一場內亂。

天柱王的死其實跟一個人有關，這個人就是慕容伏允的嫡長子慕容順。說起慕容順，這是一個苦命的孩子，原本他是嫡長子、是太子，結果到隋朝當了人質之後，把自己的太子身分給當丟了。

慕容順的母親是隋朝宗室之女光化公主，當初為了籠絡吐谷渾人，隋朝讓光化公主和親嫁給了慕容伏允，後來生下一個兒子就是慕容順。慕容伏允其實並不喜歡慕容順這個兒子，總覺得他的身上有政治色彩，一點親兒子的感覺都沒有。雖然慕容伏允把慕容順封為太子，但當時的人都知道那只是給隋朝一個面子而已，讓慕容順這個隋朝外甥擔負「隋吐」友好的重擔而已。

後來，慕容順作為人質長期留在了隋朝，隋朝把他當作了制約吐谷渾的砝碼，而吐谷渾卻把他當成了累贅。就在慕容順當人質期間，他驚訝地發現自己的太子頭銜已經被父親慕容伏允宣布作廢了，現在他的身分只是人質，而不再是吐谷渾的太子。

西元六一九年，長安已經成了唐朝的都城，慕容順這個前太子在李淵看來只是一塊雞肋，李淵索性做了一個順水人情，把他遣返回了吐谷渾，從此慕容順開始了新的生活。

回到吐谷渾後，慕容順發現自己的生活不是變好，而是變得更糟，在長安時他的身分是人質，但畢竟還拿他當國際友人，而回到吐谷渾，他什麼都不是。

此時他的一位兄弟已經變成了太子，而他只是太子的大哥，通常人們把太子當回事，太子的大哥也就不當回事了。後來的生活更加雪上加霜，慕容伏允寵信了天柱王，本來就得不到陽光普照的慕容順更加憋屈，也就更加沒有人搭理他這個前太子了。

從西元六一九年到西元六三五年，慕容順已經憋屈的生活了整整十六年，如果沒有意外發生，慕容順的生活還在繼續、還在憋屈。

現在變數來了，吐谷渾招來唐軍的大規模進攻。唐軍大規模進攻對整個吐谷渾而言是災難，但對慕容順而言卻是一個難得的機會。

由於唐軍大規模進攻，吐谷渾貴族們的生活發生了巨變，於是對高層的不滿急劇增加，最後不滿的矛頭集中指向了上竄下跳的天柱王。就是他煽動慕容伏允進攻唐朝，現在好了，惹禍上身，禍的源頭就是這個該死的天柱王。不殺不足以洩民憤！

然而殺天柱王也只是說說而已，畢竟天柱王是慕容伏允的寵臣，一旦殺了天柱王，那就等於與慕容伏允公開叫板，貴族們有這個實力和魄力嗎？

人都是被逼出來的。

憤怒的吐谷渾貴族們決定殺掉天柱王，也決定與慕容伏允決裂，這時他們找到了一個理想的新帶頭人，這個人就是慕容順，這個憋屈了十幾年的前太子正是一個合適人選。他是前太子，他怨恨他的父親，他更怨恨天柱王，這三個條件集中到一起，慕容順就是理想的帶頭人。

渴望出頭的慕容順沒有片刻猶豫就同意了貴族們的提議，在貴族們的幫助下乾淨俐落地幹掉了天柱王，同時宣布與自己那不著調的父親決裂，轉身向唐朝投降。

在慕容順宣布投降的同時，他那不著調的父親慕容伏允正在塔克拉瑪干沙漠中品嘗著眾叛親離的滋味。

按照慕容伏允原來的規劃，他準備穿越塔克拉瑪干沙漠前往于闐王國（今新疆和田），在于闐王國暫住一段時間，等風頭過了再回到故地建國，到那時大不了從頭再來。然而規劃僅僅是規劃，慕容伏允已經沒有機會實現自己的宏大規劃了。自從逃進沙漠之後，他的手下就開始大逃亡。進入沙漠之前，旗下尚有一千多名騎兵，僅僅十幾天的時間，一千多名騎兵已經逃得差不多了，只剩下幾個看起來一心一意的侍從，然而「一心一意」也僅僅是看起來。

慕容伏允自嘲的對自己說：「沒事，大不了從頭再來。」

侍從們隨聲附和，「對，從頭再來。」

走投無路的慕容伏允被左右侍從斬首，他的頭成了侍從們邀功的投名狀。

貞觀九年五月十八日，李靖上疏李世民：吐谷渾汗國已被大唐征服。

五月二十一日，李世民下詔：特准吐谷渾恢復建國。

秋後算帳

吐谷渾之戰塵埃落定，唐朝大軍也到了論功行賞、秋後算帳的時候，一算帳，幾家歡樂幾家愁，總體盤算下來居然是得意的少，失意的多。

第一個倒楣的是赤水道行軍總管李道彥，他的罪名是沒有按照規定時間抵達指定地點，坦白說李道彥這個罪名一點都不冤，走到這個地步完全是他自己的問題，用東北的歇後語說：老外拉弓——發羊賤。

李道彥惹禍是因一次不誠信的行動而起。

本來，唐軍西征要經過党項部落控制的區域，行軍大總管李靖為了集中力量打擊吐谷渾就想方設法與党項部落搞好關係，在用重金把党項部落砸暈的同時，順便請他們為唐朝大軍當行軍嚮導，這樣就把党項部落拉到了唐軍的陣營，增強了唐軍的實力。

在金錢的感召下，党項酋長拓跋赤辭來到唐軍大營與各位唐軍將領焚香盟誓，立下了「親密合作」的誓言。不過在盟誓之前，拓跋赤辭把醜話說在前面：如果你們無信無義，我們就封路，讓你們過不去。

當時誰也沒把這句醜話放在心裡，沒想到這句醜話居然成真了，這一切都是李道彥惹的禍。

本來大唐泱泱大國以誠信為本，可沒想到李道彥居然是個言而無信的人，前幾路大軍順利通過党項部落控制的區域，到他這出問題了。

李道彥行軍到闊水（四川省松潘縣北）時，發現此地牛羊成群，党項部落組織渙散，沒有任何防備，看到此情此景，李道彥也不知道是哪根神經搭錯了，居然下令向當地的党項部落發動了進攻，一會兒的工夫就俘獲牛羊數千頭，樂得李道彥合不攏嘴。

李道彥沒有高興多久，他很快地發現包括党項部落在內的所有羌人都憤怒了，他們說到做到，居然真的堵住了當地最險要的野狐峽，這下完了，活路變死路了，就算想交過路費也白搭。而且這還不算完，當初把醜話說在前頭的党項酋長拓跋赤辭率軍對李道彥發起了反擊。這一仗李道彥損失慘了，戰後一盤點，居然損失幾萬士兵，最後只能退守松州，到這時，李道彥這一路就得算「自宮」了，沒辦法，誰讓你不講誠信，發羊賤！

受李道彥連累，左驍衛將軍樊興也無法進軍，只能逗留不前，結果手下士兵逃亡很多，仗沒打，非戰鬥性減員接二連三。

貞觀九年七月二十二日，李道彥、樊興因不能按時抵達指定地點判流放邊疆。

和李道彥一樣，鹽澤道行軍總管高甑生同樣沒有按時抵達指定地點，他倒不是因為跟李道彥一樣發羊賤，而是因為道路艱險，不得已在道路上耽誤了時間。

然而戰場之上只問結果，不問過程，作為總司令的李靖自然要對高甑生進行問責，沒想到這一問責讓高甑生把對李靖的怨恨埋在了心裡。隨即高甑生給李世民上了一道險惡無比的奏疏：李靖陰謀叛亂。

玩笑開大了！謀反的玩笑可不能亂開，開這種玩笑是要負法律責任的。

經過細心調查，隨即得出結論：李靖謀反，查無實據。這就意味著李靖無罪，高甑生誣告，而誣告是要付出代價的。

貞觀九年八月十七日，高甄生被判流放邊疆，享受無期徒刑待遇。這樣李道彥、樊興、高甄生哥仨可以一起在邊疆鬥地主了。

第四人選就是薛萬均，薛萬均出事的原因很簡單，兩字：嘴賤。

原本薛萬均和契苾何力合作挺好，契苾何力不僅幫薛萬均解了重圍，還和薛萬均一道襲擊遠在突倫川的慕容伏允的御帳，不僅俘虜了慕容伏允的老婆孩子，還外加二十萬頭牛羊，就戰果而言絕對是碩果累累。

問題就出在「碩果累累」上了，原來薛萬均胃口不錯，他想獨吞。

恰在此時，李世民派出了慰勞軍隊的特使，此時不表功，更待何時。

要說薛萬均的智商也不高，手段也很簡單，居然大嘴一張就開始為自己表功，總之在特使面前薛萬均把自己狠狠地表揚了一通，結論是「勞苦功高，捨我其誰」、「功勞都是我的，有契苾何力什麼事呢」。

要命的是，契苾何力就在現場。不報救命之恩也就罷了，還把所有功勞都劃到自己的名下，人怎麼能無恥到這個程度。契苾何力焉能嚥下這口氣，抽出刀就向薛萬均劈了過去，幸虧旁邊的將領手快攔了下來，這才避免了薛萬均血濺當場。

李世民派出的特使也很官僚，只聽信薛萬均的「自我表揚」，只看到契苾何力刀劈薛萬均，卻沒有多問緣由，結果草草的給李世民上交了一封奏疏：契苾何力刀劈薛萬均。這下倒成了契苾何力沒理了。

幸好真理越辯越明，在李世民向契苾何力問責時，契苾何力竹筒倒豆子，一五一十的說清了事情的來龍去脈，這下嘴賤的薛萬均倒楣了，李世民下令：把薛萬均官職全部免除，其所有官職轉給契苾何力。

眼看著薛萬均就要跟李道彥、高甄生一道到邊疆享受無期徒刑待遇了，契苾何力站了出來，他的一席話挽救了薛萬均。

契苾何力說道：「陛下因為我的緣故將薛萬均免職，那麼非漢人的士兵就會認為陛下重視非漢人將領甚於漢人將領，他們的文化都不高，很有可能就會以訛傳訛，而且很有可能就此認為漢人將領都跟薛萬均一樣，長此以往必然會造成軍中的漢人與非漢人對立。」

此後，薛萬均與契苾何力的恩怨被李世民一帶而過，對於薛萬均不罰，對於契苾何力重賞。不久，契苾何力奉命駐守玄武門，主政城門防衛大營，另外奉命娶皇族女兒臨洮縣主為妻。

尾聲

幾家歡樂幾家憂愁，遠征吐谷渾之戰終於落下帷幕，每個人都找到了自己的位置，或者得意，或者落寞，但每個人都必須去演完自己分內的戲。

那位憋屈了十六年最終奮起的前太子慕容順還是沒能鎮住場子，他可以扮演好一個人質，他可以扮演好一個憋屈的前太子，可是他扮演不好一個可汗。在被立為可汗幾個月後，沒有根基的慕容順沒能取得吐谷渾貴族們的信服，最終被貴族們安排的殺手刺死，結束了其憋屈的一生。

在慕容順身後，他的兒子慕容諾曷缽被立為可汗，這是一個更沒有根基的人，他的角色是傀倆，他的身後則是為奪權鬥得你死我活的高級官員們。

在這種背景下，唐朝的一位名將被推上了前臺，這個人就是兵部尚書侯君集。

李世民交給侯君集的任務是率軍增援慕容諾曷鉢，調停爭權的各方，對於不聽命令的部落，一個字：打！

侯君集威風凜凜的再次出發，在他的前方是霞光萬丈，在他的夢中是雄兵百萬，為將者追求的就是這個境界，不是嗎？

也是，也不是。

就在侯君集率軍出發的同時，李靖悄悄地關上了自己的家門，從此閉門謝客，閒雜人等一律免進，即便是親戚也不輕易相見，於是在長安鬧市之中，李靖讓自己「與世隔絕」。

老子說：持而盈之，不如其已；揣而銳之，不可長保。金玉滿堂，莫之能守；富貴而驕，自遺其咎。功遂身退，天之道也。

老子的話，李靖讀懂了，侯君集要麼根本沒讀過，要麼根本沒讀懂。

貞觀十七年二月二十八日，李靖與侯君集的畫像一起掛上了凌煙閣，與他們一起享受凌煙閣畫像的總計二十四人。

僅僅兩個月後，侯君集被控與太子李承乾一起謀反，伏誅！

六年後，李靖於家中壽終正寢，享年七十九歲，陵墓規模比肩漢代名將衛青、霍去病。

福兮禍兮，皆有因果，唯物主義說這是唯心，歸根結柢未嘗沒有科學道理。

來來往往

第十章

長孫皇后

如果論及中國歷史上賢淑良德的皇后，長孫皇后可以排進前三名，究其原因是因為他的丈夫李世民聲名很好，那麼作為妻子的長孫皇后聲名不可能不好，況且長孫皇后確實很會管理，也很會做人。後世的人熟悉長孫皇后的聲名，很有可能是從一則小故事開始。

這則小故事是這樣說的：

有一天，李世民下朝之後臉色非常難看，長孫皇后問及原因，李世民恨恨地說：「總有一天我要殺了魏徵這個鄉巴佬。」聞聽此言，長孫皇后換上了正式場合穿著的衣服，非常正式的向李世民表示祝賀，長孫皇后說：「妾聞君明臣直，現在皇帝有魏徵這樣敢直言的大臣，不正說明皇帝賢明嗎？因此臣妾向皇帝表示祝賀。」

小故事的結尾是這樣寫的：聽了長孫皇后的話，李世民的氣消了，從此更加信任魏徵。

也不知道是哪個編劇編的這種蹩腳小故事，把政治想得太簡單了，把李世民想得太簡單了，君臨天下者如果如此衝動、如此淺薄，那麼天下就危險了。

事實上，無論是李世民還是魏徵，他倆都是在演戲，他們是彼此的陪襯。沒有李世民，魏徵的形象無法高大；沒有魏徵，李世民的形象也無法豐滿，兩個人就是為彼此而生、為彼此而演。

至於長孫皇后，她也是在演戲，也是在角色扮演，難得的是她一直牢記著自己的角色定位：配合皇帝，維護皇帝的權威。不像其他皇后，要麼智商不夠把戲演砸了，要麼智商太高把皇帝的戲份都給搶了，而長孫皇后牢牢守住了自己的本分，演活了自己的角色。

關於長孫皇后的事蹟太多了。

仁慈孝順、節儉樸素、喜愛讀書，閒聊之餘獻計獻策，利國利民、保護宮女、愛護非親生子女，降低自己生活標準，嚴格要求親生子女，等等。

所有的一切都在於謹守皇后的本分。

如果說皇帝是天下男人最想做，也最難做的差事，那麼皇后也是天下女人最想做，也最難做的差事，當皇帝難，當皇后更難。當皇后就是要與一群美女分享一個男人，在分享的過程中既要表現大度，又要牢牢抓住這個男人的心，你想想有多難。

長孫皇后就是在這樣的環境下生活，幸好她聰明會做人，於是給世人留下賢淑良德、與世無爭的聲名。

長孫皇后真的賢淑良德，與世無爭嗎？

當然不是，不爭怎麼當皇后呢？不爭怎麼能把皇權牢牢地留在長孫一脈呢？

長孫皇后也爭，也爭得厲害，她的法寶是「不爭」。

糊塗了吧，為什麼爭權的法寶是「不爭」呢？

長孫皇后不為自己爭醫藥和膳食費用，反而主動降低標準，卻對皇帝的其他妃嬪關愛有加，給人不爭的印象。

太子李承乾的乳娘請求增加太子宮的各種配備，說白了是幫太子要待遇，按理說這種事情親娘應該比乳娘更上心，然而申請到了長孫皇后這裡，冷冷的一句話就給打發了：「為太子，患在德不立，名不揚，何患無器用邪？」對親兒子都這麼狠，也是不爭。

長孫無忌位高權重，長孫皇后多次要求李世民解除長孫無忌職務，免得恩寵太盛，滋生長孫一脈的驕氣，對自己兄弟這麼狠，也是不爭。

長孫皇后病重，李承乾委託房玄齡向李世民請求大赦天下，以祈求長孫皇后延年益壽，結果這個人性化建議也被長孫皇后否決了：「奈何以吾一婦人使上為所不為乎？必行汝言，吾不如速死。」對自己也這麼狠，也是不爭。

老子有一句名言：夫唯不爭，天下莫與爭！

不爭，其實是為了爭。為什麼爭？為未來的皇權而爭。

當然，在長孫皇后「爭」的同時，她對李世民的愛也是真摯的。對於李世民她始終保持一顆忠心，甚至隨身攜帶毒藥，在生命的最後時刻，她把隨身攜帶的毒藥拿給李世民看，並深情的對李世民說：「妾於陛下不豫之日，誓以死從乘輿，不能當呂后之地耳。」

一句話改變人的一生，一句話奠定長孫一脈在大唐王朝的地位。

在長孫皇后身後，爭儲大戰打得一塌糊塗，然而即使鬥得天昏地暗，儲位一直在長孫一脈的控制之中，李承乾、李泰、李治，他們的母親是長孫皇后。

夫唯不爭，天下莫與爭！

貞觀十年六月二十一日，長孫皇后於立德殿去世，享年三十六歲。

如果沒有一年後那個女孩的進宮，或許長孫一脈還會在唐朝榮耀很多年，然而因為那個女孩，長孫一脈的命運被改寫了，大唐的命運也同時被改寫了。

進宮

貞觀十年，長孫皇后逝世時，這個女孩僅僅十三歲。

原本這個女孩與長孫皇后的生活不會有任何交集，然而一切被李世民在不經意之間改變了。貞觀十一年，李世民聽聞原荊州總管武士彠有一個女兒貌美如花，遠近聞名，本著多多益善的原則，李世民一招手就把這位姓武的女孩招入宮中，從此開始了小女孩的宮廷生活。

小女孩在宮廷的起點很低，職稱為「才人」，在後宮中「才人」是什麼級別呢？

按照唐朝規定，皇帝的嫡妻叫皇后，在皇后之下為妃嬪，妃嬪也分等級，而且每個等級有編制限制。第一等叫妃，編制四人，一品；妃之下為二品的嬪，編制九人；嬪之下為婕妤，編制九人，三品；婕妤之下是四品的美人，編制也是九人；再往下為第五品的才人，編制還是九人。

小女孩在歷史上沒有留下最初的名字，她的名字都是後來取的，李世民叫她「武媚娘」，她自己稱自己「武曌」，她的兒子追認她為「則天大聖皇后」，因此後世的人們都叫她「武則天」。

那麼我們到底應該叫她什麼呢？從尊重人權的角度看，應該稱她為「武曌」。

說起來武曌的老爹武士彠也是唐朝的功臣，而且屬於開國那一撥，李淵敕封的十四位太原元謀勳效功臣，武士彠就是其中的一個。

武士彠原本是一個木材商人，在隋煬帝楊廣大興土木的年代發了一大筆財。然而苦於當時商人的社會地位低下，武士彠在積累了一些財富之後就從商人轉型成了一名軍人，由於他有錢，所以他當兵一起步就從鷹揚府隊正當起。鷹揚府隊正是隋朝府兵制體系下所有常任軍官中最低級的官員，管五十個人，比現在的排長大，連長小，約等於副連長。

本來武副連長的生活與李淵的生活也沒有什麼交集，沒想到隋煬帝大業十一年（六一五年）兩人有了第一次見面的機會。李淵奉命平叛，正好路過武士彠當鷹揚府隊正的地方，兩人相見甚歡，很快成了無話不談的朋友。

又過了兩年，也就是大業十三年，這一年李淵出任太原留守，順便就提拔武副連長做了行政司鎧，掌管武器兵仗。

別看武士彠只是一個掌管武器兵仗的小官，在關鍵的時候還替李淵擋了不少事。當時李淵以平定叛亂的名義召集了一些人馬，並且把這些人馬交給了劉弘基和長孫順德這兩個跟政府毫不相干的人管理，李淵的副手王威、高君雅感覺事情蹊蹺想要調查，結果愣是讓武士彠給忽悠過去了。武士彠忽悠說：「長孫順德他們都是李淵的賓客，如果調查他們就等於懷疑李淵，不給他面子，以後上下級關係還怎麼相處呢？」

王威和高君雅智商不高，順著武士彠的思路一想也有道理，變亂時期當有非常之法，不妨就讓長孫順德他們先帶著吧。

武士彠剛把王威他們安撫住，留守司兵田德平又跳了出來，他也覺得長孫順德有問題，想建議王威深入調查，結果也讓武士彠給按住了：「你懂什麼，剿匪的軍隊一向是李淵總負責，王威他們就是隨從，讓二把手調查一把手，虧你想得出來。」

經過武士彠兩次忽悠，為李淵起事贏得了寶貴的時間，而在這期間武士彠看出了李淵這個潛力股升值空間無限，索性把全部家產都捐了出來用於晉陽起兵，事實證明他的寶押對了。

唐朝開國之後，武士彠經過幾次升遷，出任過工部尚書，還出任過荊州都督，總之在李淵心中他是一個有分量的人。

歷史總是充滿著驚人的巧合，說起來武曌這個唐朝殺手與李淵還有著千絲萬縷的關係，如果不是李淵熱心給武士彠做媒，或許歷史上就沒有武曌這個人了。

武德年間，武士彠的原配妻子去世了，因為武士彠的工作表現很出色，讓李淵這個上司很感動，李淵說：「此人忠節有餘，去年兒夭，今日婦亡，相去非遙，未常言及，遺身徇國，舉無與比！」

為了表彰武士彠這個工作狂，李淵熱心給武士彠做媒，尋到了隋朝四貴之一觀王楊雄的侄女、楊達的女兒，典型的名門望族、前朝的金枝玉葉。美中不足的是，此時的楊小姐已經芳齡四十四了，究竟是一婚還是二婚也搞不清楚。武曌自己的說法是這樣的：起初楊小姐是堅定的獨身主義者，四十四歲這一年遇到了武士彠，兩人一見鍾情，於是楊小姐改變獨身的想法投入了武士彠的懷抱。

一婚也好，二婚也罷，總之四十四歲的楊小姐嫁給武士彠之後展示出很強的生育能力，一連為武士彠生下了三個千金，老大長大後嫁給了賀蘭氏，老三後來嫁給了姓郭的，老二武曌後來嫁給了姓李的。從因果的角度論，正是熱心的李淵促成了武士彠與楊小姐的婚姻，也正是武士彠與楊小姐生育出大唐的殺手——武曌。（**對於這一段史家有爭論，有人認為李淵幫武士彠找媳婦這一段是武則天後來自己編的。**）

貞觀九年，李淵病逝，得知舊主去世的消息後，武士彠悲痛成疾在同一年也去世了。李淵和武士彠不會想到在他們的身後李氏與武氏居然成為仇家，他們更不會想到武士彠居然也當上了皇帝——在死後五十三年後被女兒追封為皇帝。

貞觀十一年，李世民為李家與武家的未來關係走向埋下了一個伏筆，這一年，李世民將貌美如花的武曌召入宮中，二十年後，當年的女孩將屠刀指向了李氏皇族，李氏皇族的黑暗時代隨即到來。

貞觀十一年，大唐的天空晴朗無比，在晴朗的天空下，武曌滿懷期待走進了大唐皇宮，在這裡她逐步升級自己的人生理想，在這裡她成了很多人的深仇大恨，她的仇人名單很長，這個長長的名單包括李氏皇族、長孫一脈、褚遂良、李世勣，包括諸多武德、貞觀兩朝的重臣以及後裔。

一切的仇恨，起源於貞觀十一年。

人生最高處

第十一章

小試牛刀

孔子說，登東山而小魯，登泰山而小天下。我們不得不佩服孔子的智慧，他在不知不覺中已經提煉出人生的真諦，無論是東山也好，泰山也罷，其實人的一生何嘗不是在登山。

李世民的一生是在登山，李靖的一生是在登山，侯君集的一生也是在登山。李世民成功了，他登到了山峰最高處，李靖也成功了，他登到了為將者的最高峰，然後他戛然而止，鬧市隱居。相比於李靖，侯君集的登山只有起點，沒有終點，貞觀十二年，侯君集迎來了又一次登山的機會，山的名字叫吐蕃。

吐蕃為什麼會成為侯君集要征服的山頭呢？這還要從一次失敗的求婚開始說起。

吐蕃在長安以西八千里，兩漢時期是西羌的聚集地，至於吐蕃是從哪裡來的，沒有人能說清楚，據推測可能是南涼禿髮利鹿孤之後，經過發展由利鹿孤之子樊尼開始建國，同時改姓為窣勃野，以禿髮為國號，後來因為禿髮與吐蕃音相近，經過口口相傳，禿髮就慢慢演變成了吐蕃，這就是吐蕃國的由來。

由於吐蕃與中原之間還隔著諸多羌族居住區，因此從周到隋，吐蕃與中原政權一直沒有交往，到了貞觀八年，吐蕃終於與唐朝搭上了線。貞觀八年，吐蕃國王（吐蕃人稱國王為贊普）松贊干布派使節到長安朝貢，從此吐蕃與唐朝建立了聯繫，也開始了吐蕃與唐朝的長期恩怨糾葛。

對於吐蕃的朝貢，李世民很開心，從他稱帝以來大唐四周的國家紛紛前來朝拜，萬國來朝之勢不可阻擋，現在又多了一個八千里外的吐蕃，自然多多益善。

然而李世民沒有想到，就在這次例行公事的回訪中，居然牽扯出大唐與吐蕃的婚姻糾葛。代表李世民回訪的是使節馮德遐，馮德遐的到來讓松贊干布非常開心，賓主相見甚歡。可能是酒喝多了，馮德遐的話也就多了起來，扯著扯著就扯到了公主和親的話題上，馮德遐告訴松贊干布，東突厥和吐谷渾可汗都娶過大唐公主，從輩分上論他們都是大唐的女婿。

言者無心，聽者有意，聽著聽著，松贊干布動了心，東突厥和吐谷渾能娶，我吐蕃國王為什麼不能娶呢？

數月後，馮德遐回到長安覆命，與他同行的還有吐蕃的使節，使節此行的任務很簡單，求婚。求婚的請求剛一提出，李世民的頭就大了，剛開始朝貢就惦記上大唐的公主，成何體統？況且吐蕃離長安八千餘里，又有哪個公主願意去呢？

於是李世民乾淨俐落地回覆吐蕃使者：不許。

吐蕃第一次興沖沖的求婚失敗了，這讓國王松贊干布鬱悶不已。在松贊干布鬱悶的同時，出使大唐的吐蕃使節還在掩飾自己的出師不利，這一掩飾就把吐谷渾當成了替罪羊。使節說道：「初至大國，待我甚厚，許嫁公主。會吐谷渾王入朝，有相離間，由是禮薄，遂不許嫁。」

明明是李世民當場回絕了使節的請求，現在卻變成了因為吐谷渾離間才回絕請求，如此一來使節沒責任了，吐谷渾責任大了。

是可忍，孰不可忍，不收拾吐谷渾簡直沒有天理了。

鬱悶的松贊干布隨即發兵攻打吐谷渾，向來不善戰只會跑的吐谷渾延續了自己的傳統，一擊即潰，一打就跑，一跑就跑到了青海湖上，打不起，躲得起。

吐谷渾跑了，松贊干布的火氣還沒消，他要把在長安丟的面子給找回來。隨即松贊干布調轉兵鋒，把矛頭指向了唐朝的邊境松州（今四川省松潘縣），這一次他率軍二十萬抵達了松州西境，同時又派出使節攜帶金銀綢緞前往長安，再次求婚。

死心眼的松贊干布不僅派出求婚使節，同時還對自己的部屬宣布：「若大國不嫁公主與我，即當入寇。」意思是說，如果唐朝不嫁公主給我，咱就跟他們死磕。

松贊干布擺出一幅志在必得的架勢，明白人知道這是求婚，不明白的還以為是武裝搶親。求婚也好，武裝搶親也罷，事實上到現在為止唐朝都沒把松贊干布當回事。松州都督韓威更是沒把松贊干布放在眼裡，只帶了幾個騎兵就出來偵察敵情，結果這次輕敵讓韓威幾乎付出生命的代價。

吐蕃國儘管沒有文字，還停留在結繩記事的地步，但是這並不影響他們驍勇善戰，這些不識字的吐蕃士兵還是給松州都督韓威上了震撼一課。遭遇痛擊的韓威勉強逃回了松州城，緊閉城門堅守不戰，同時上疏李世民：不好，吐蕃大軍壓境。

到這個時候，李世民才明白，原來上次回絕求婚真的傷了松贊干布的心，看來當時回絕得有點急了。不過朕不給，他也不能搶啊。

三天不打，上房揭瓦，打！

李世民一聲令下，侯君集迎來了那個叫吐蕃的山頭，這一次他負責帶兵出征，打一打吐蕃的囂張氣焰，省得他們在邊境亂跳。

按照李世民的部署，吏部尚書侯君集為當彌道行營大總管、右領軍大將軍執失思力為白蘭道行軍總管、左武衛將軍牛進達為闊水道行軍總管、右領軍將軍劉蘭為洮河道行軍總管，全軍總計五萬，出征松州。

出征路上，侯君集摩拳擦掌，這一次他作為行營大總管，指揮雄兵五萬。按照侯君集的設想，一定要把吐蕃打得滿地找牙，最好深入八千里，打到吐蕃的老窩去。

然而侯君集萬萬沒有想到，吐蕃居然那麼不經打。

貞觀十一年九月六日，左武衛將軍牛進達抵達松州城下，此時吐蕃軍隊已經圍攻松州十餘天了，氣焰不是一般的囂張。牛進達遠遠地看了看吐蕃軍隊的大營，嘴角露出不易察覺的微笑，在他的心中已經寫下了兩個字：夜襲。

夜襲在《三國演義》裡都已經被玩濫了，可拿出來對付吐蕃軍隊已經足夠，想想一個結繩記事的王國能有多少謀略呢？

當夜，牛進達的隊伍襲擊了吐蕃軍大營，極盡殺人放火之能事，當場斬殺一千多人，恐怖的氣氛籠罩在二十萬吐蕃大軍的頭上，原來唐朝不好惹啊！

松贊干布雖然不識字，但他也知道好漢不吃眼前虧，隨即集合隊伍緊急撤退，沒等侯君集抵達前線，吐蕃二十萬大軍已經遠離唐朝邊境了。

然而事情並沒有就此結束，撤退的松贊干布又一次向唐朝派出了使節，除了謝罪之外，又提出了一個請求：求皇上賜婚。

再次接到松贊干布的請求，李世民笑了，看來這個吐蕃國王還很執著，精神可嘉。賜婚就賜婚吧。

這一次李世民當面應允了吐蕃使節，吐蕃與唐朝的聯姻就此拉開了序幕。不過這次聯姻拖的時間比較長，貞觀十二年李世民應允了這門親事，貞觀十五年皇族宗女文成公主才踏上了前往吐蕃的路。現在有了青藏線，從北京到拉薩不過四十八個小時，然而那時唐朝的交通基本靠走，而且走走停停，文成公主進吐蕃走了多長時間？不多，兩年。

求婚成功了，吐蕃大軍也撤退了，所有的人都很高興，除了侯君集之外。作為戰將，他是渴望戰爭的，可這一次雷聲大雨點小，他還沒來得及拔出劍來，敵人已經跑了，而且他還不能追，這仗打得憋屈啊！

失落的侯君集不斷地擦拭著自己的寶劍，他在期待著下一次亮劍的機會。

一年後，侯君集終於等到了機會，這次山頭的名字叫高昌。

滅國高昌

高昌國位於今新疆吐魯番市東南，至今那裡還有高昌國舊址。高昌在漢代時是車師國的王庭，距離長安四千三百里，屬下總共有二十一個城市，其中有兩個比較大的城市，一個叫交河城，王庭所在地；另一個叫田地城，校尉城所在地。

總體而言，高昌國的生存環境非常不錯，土地肥沃，穀麥一年兩熟，遠遠高於中原地區的一年一熟。在農業立國的朝代，糧食就是生產力，有著一年兩熟優勢的高昌自然就有了驕傲的資本。

高昌驕傲的還不只是穀麥一年兩熟，他們還有葡萄酒，唐詩有云：葡萄美酒夜光杯，欲飲琵琶馬上催，詩裡的葡萄美酒可能就來自高昌；另外高昌還有一種神奇的草，草的名字叫白疊，高昌人採集這種草開出的花，然後就能織成布，這布如果放在現在，那就是純天然綠色無污染的天價布了，賣多少錢都不算多。

說起來，高昌與中原政權的關係原本還是很不錯的，隋朝時兩國交往甚密，隋煬帝還作主將宇文玉波封為華容公主嫁給了當時的高昌國王麴伯雅，甚至楊廣征遼東時還帶著麴伯雅一同親臨前線觀戰，關係不是一般的好。

即使李淵以唐代隋之後，高昌與唐的關係也很不錯，麴伯雅死時，繼任的麴文泰還遣使報喪，李淵還派出使節專程前往弔唁。武德七年，麴文泰還為唐朝的動物發展做了一把貢獻，他給李淵送來了一雄一雌兩隻寵物狗，名曰「拂菻犬」。拂菻就是當時的東羅馬帝國，拂菻犬是在當地極受妓女和貴婦寵愛的寵物狗。麴文泰送給李淵這對，身高六寸，身長一尺，性甚慧，能曳馬銜燭，中國有拂菻犬由此開始。

高昌與唐朝的友好關係一直延續到貞觀四年，那一年，麴文泰前往長安朝拜，受到李世民的熱烈歡迎，臨走前他的妻子宇文玉波（繼婚）還請求進入皇族宗譜，李世民大筆一揮賜姓李氏，封常樂公主，給足了麴文泰面子，高昌與唐朝的關係達到了歷史的頂峰。

然而按照歷史規律，頂峰過後一般就是下坡路，高昌與唐朝的關係不可避免地開始走下坡路，主要原因是麴文泰變卦了。

麴文泰變卦的主要原因是因為長安離高昌太遠了，四千三百里的距離讓麴文泰產生了「山高皇帝遠」的錯覺，更何況離高昌不遠還有一個不消停的西突厥，時間一長，外交形勢就發生了變化，以前的高昌親唐，現在的高昌親西突厥，朋友也就慢慢地演變成了敵人。

西戎諸國想到長安朝貢都必須途經高昌，在高昌從朋友變成敵人之後，這些國家與唐朝的聯繫就被生生切斷了。

切斷諸國朝貢的道路已經足以讓李世民憤怒，接著麴文泰又做了一件傻事。

高昌有個鄰國叫伊吾國，原本臣屬於東突厥，東突厥滅亡之後伊吾就臣屬了唐朝，原本這件事與高昌沒有任何關係，可經高昌與西突厥一商議，么蛾子就來了。麴文泰竟然與西突厥葉護可汗一起打起了伊吾國的主意，計畫兩國聯合攻打，戰後一起瓜分。

世上沒有不透風的牆，高昌與西突厥的餿點子很快就被伊吾知曉了，然後火速報告給了李世民，這一下李世民的火大了，一紙詔書把麴文泰訓得狗血噴頭，同時責令麴文泰的下屬阿史那矩入朝，共同商議兩國雙邊關係。

然而出乎李世民意料的是，麴文泰居然學會了陽奉陰違，明明李世民徵召阿史那矩入朝，結果麴文泰居然扣住阿史那矩不放，只派出長史麴雍來長安湊數。

這孩子沒救了。

沒救的孩子麴文泰在沒救的道路上越走越遠，直到無可救藥。

隋朝末年天下大亂時，中原很多百姓投奔了東突厥，等到東突厥滅亡之後，這些中原百姓有的又投奔了高昌，麴文泰就扣留下這些百姓為高昌所用。等到李世民照會麴文泰遣返時，麴文泰兩手一推！不認帳。

不久，麴文泰又出了么蛾子，居然聯合西突厥攻打了臣屬唐朝的焉耆國，一下子攻下了三個城市，掠走了城中的男女老少，生生讓人家改了國籍。受了欺負的焉耆國王緊急上疏李世民：老大，麴文泰他又欺負我了。

麴文泰的劣跡就這樣一筆筆在李世民的心中存了檔，用不了多久，就會一一清算。

貞觀十三年，李世民開始清算高昌國麴文泰的劣跡，在他看來這個孩子不是該打，而是該死了！

劣跡一：數年不向往長安朝貢，沒有藩臣之禮，居然在本國內設置與唐朝一模一樣的官職體系，哪有點藩屬國的樣子？

劣跡二：貞觀十三年歲首，萬國來朝，唯獨麴文泰不到，據說在國內增高城牆，挖深戰壕，準備打仗，不臣之心已經昭然若揭。

劣跡三：面對大唐使臣，出言不遜，居然說「鷹飛於天，雉竄於蒿，貓遊於堂，鼠安於穴，各得其所，豈不活耶！」意思是說，老鷹在天上飛，野雞在草裡跑，貓在亭臺樓閣上玩耍，老鼠在老鼠洞裡自己玩，各有各的天地，誰還不能獨立生存啊！言為心聲，看來麴文泰確實想甩開唐朝單幹了。

劣跡四：西域各國無論想來長安朝貢，還是想來長安貿易，無一例外都被麴文泰扣留了。

劣跡五：對薛延陀汗國挑撥離間，派使節對薛延陀國王說「既自為可汗，與漢天子敵也，何須拜謁其使。」意思是說，你既然是可汗，那麼跟唐朝的皇帝是平起平坐的，你還朝拜他幹嘛？

綜合以上五點，李世民給了結論：事人闕禮，離間鄰好，惡而不誅，善者何勸？明年，當發兵馬以擊爾。

自此，攻打高昌進入倒計時，等待倒楣孩子麴文泰的是要麼趕快認錯，要麼準備收屍，他會選哪一樣呢？

倒楣孩子居然兩樣都不選！

正式出擊高昌之前，李世民準備給麴文泰最後一次機會，再次下詔徵之入朝，如果麴文泰就坡下驢到長安認錯，一切還能挽回，然而麴文泰再次拒絕了李世民的好意，給了李世民一個冷冰冰的回覆：抱歉，我有病去不了。

貞觀十三年十二月四日，李世民正式下詔，命吏部尚書侯君集為交河道大總管，率左屯衛大將軍薛萬均及突厥、契、苾之眾，步騎數萬出征高昌，高昌之戰由此開始。

對於這場戰爭，很多人並不看好，此去征戰高昌天高路遠，途經沙漠，四千三百里用兵恐難得志，即便得勝，離長安四千三百里駐守也難。然而即使公卿近臣不斷上書，李世民堅決不聽，在他看來高昌不除國無寧日，高昌不除萬國來朝就會成為空談。

一個智者，會在事情發生之前洞悉一切蛛絲馬跡，然後果斷趨避；然而一個弱智者則會對一切蛛絲馬跡視而不見。相比之下，李世民是智者，麴文泰就是弱智者。

麴文泰為什麼如此有恃無恐呢？說白了都是空間距離惹的禍。

高昌距離長安四千三百里，在交通基本靠走的唐代，這個距離用兵難度之大無法想像，因此麴文泰不無得意的跟左右親信說：「吾往者朝覲，見秦、隴之北，城邑蕭條，非復有隋之比。設今伐我，發兵多則糧運不給；若發三萬以下，吾能制之。加以磧路艱險，自然疲頓，吾以逸待勞，坐收其弊，何足為憂也？」

麴文泰的算盤打得不可謂不精，他認為如果唐朝發兵多那麼必定糧草不濟，而如果發兵少則必定不是高昌的對手，更何況，中間還有長達兩千里的戈壁荒漠，地無水草、冬風凍寒、夏風如焚。風之所吹，行人多死，一百人結伴而行如果沒有糧草接應就必死無疑，更何況是數萬大軍，就算僥倖能兵臨城下，二十天之內必定糧草殆盡，如何能不潰敗呢？

然而麴文泰千算萬算，卻沒有想到此次率軍遠征的居然是吏部尚書侯君集，侯君集是什麼人？侯君集是貞觀九年率軍穿越二千里無人區，人吃冰馬吃雪的大唐名將，高寒的無人區都穿越了，還會怕你高昌的戈壁荒漠嗎？

說到底，麴文泰就是一個軍事白癡。

戰爭是什麼？戰爭是矛盾激化的表現形式。

打贏戰爭靠什麼？一靠實力，二靠出其不意。

貞觀十四年八月，侯君集率領的唐朝遠征軍在距離高昌不遠的沙漠口出現，麴文泰認為最不可能發生的事情真的發生了，侯君集率領的唐朝大軍已經猶如天兵一般出現在高昌的國境線。

黑雲壓城，兵臨城下，高昌國上下將目光都集中在國王麴文泰身上，他們相信既然國王有本事挑釁，那麼就一定有本事化解，一定會帶領高昌度過這次戰爭危機。

事實證明，麴文泰確實有本事，他真的躲過了這次危機，而且侯君集拿他還沒什麼辦法。躲過戰爭危機的只有麴文泰一個人，在得知侯君集大軍壓境之後，麴文泰憂愁過度卻又無計可施，眼睛一閉，這一輩子就這麼過去了，居然被唐朝大軍活活給愁死了！

挑釁了一輩子的麴文泰以愁死的方式結束了自己的一生，同時把高昌國的亂攤子留給了自己的兒子麴智盛，老子作孽兒子扛，真是作孽！

麴智盛在老爹麴文泰死後，火線就任高昌國第十六任國王，他的命可比老爹苦多了，一上任就背上了炸藥包，而且這個炸藥包的導火索還不在他的手上，導火索偏偏就在侯君集的手上。

侯君集率軍抵達高昌國的柳谷時聽說了麴文泰的死訊，同時聽說高昌國的貴族們將雲集高昌城為麴文泰發喪，屬下將領當即請示是否立刻包圍高昌城？

侯君集何嘗不想直取高昌城，然而侯君集更清楚遠征高昌的目的所在，弔民伐罪是遠征的目標之一，終極目標卻是藉此揚大國軍威，大國軍隊就要有大國的風度。

侯君集儘管讀書不多，但他也知道「禮不伐喪」，襲人於墟墓之間，非問罪之師也，這是大唐軍隊的風度，也是侯君集的風度。侯君集隨即令旗一揮，擂動戰鼓，向西直撲田地城，這個田地城就是遠征高昌的第一個靶子，打下它，讓高昌人有個害怕的樣本。

田地城下，侯君集先禮後兵，先是例行公事的勸降，結果得到了意料之中的拒絕。侯君集心裡清楚，這個國家跟國王一樣，給臉不要臉，那就給他們點顏色看看吧！

第二天拂曉，侯君集的遠征軍發動攻擊，正如他所預計的僅僅半天時間田地城告破，城內男女老少七千餘人全部被俘。當夜，侯君集命中郎將辛獠兒為前鋒向高昌城進發，就在高昌城下擊敗高昌軍隊，隨即侯君集率遠征軍主力抵達高昌城下，在城下安營紮寨。

城外侯君集大軍壓城，城內繼任國王的麴智盛惶恐不安，他知道自己的日子已經不能論天過了，而是要論秒數了，但是他還想最後努力一次，壯著膽子給侯君集寫了一封求饒信：有罪於天子者，先王也。天罰所加，身已喪背。智盛襲位未幾，不知所以愆闕，冀尚書哀憐。意思說，得罪大唐天子的是我爹，他已經遭天譴掛掉了，我剛繼位沒幾天，可沒得罪天子啊，尚書大人可憐可憐我吧！

接到這封求饒信，侯君集笑了，這孩子難道不知道「父債子還」嗎？就算要求饒，也得拿出點誠意啊！

侯君集很快給麴智盛回了封信：若能悔禍，宜束手軍門。

要麼出來投降，要麼縮頭挨打。

倒楣孩子麴智盛選擇了後者。

麴智盛選擇後者是有原因的，因為他知道高昌城城高壕深，老爹在挑釁唐朝的同時沒少在戰備上下工夫，就憑幾萬孤軍深入的唐軍，你又能奈我何？難道高昌城的城高壕深都是擺設不成？

高昌城的城高壕深不是擺設，只可惜它遇到了有備而來的侯君集。

此次遠征高昌，糧草沒有保障，援軍沒有保障，唯獨攻城是有保障的。本著速戰速決的目的，李世民幫侯君集調集了大批攻城能手，高精尖攻城裝備一應俱全。

很快，躲在城中的麴智盛就看到了科技的力量，侯君集一聲令下，唐軍開始抬土填高昌城外的戰壕，因為早有準備，戰壕很快被填平了，溝沒了，一馬平川。

就在麴智盛哀歎的同時，讓他更哀歎的物件出現了，拋石車。

拋石車在高昌城外一字排開，在統一指揮下，無數石頭飛進了高昌城，可以想像一下，一座孤城在漫天飛石的攻擊之下，還有比這更恐怖的嗎？

事實證明，有。

在拋石車一旁，唐軍很快矗立起一座高樓，這座樓也不算高，十丈而已，約合三十餘公尺。在這座觀察樓上，高昌城被一覽無餘，這個觀察樓很快的就發揮了作用。

到了這個時候，麴智盛還不想投降，並不是唐軍的石頭雨不可怕，而是他的心中還有念想，這個念想就是西突厥。

原本在麴文泰向唐朝挑釁之前，高昌與西突厥就簽訂了友好同盟條約，雙方約定，一旦一方受到第三國攻擊，另一方有救援的義務。麴智盛之所以在石頭雨中死扛，就是在等待西突厥的救援，只要救援一到，裡應外合，孤軍深入的唐軍只有一條路可走，那就是崩潰。

事實上，西突厥人確實遵守了約定，在得知唐軍遠征之後，西突厥可汗阿史那薄布就派出一名親王進駐到可汗浮圖城（今新疆吉木薩爾縣）以作聲援。得到聲援的麴智盛由此壯著膽子在高昌城裡當縮頭烏龜，同時等待著西突厥盟友前來救援，令他萬萬沒有想到的是，在關鍵的時刻西突厥盟友居然掉鏈子了。

西突厥盟友的掉鏈子是從上至下的，首先掉鏈子的是可汗阿史那薄布。在聽說侯君集率領的唐軍來勢凶猛之後，阿史那薄布內心居然充滿了恐懼，本著「不挨打就是福」的宗旨，向西連退一千里，人家溜了！領導都掉鏈子了，下屬就更沒指望了，駐防可汗浮圖城的西突厥親王也受到了可汗的傳染，恐懼過度，連逃跑都省了，就地向唐軍投降。這下就把麴智盛一個人擱裡面了。

援軍沒指望了，漫天的石頭雨沒有停的時候，要麼繼續在石頭雨中當忍者神龜直到高昌城破，要麼就是乖乖出城投降。事情到了這個時候已經沒得選了，麴智盛走投無路了。沒辦法，父債子還，老子麴文泰已經掛了，剩下的債只能由兒子麴智盛買單了。

貞觀十四年八月八日，高昌國末代國王麴智盛打開城門向侯君集投降，立國一百八十一年的高昌國就此滅亡。此後侯君集派兵四處奪城，共接收城池二十二座，八千零四十六戶，一萬七千餘人，土地面積東西八百里，南北五百里，高昌國領域全部併入唐朝版圖。

對於高昌國併入唐朝版圖，老槓頭魏徵是有不同意見的，他認為在高昌國故地設立州縣得不償失，浪費軍力、勞民傷財，所謂散有用以事無用，未見其可。

其實，在我看來魏徵的確是浪得虛名，是後世的人把他抬得太高了。在高昌國設立州縣並非李世民貪圖高昌領土，而是地緣政治的需要。在高昌設立州縣，派兵駐守，這就打開了通往西域的大門，為後來唐朝征服中亞打下基礎，同時保證了絲綢之路的暢通。更重要的是可以以此為據點，牽制對唐朝虎視眈眈的西突厥。

於是，李世民頂住魏徵的上疏，將高昌國故地改稱西州，在可汗浮圖城設立庭州，在交河城（新疆吐魯番市）設立安西都護府，這就是歷史上安西都護府的由來。

這時，唐朝版圖東極於東海，西至焉耆（新疆焉耆縣），南盡林邑（越南中部），北抵瀚海沙漠，皆為州縣，東西九千五百一十里，南北一萬九百一十八里。

與此同時，得勝將軍侯君集率軍東返，押解高昌國王麴智盛以及高昌文武百官前往長安，此時的侯君集春風得意，蓋世無雙，從武德九年的玄武門之變，到西征吐谷渾，再到遠征高昌，侯君集不斷在唐朝的功勞簿上寫下自己的名字。

相比於李靖，他是玄武門之變的核心功臣；相比於尉遲敬德，他在貞觀年間不斷積累著赫赫戰功。經過吐谷渾、高昌之戰，他已經成為比肩李靖、李世勣的大唐名將，而李靖已經老了，李世勣牢牢地釘在并州防範突厥人的前線，天下之大，數大唐名將，捨我其誰？

高處不勝寒

貞觀十四年十二月五日，侯君集的戎馬生涯達到最高峰。

這一天，侯君集在觀德殿呈獻遠征軍俘虜，麴智盛和他的文武百官就是他獻給李世民的投名狀。這次盛大的獻俘是繼貞觀四年之後的又一次盛大儀式，上一次獻俘的主角是李靖，他的投名狀是頡利可汗，而這一次獻俘的主角無疑就是侯君集。

在獻俘儀式之後，李世民舉行了盛大的凱旋慶功宴，同時下令天下百姓飲酒吃肉慶祝三天，舉國同慶高昌之戰大獲成功。

慶功的酒格外甜美，慶功的肉分外飄香，在盛大的慶功氛圍中，侯君集醉了，酒不醉人人自醉，心醉！

如果世界上有一種酒叫醉生夢死，那麼侯君集一定會買上很多罈，在酒裡他可以長久的活在戎馬生涯的最高峰，在酒裡他可以長久保持得勝之後的幸福感。

可惜，酒可以醉，夢總要醒。

就在慶功宴召開數天之後，侯君集遭到了有史以來最嚴重的彈劾：攻取高昌國時，私取奇珍異寶，屬下大肆劫掠，侯君集竟無法阻止。

又是戰後劫掠，又是事後被彈劾，李靖平定東突厥之後曾經有此經歷，現在輪到了侯君集。

戰後劫掠本身就是一把雙刃劍，從國際公約看，戰後劫掠不人道；而從士兵九死一生來看，不允許戰後劫掠同樣不人道。戰爭與歷史緊密相連，割裂歷史談戰爭道德根本就是空談，在冷兵器時代，戰後劫掠就是人所共知的「潛規則」，就連唐朝後來跟回紇借兵平叛也同樣開出條件：土地人口歸唐朝，金銀財寶歸回紇，說白了以「戰後劫掠」作為出兵的回報。

現在侯君集也被「戰後劫掠」擊中，也冤，也不冤。

說他冤，是因為不如此不足以激勵士氣；說他不冤，是因為他公私兼顧，個人也沒少撈。現在難題擺在了李世民面前，你該怎麼辦？下大獄再說吧！

從長安到高昌，侯君集走了幾個月，從慶功宴到深牢大獄，侯君集走了居然不到十天。侯君集的人生最高峰不過區區十天。

此時的侯君集開始在心中猜想，等待自己的將是什麼呢？是跟李靖一樣的免責，還是跟隋朝史萬歲一樣慘死的結局呢？

侯君集在思考，李世民在思考，中書侍郎岑文本也在思考，最後是岑文本的上疏挽救了侯君集。

岑文本的上疏說道，侯君集凱旋回來不到十天就被下到大獄，固然是因為侯君集自己犯錯，但天下人會疑心皇帝只記其過，不記其功。況且命將出師，主於克敵，苟能克敵，雖貪可賞；若其敗績，雖廉可誅。西漢李廣利、陳湯，隋朝韓擒虎，皆負罪譴，然而都因為有功咸受封賞。

岑文本最後幾句話徹底挽救了侯君集，這幾句話是這樣說的：「伏願錄其微勞，忘其大過，使君集重升朝列，復備驅馳，雖非清貞之臣，猶得貪愚之將，斯則陛下雖屈法而德彌顯，君集等雖蒙宥而過更彰矣。」

看明白了吧，寫奏疏要有技巧，勸人要會勸，岑文本就是很會勸人的人，他把落腳點落在了李世民身上，「陛下雖屈法而德彌顯」，意思是說皇上您雖然一定程度上違背了法律的精神，但天下人都會記得您的仁德；「君集等雖蒙宥而過更彰矣」，侯君集雖然逃過法律制裁得到寬恕，可他的過失更彰顯，全天下都知道。

話說到了這個份上，算是說到了李世民的心坎裡，如此一抓一放，既懲戒了侯君集又放過了侯君集，同時又向天下顯示天子仁德，一抓一放，皆是文章。為天子者沒有點手腕是不行的，當領導的沒有點技巧也是不成的。

李世民的「一抓一放」彈指間，已經給侯君集的心裡留下了永遠的陰影，爬了半輩子山以為到了頂峰，沒想到一夜之間就墜落到山谷，打了一輩子仗以為可以揚眉吐氣，卻沒想到一夜之間就深陷大獄。所謂頂峰，所謂榮光，難道原本就是一場空？

貞觀十四年十二月，侯君集的人生迎來了一道坎，邁過這道坎，或許他可以比肩李靖成為近乎完美的歷史名將，邁不過去就只是讓歷史一聲歎息的悲劇人物。

儘管歷史容不得假設，但我還禁不住要假設：

如果貞觀十四年的侯君集能夠效仿李靖、效仿尉遲敬德、效仿西漢的張良以退為進，鬧市隱居，那麼侯君集的人生軌跡是否會改寫呢？

可惜，歷史容不得假設，性格決定命運，侯君集的性格注定了他的悲劇命運，不可改變。

君子立功，守以謙沖；小人得位，足為身害。侯君集並非小人，可惜他離君子還差半步！

危險關係

第十二章

禪讓偽裝

世界上有一種關係血濃於水，有一種關係你死我活，這種複雜的關係就是皇帝的父子關係。

李淵和李世民的父子關係也沒能免俗，他們的關係隨著李淵登上皇位之後落入了既定的俗套，這種關係曾經存在於隋文帝楊堅與隋煬帝楊廣之間，也存在於隋煬帝楊廣與次子楊暕之間，當時一旁冷眼旁觀的李淵以為自己可以躲開這個俗套，沒想到還是沒躲開，事實上也根本躲不開。

說起來，李淵和李世民父子還是通過禪讓進行權力交接的，只不過禪讓儀式沒有隆重舉行而已。在中國歷史上，如果把權力「讓」給外姓叫外禪，也就是我們通常所說的禪讓，而像李淵這樣把權力「讓」給同姓血親就叫內禪，而讓出權力的人就叫太上皇。

唐朝是個非常有意思的朝代，太上皇非常多，李淵做過太上皇，李旦做過太上皇，李隆基做過太上皇，李誦也做過太上皇，一個朝代居然出了四個太上皇，這個王朝有點意思。

關於禪讓，在我看來所謂禪讓其實就是權臣奪權的美麗偽裝，冠上「禪讓」之名，一切就不那麼赤裸裸。事實上無論怎樣偽裝都推不倒一個事實：在權力一元化的時代，沒有人願意將自己的權杖拱手讓人。

堯禪讓給舜，舜禪讓給禹，一切看上去很美，卻早被韓非子一語點破：「舜逼堯，禹逼舜，湯放桀，武王伐紂，四者皆以臣弒君。」

同韓非子一樣，荀子，孟子皆對「禪讓」嗤之以鼻。

有人問荀子：「堯舜禪讓的事，是真的嗎？」

荀子回答道：「怎麼會有這樣的事情發生呢？所謂的禪讓是膚淺人們的傳聞，粗俗人們的解說，天子職位最高，權勢最大，有誰肯讓位呢？」

有人問孟子：「堯把帝位給了舜，這件事是真的嗎？」

孟子說：「根本沒有這回事，天子不可能把帝位讓給他人。」

一針見血！

這就是中國歷史上津津樂道的禪讓，李淵是禪讓的受益者，同時也是禪讓的受害者。

武德元年，他逼迫隋恭帝楊侑將皇位禪讓給自己，從輩分上論，他是楊侑的姨姥爺，他跟楊侑的親爺爺楊廣是貨真價實的表兄弟。

武德九年，命運的天平轉向，這一次被逼迫禪讓皇位的成了李淵自己，從輩分上論，他是李世民如假包換的親爸爸。

麻將桌上無長幼，皇權面前無父子，在一番掙扎之後，李淵就從皇帝變成了太上皇。

武德九年八月之後，太上皇李淵的政治生命已經結束，他身上只剩下一個符號：父親，扮演好這個角色，你還是太上皇，扮演不好，對不起，謝幕吧！

幸好李淵和李世民父子都是聰明絕頂的人，在太上皇與皇帝的複雜關係上，父子二人聯手為世人奉獻出一幕幕家庭和睦，其樂融融的景象。

貞觀四年，唐朝軍隊生擒東突厥頡利可汗，李淵高興地說道：「昔日劉邦被困白登山，事後卻不能復仇，今天我兒能消滅突厥，看來我把政權託付對人了，還有什麼可擔憂的呢？」

這既是李淵的自我安慰，同時也是向李世民示好。

貞觀八年三月，李淵以太上皇身分宴請西突厥使者於兩儀殿，酒酣耳熱之際，李淵對長孫無忌說道：「當今蠻夷率服，古未嘗有。」

靈光的長孫無忌趕緊順勢表態：「都是太上皇領導的好，您老萬壽無疆！」。

李淵大悅，以酒賜李世民，隨即李世民端著酒杯向李淵敬酒祝壽，流涕而言曰：「百姓獲安，四夷咸附，皆奉遵聖旨，豈臣之力！」

甜言，一副不花錢的良藥。

同一年，閱武於城西，李淵親自臨視，慰勞凱旋的將士。當夜置酒於未央宮，三品以上官員一起陪同。酒宴上，李淵命突厥頡利可汗起舞，又命南越酋長馮智戴詠詩，既而笑曰：「胡、越一家，自古未之有也。」

李世民再次端起酒杯為父親敬酒祝壽：「臣早蒙慈訓，教以文道；爰從義旗，平定京邑。重以薛舉、武周、世充、建德，皆上稟睿算，幸而克定。三數年間，混一區宇。天慈崇寵，遂蒙重任。今上天垂祐，時和歲阜，被髮左衽，並為臣妾。此豈臣智力，皆由上稟聖算。」

這祝酒詞說的，能不讓太上皇李淵聽著舒服？論口才，李世民稱第二，沒有人可以稱第一！

家國不一

家庭和睦，其樂融融，這一切僅僅是在家的層面，只可惜皇帝將家國捆綁到了一起，在家的方面李世民給足了李淵面子，在國的方面，李世民卻根本不給面子。

一般小到一個單位，大到一個國家，新老兩任領導交接時，後任總會給前任以高度評價，例行公事，給個面子而已，然而到了李世民這裡，連這個面子也不給。

事實證明，李世民不僅沒有對李淵的武德年間做出高度評價，甚至給的評價很低。

貞觀三年，李淵的死黨裴寂因未能及時舉報妖言惑眾的法雅和尚而遭到免職，並被責令回故鄉山西蒲州居住，不得居留長安。裴寂請求留在長安，卻遭到李世民劈頭蓋臉的指斥：依你功勞，怎能升到如此高位，只不過受到太上皇寵愛，僥倖排名第一；武德年間賄賂公行，法紀紊亂，毛病都出在你身上。念你是故舊，不做處理，能活著回鄉已算萬幸。

「武德年間賄賂公行，法紀紊亂」，這就是李世民對武德年間做出的評價。

翻開唐代的相關記載，你會發現關於武德年間的政績記載相對非常稀少，即使有也要從極不顯眼邊邊角角的地方查找。而關於李淵的記載也相對偏少，以至於李淵的形象是相對模糊的，只記住了他有一個形象豐滿的兒子叫李世民，而另外兩個叫建成和元吉的兒子頑劣不堪，壓根不成器。

這一切，根源就來自李世民。

貶低別人，抬高自己，以此證明自己是優秀的，自己繼位是合理的，這就是李世民的邏輯。

父子真相

在歷史冠冕堂皇的記載中，太上皇李淵在李世民的照顧下生活得很好很幸福，自己也很欣慰，真是這樣嗎？

貞觀三年，太上皇李淵的死黨裴寂被驅逐出長安，起因僅僅是舉報不及時，這不是打狗看主人，這是打狗給主人看。

也是在這一年，四月四日，太上皇李淵從一直居住的太極殿遷出，搬到了弘義宮，弘義宮就此改名大安宮，估計是取「安享晚年」之意。關於太上皇李淵移宮，歷史上只有寥寥數語，多數人不會在意，不就是搬個家嗎？然而卻不只是搬家那麼簡單。

歷史的細節往往反映真相，貞觀六年，馬周的一封奏疏反映了李世民與李淵父子之間的部分真相。馬周的奏疏中寫道：「太上皇李淵居住的大安宮在皇城以西，格局規模比李世民的太極殿小得多，地理位置還沒有李承乾的太子宮好，而且整體感觀上也有缺憾，需要大規模整修了，這樣才能滿足人民的盼望，彰顯皇帝的孝心。」

由此可見，太上皇和皇帝確實不一樣，皇帝住大殿，太上皇住小殿，百善孝為先，這回李世民沒做到。

其實在馬周這封奏疏中還反映出一個細節，李世民從貞觀五年開始每年夏天都要去九成宮避暑，而太上皇李淵卻只能留在長安「享受」酷熱的夏天。在馬周上疏之前，李世民沒有邀請李淵同往的意思，詔書只表明，朕要去避暑了，有事到避暑山莊找我。

貞觀八年，李世民開始邀請李淵一同前往九成宮避暑，然而李淵卻始終沒有答應。

因為他忌諱。

忌諱什麼？原來九成宮是在隋文帝楊堅的仁壽宮基礎上翻修的，楊堅就駕崩於仁壽宮，作為親外甥的李淵心中自然有所忌諱。

到這個時候，李世民才想到為李淵在皇城東北建造一座避暑離宮，宮名就叫大明宮。然而一切都晚了，大明宮還沒有落成，李淵已經染病臥床，注定無福消受大明宮了。

從宮殿到避暑，都是細節，都是小事，小事和細節卻反映出父子關係的尷尬，儘管歡聚一堂時做足了面子，但內心之中必定充滿了厚厚的隔閡。

皇帝只有一個，有你沒我，無論父子、無論兄弟。

駕崩

人生就是一齣戲，李淵的人生大戲該謝幕了。

貞觀九年五月六日，太上皇李淵在長安垂拱殿去世，享年七十歲，死於中風，群臣上諡曰大武皇帝，廟號高祖。

到這時無論是曾經的輝煌、曾經的屈辱，一切都結束了，那個幼年喪父、中年喪妻、晚年喪子的不幸人終於走完了自己的人生路。

《舊唐書高祖本紀》對李淵做出如下評價：高祖審獨夫之運去，知新主之勃興，密運雄圖，未伸龍躍。而屈己求可汗之援，卑辭答李密之書，決神機而速若疾雷，驅豪傑而從如偃草。

有此為證，晉陽起兵的謎團便已徹底清晰，說到底晉陽起兵李淵是主角，李世民是配角，李唐王朝由李淵開始，由李世民非典型繼承。

老爹蓋棺定論，李世民長長地出了一口氣，九年來與太上皇並肩作戰的日子太讓人煎熬了，儘管太上皇已經深居簡出，但無形中總有掣肘的感覺。現在一切都結束了。

孝服之下的李世民一方面很悲傷，一方面又如釋重負，謝天謝地，太上皇與皇帝的危險關係終於解除了，終於可以做一個純粹的皇帝了。

然而李世民不會想到，皇家的危險關係其實並沒有解除，與太上皇的危險關係是解除了，但沒有消失，而是悄悄地轉移了。

貞觀九年五月十一日，重孝在身的李世民命太子李承乾在東宮裁決國家大事，這一年李承乾十七歲。

萌芽

貞觀九年，太子李承乾十七歲，他出生於承乾殿，因此得名李承乾。

在武德九年六月四日之前，他只是秦王世子，沒有人想到他有朝一日會像他的名字一樣承擔起乾坤大業，六月四日之後，一切不同了，秦王世子變成了太子，李承乾也就有了「承乾」的機會。

貞觀九年六月二十五日，皇帝李世民恢復主持國政，已經當了一個月家的李承乾將裁決大權歸還父親李世民，同時在父親的授意下繼續處理相對較小的事情，從處理的結果來看李承乾相當有決斷能力，潛質不錯。

自此，每逢李世民出京，太子李承乾都負責留守，全面主持中央政府工作，皇帝接班人的態勢已經不言自明。

然而態勢僅僅是態勢，並不是最後的定勢，只要沒有吹響終場哨每個皇子都有機會，尤其是皇后嫡出的皇子，誰贏誰輸沒有定論。

李承乾很幸運，他是嫡長子，長孫皇后的第一個兒子；李承乾也很不幸，他還有一母同胞的弟弟，而且一下兩個，分別是魏王李泰和晉王李治。

晉王李治這一年只有七歲，從年齡上對李承乾構不成威脅，能夠對他構成威脅的只有魏王李泰，這一年李泰十六歲，一樣是嫡出，而且比李承乾多一個愛好：文學。

要害就在於愛好文學。

如果諸位沒有忘記，武德年間的李世民就是愛好文學的典範，在他身旁有時稱「十八學士」的智囊團，後來這「十八學士」幾乎都成為貞觀一朝的棟樑之臣，因此愛好文學是一個標籤，是父子性情相近的一個標籤。

貞觀十年，李世民晉封諸兄弟和兒子為王，每位兄弟和兒子都被封到全國相應的地區當王，除太子李承乾外，年紀稍長的皇子全部封王，李泰沒有例外，封魏王，出任相州都督（河南安陽）。

三月二十三日，各親王前往各自任職的軍區任職，在歡送會上，李世民與兄弟們一一道別，說出一副肝膽相照的話語：「帝國大業需要你們出外鎮守，兄弟之情誰也不願意長相廝守，兒子死了可以再生，兄弟死了，不會再有。」

各位親王上路之後，長安城安靜了許多，太子李承乾滿心以為年長的皇子已經全部離京，沒想到還是有漏網之魚。

誰？魏王李泰。

魏王李泰並不是擅自作主，而是李世民特批，不用去相州了，就留在京城吧！那相州都督空缺怎麼辦？好辦！著金紫光祿大夫張亮以長史（秘書長）身分代理相州都督。

皇帝要寵信一個人總是有辦法。

就這樣，李泰留在了長安城，繼續與太子李承乾並肩作戰，從表面看他們是親密無間的兄弟，骨子裡他們已然是你死我活的對手，儘管一切只是萌芽，然而同樣尊貴的血緣決定他倆之間的戰鬥會綿綿不絕，一如武德年間的太子建成和李世民。

令李承乾沒有想到的是，父皇李世民對李泰的寵信與日俱增，也是在這一年，李世民鑒於李泰愛好文學，對待知識份子彬彬有禮，特下令魏王府成立「文學館」，李泰可以自由招攬天下學士。有其父必有其子，李泰正是李世民的標準複製版。

馬拉松

太子，國器。

歷朝歷代都把太子放在重中之重的位置，李世民同樣如此。

為了教育好李承乾，李世民同樣花費了很大的精力，他同樣希望這個嫡長子能夠像他的名字一樣，擔負起社稷的重擔。

貞觀四年七月十日，李世民任命原太子少保李綱出任太子少師，原兼任御史大夫的蕭瑀出任太子少傅，這是給太子選擇老師，李世民自然不會馬虎。

其實這個任命有著李世民的深意，讓李綱出任太子少師是為了教授李承乾道德文章，而任命蕭瑀則是看重他的端莊，順便讓這個端莊卻又牢騷滿腹的蕭瑀有個發揮餘熱的地方。李綱和蕭瑀都很優秀、都在青史留名，可惜他們都不適合李承乾。

李世民只看到了李綱和蕭瑀的優秀，卻沒有看到一個非常實際的問題——代溝。

這一年，李綱八十四歲，李承乾十二歲，他們之間足足差了七十二歲，不僅隔著幾條代溝，更隔著兩個朝代，李綱在北周當過官，在隋朝領過俸祿，在武德年間當過大臣，在貞觀年間又出任太子少師，這些經歷是一筆珍貴的財富，只是這樣的財富並不能傳承給李承乾。

李承乾曾經向李綱請教古來君臣名教竭忠盡節之事，李綱凜然曰：「託六尺之孤，寄百里之命，古人以為難，綱以為易。」每吐論發言，皆辭色慷慨，有不可奪之志。

對於李綱而言，他的表現不可謂不好，而對於李承乾而言，聽這樣的課他其實似懂非懂。一個十二歲的少年聽八十四歲老爺爺慷慨陳詞，有些道理他似乎懂，有些道理他又似乎不懂，但又不能說不懂，不然八十四歲的老爺爺會不高興，所以表現出來的一定是「我懂了」。

真的懂了嗎？其實未必。

懂了也好，不懂也罷，李承乾還是跟師傅們一起做了官面文章，每次李綱前往東宮，李承乾都會親自叩拜，而每次李承乾升堂處理政務，李綱和房玄齡都會在一旁陪坐，他們是奉李世民旨意陪太子升堂，李世民也希望李承乾能從兩位大臣身上學到治理天下的學識，只可惜是一廂情願。

從武德九年開始，太子李承乾就按照父親的要求非常努力地學著做一個太子，到貞觀九年時，他學得很努力、很刻苦，得到的評價也不錯，《舊唐書太宗諸子》如是記載：「太宗即位，為皇太子。時年八歲，性聰敏，太宗甚愛之。太宗居諒暗，庶政皆令聽斷，頗識大體。自此太宗每行幸，常令居守監國。」

「太宗居諒暗」指的就是高祖李淵去世後那幾個月，那幾個月的軍政大事一律由十七歲的李承乾裁決，結果證明李承乾「頗識大體，很有決策能力」，無疑李承乾的初次亮相堪稱完美。

然而當太子不是參加奧運會，參加奧運會可以一戰成名，當太子則不然，不可能一戰成名，也不可能一戰定終生，只能在漫長的等待中力爭出彩，力爭不犯錯，堅持到最後的才是真正的皇帝。與奧運會相比，奧運會是百米短跑，當太子則是全程馬拉松。

事實證明，李承乾只適合跑百米，不適合跑馬拉松。

鋒芒

貞觀十年，李承乾的好日子結束了，這一年他十八歲，魏王李泰十七歲，從這一年開始，太子李承乾和魏王李泰的角力開始了，這次角力延續了李家兄弟內鬥的光榮傳統，這一鬥又是八年。十八歲的李承乾從這一年起開始走下坡路，而魏王李泰從這一年起開始向上發力。

李承乾為什麼會走下坡路呢？

在我看來有兩個原因：一，小時了了，大未必佳；二，李承乾過早地接受了成人化教育。

小時了了，這是一個顛撲不破的真理，最典型的例子就是一個個風生水起八面威風的小童星，而進入成年之後，真正成才的又有幾個？所以東北有句俗語，先胖不是胖，後胖壓塌炕！

李承乾其實就屬於「小時了了」的行列，這個政治小童星在作為儲君的前十年裡很出色，而要命就要命在這個「出色」上。少年李承乾之所以出色，主要是衡量標準在作怪，衡量少年李承乾的標準其實是孩子的標準，而恰恰李承乾在師傅們的教育下早早成為了一個「小大人」，跟同齡的孩子比出色是必然的。

一直「出色」的李承乾就帶著錯覺度過了前十年的儲君生涯，他一直自認為很出色，旁邊的人也說他很出色，其實他一點都不出色，只是接受成人化的教育早了一點而已。

李承乾的師傅有李綱、蕭瑀、房玄齡，這些人都有一個特點，年齡大，年齡有多大呢？貞觀四年李綱年齡八十四、蕭瑀五十七歲、房玄齡五十二歲，三人中李綱的年齡足以當李承乾的太爺爺，蕭瑀和房玄齡可以當李承乾的爺爺，而李承乾便是跟著這些爺爺和太爺爺學習治國平天下的道理。

可以想像，當李世民將李承乾委託給李綱、蕭瑀等人，他們該是多麼忐忑，而他們又是多麼殫精竭慮將生平所學傳授給李承乾，這個安排本身沒有錯，但是時機錯了。

李世民讓李承乾學習的時機不對，倒楣的李承乾過早地接受成人化教育。

過早的成人化教育其實有利有弊，對於有資質的孩子是一件天大的好事，而對於資質平平的孩子卻未必是好事，因為資質不足以承擔過早的成人化教育反而會出現排斥反應。那些過早接受專業化教育的童星就是最好的證明，而很不幸，童星李承乾也歸於此列。

與李承乾的下坡路不同，魏王李泰迎來了自己的上坡路。

其實說起來，魏王李泰的嫡子身分還有過一段波折，在他的人生之中曾經有一段時間他不能叫李世民父親，而只能稱之為「二大爺」。

為什麼親生兒子要叫親生父親「二大爺」呢，始作俑者可能是李淵。

李泰出生於武德二年，比李承乾晚出生一年，武德三年，還在襁褓之中的李泰被封為宜都王，一年後進封為衛王。然而這個衛王不是白封的，他這個衛王是繼承已故三叔衛懷王李元霸的衣缽，也就是說李泰被過繼給了李元霸，從此他宗法上的父親是李元霸，而李世民只是他的生父，現在得叫二大爺。

李世民的二大爺生涯持續了至少五年，至少持續到武德九年六月四日。

貞觀二年，李泰改封越王，授揚州大都督，同時李世民以宗室西平王李瓊之子李保定嗣李元霸，這樣李代桃僵才把李泰替換了回來。

從這一年起，李泰從李元霸的名下回到了李世民的名下，這下二大爺又變成了親爹，貨真價實的親爹。

親爹變二大爺，二大爺再變親爹，從李泰名分的波折來看，他名分的波折可能恰恰是他的資本，李世民對李泰的厚愛不排除有補償長達五年父愛缺失的因素。

貞觀十年三月二十三日，當其他親王紛紛上路趕赴自己的責任防區時，魏王李泰依然安坐在自己的魏王府內。從這一刻起，李泰感受到了自己的與眾不同，別的年長皇子紛紛離去，而唯獨自己照常留守長安，而且還獲准開設文學館，隨意招聘人才，父皇李世民這步棋又有什麼深意呢？這步棋的潛臺詞又是什麼呢？

其實所謂深意，所謂潛臺詞，說出來都很簡單，就是不要把雞蛋放在同一個籃子裡。

謹慎一生，算計一生的李世民為了皇權的接力棒繼續平穩傳遞，他並不想把所有的寶都押在李承乾身上，因為把寶押在一個人身上很冒險也很不公平，畢竟嫡子不只一個，更何況李承乾與李泰年齡僅差一歲，能力也在伯仲之間，而在潛意識中李世民更欣賞李泰，因為在喜愛文學這一點上李泰更像自己。

對於李承乾，李世民一直維護著他太子的地位，而對於李泰，李世民卻又有著發自內心的喜愛，這種喜愛其實源自惺惺相惜、源自知音難覓。此時李世民的心中出現了一架天平，天平的一端是李承乾，天平的另一端便是李泰，作為父親的李世民究竟喜歡哪一個，看重哪一個，他很矛盾，也很困惑。

在矛盾和困惑之中，李世民繼續著對李泰的偏愛，在允許李泰開館招攬學士之後不久，李世民賞賜了李泰一輛車。

這輛車是做什麼用的呢？接送李泰上下朝用的。

原來李泰生得腰腹洪大，用現在的話說就是膀大腰圓，體態較胖。李泰和其他大臣一樣，上朝的時候都需要小步快走，這叫「趨拜」，這是臣子見皇帝的禮節，沒有人可以例外，因此每次上朝之後都有點氣喘。

氣喘的李泰僅僅在心中抱怨過自己的體重，卻從來不敢奢望在上朝時享受例外。李泰知道能夠享受例外的要麼是受傷，要麼是年老難以行走，至於自己，想都別想。

儘管李泰沒有準備，他還是被李世民的恩寵擊中，李世民居然賞賜他一輛人拉的小車，專供上下朝使用。

恩寵到如此地步，李泰再沒有格外想法的話，要麼是天生弱智，要麼就是沒有大腦。

小報告

貞觀十年年底，一件意想不到的事情發生了，李世民居然在朝堂之上對房玄齡等大臣大發雷霆。李世民儘管有脾氣，可沒有根源無緣無故發脾氣的場景還不多見，這究竟是為什麼呢？事情還得從一個小報告說起。

開始李世民寵愛李泰並不明顯，而隨著開設文學館，賞賜小輿之後，這種寵愛已經眾人皆知，於是李泰就成了迅速竄紅的績優股，人人恨不得想抱住他的大腿。

抱大腿的方式有很多種，有直接搖旗吶喊的，也有曲線救國的，有一種曲線救國的方式就叫打小報告，打有利於魏王李泰的小報告。

貞觀十年十二月，有人向李世民打了一個小報告：三品以上的高官看不起魏王李泰。

這個小報告算是打到李世民心裡去了，連朕都青眼有加的皇子居然有人看不上？還有王法嗎？

隨即李世民召集三品以上官員開會，就發生了臉色鐵青，大發雷霆的那一幕。

李世民鐵青著臉訓斥道：「隋文帝時，一品以下皆為諸王所頓躓，彼豈非天子兒邪！朕但不聽諸子縱橫耳，聞三品以上皆輕之，我若縱之，豈不能折辱公輩乎！」

意思是說，隋文帝時一品以上的官員都挨過親王（隋文帝皇子）們的毆打，我的兒子也是皇子，也是有權毆打的，只是我約束他們不讓他們打而已，我聽說你們還輕視他（特指李泰），我如果放縱他的話，他羞辱你們可是很容易的。

此時朝堂之上鴉雀無聲。

要說關鍵的時候，還得看老槓頭魏徵，眼看眾人無聲無息，魏徵一挺身站了出來，說出的話句句在理，讓李世民無法抵擋。

魏徵第一句話：「臣竊計當今群臣，心無敢輕魏王者。」這是一推二六五，就算有人輕視李泰，這時打死也不承認。

第二句話：「在禮，臣、子一也。《春秋》：王人雖微，序於諸侯之上。」這是抬出《春秋》的記載說事，告訴李世民大臣和皇子是平級的。

第三句話：「三品以上皆公卿，陛下所尊禮，若紀綱大壞，固所不論；聖明在上，魏王必無頓辱群臣之理。」這是將李世民的軍，如果你承認現在紀綱大壞，那麼你隨便打。

第四句話：「隋文帝驕其諸子，使多行無禮，卒皆夷滅，又足法乎？」再將一軍，看皇上你舉的什麼例子，隋文帝一家最終家破國亡，他值得我們效仿嗎？

四句話下來，魏徵把李世民的訓斥化解為無形。

小報告事件總算平靜的過去了，然而李世民對李泰的寵愛卻如同氾濫的江水，綿綿沒有絕期。

拜師

李泰在李世民的慈愛中茁壯成長，到貞觀十一年，李泰迎來了人生中非常重要的一位老師，這位老師的名字叫王珪。

王珪其實是老熟人了，他曾經是太子建成的左膀右臂，玄武門之後與魏徵一起被李世民重新啟用，在貞觀一朝風生水起。

其實王珪的祖上也很有來頭，他的祖父是王僧辯是南梁名將，一度呼風喚雨，只可惜不夠謹慎，被競爭對手陳霸先襲擊兵敗身死。王珪的曾祖叫王神念，在南朝也很有聲名，有一種說法說王神念的先祖是書聖王羲之。這樣算起來王珪得算是王羲之的後裔了，不過只是說說而已，未必當真。

說起來王珪的一生也是非常坎坷，受盡磨難。父親死得早，幼兒時期的王珪就成了孤兒。可能是早年喪父的原因，王珪性雅澹，少嗜欲，志量沉深，能安於貧賤，體道履正，交不苟合，由此深得叔父王頍的讚賞，王頍對他的評價是「門戶所寄，唯在此兒耳。」

然而天有不測風雲，就是這個王頍叔叔險些給王珪帶來一場大禍。王頍後來在隋朝漢王楊諒的帳下效力，楊廣即位後跟著楊諒一起反叛楊廣，結果兵敗被誅。叔叔王頍被誅，侄子王珪也脫不了關係，按律應當連坐論處。幸好王珪反應快，逃跑的速度也快，沒等楊廣派兵來抓就一溜煙地跑進終南山藏了起來，這一藏就是十幾年。

李淵起兵攻入長安後，丞相府司錄（**相當於組織部長**）李綱向李淵引薦了王珪，這才結束了王珪長達十四年的流亡生涯。後來王珪進入了太子建成帳下，一直效力到武德七年，結果這一年發生的楊文幹謀反事件讓王珪替太子建成頂了罪。楊文幹謀反可能是受太子建成指使，也有可能是被秦王李世民誣告，總之真相難辨。李淵不捨得處理太子建成，只能拿太子建成的手下出氣，一揮手就把王珪發配到了巂州（今四川西昌）。

李世民即位後，王珪的機會來了，本著物盡其用的原則，李世民一揮手，王珪又從巂州回到了長安，跟著新老闆繼續打工。

在李世民的手下，王珪歷任諫議大夫、黃門侍郎、侍中、禮部尚書等要職，李世民之所以看重他一是因為他善於進諫，二是因為他知禮，李世民指定王珪擔任李泰的老師，看重的恰恰就是王珪的知禮。

在王珪之前，唐朝公主的眼中是沒有公婆的，公主在婆家是不用盡兒媳之禮的，一句話你娶的是公主，是大爺，恰恰不是兒媳。這個惡習延續了二十年，到王珪這兒終於給扳過來了。

貞觀十一年，李世民的女兒南平公主下嫁王珪的兒子王敬直，按照以前慣例，南平公主不需要對王珪夫婦行兒媳見公婆之禮，然而這一次王珪對慣例說了不。

王珪說道：「今主上欽明，動循法制。吾受公主謁見，豈為身榮，所以成國家之美耳。」意思是說，當今皇上英明神武，一舉一動都合乎法度，我接受公主的拜謁，不是為了顯擺我自己，其實是為了成就國家的美談。

王珪話說到這個份上，南平公主無言以對，李世民也不便多說，南平公主只得按照兒媳拜見公婆的禮儀對王珪夫婦行了大禮，大禮包括給公婆敬奉裝滿水果的果籃和供公婆洗手用的水盆，形式不重要，內容很關鍵：進了王家門，就是王家人，得有規矩。

從此之後，唐朝公主過門之後向公婆行兒媳之禮成為慣例，這個慣例由王珪而起。

其實定兒媳之禮只是王珪小試牛刀，王珪真正為李世民所欣賞是因為一本書，書的名字叫《五禮》。

五禮即吉禮、凶禮、軍禮、賓禮、嘉禮。

吉禮：五禮之冠，主要是對天神、地祇、人鬼的祭祀典禮。

凶禮：哀憫弔唁憂患之禮。

軍禮：師旅操演、征伐之禮。

賓禮：接待賓客之禮。

嘉禮：和合人際關係、溝通、聯絡感情的禮儀。

從五禮的內容不難看出，只有有了五禮，國家才算得上真正的國家，而王珪正是為唐朝正定《五禮》的核心人物。為了《五禮》，王珪從貞觀八年到貞觀十一年，歷時近四年終於將《五禮》正定完畢，書成之日李世民賜帛三百段，封其一子為縣男。

如此一來，李世民的用意已經若隱若現，讓正定《五禮》的王珪出任魏王李泰的老師。為了加強這次任命的嚴肅性，李世民特意指示李泰：「汝之待珪，如事我也，可以無過。」這話是不是看著有些眼熟，沒錯，當年劉備臨終時對阿斗就曾經這樣說過，說這話只能說明李世民對這次指派老師很上心，很重視。

自此李泰每次見到王珪必定先跪下叩頭，而王珪和接受南平公主的禮儀一樣，泰然處之。

當然老師不是白當的，既然已經當了李泰的老師，就得給李泰上課，王珪給李泰上的最重要一堂課核心只有兩個字，「忠孝」。

李泰問王珪何為忠孝，王珪答曰：「陛下，王之君也，事君思盡忠；陛下，王之父也，事父思盡孝。忠孝之道，可以立身，可以成名，當年可以享天祐，餘芳可以垂後葉。」

李泰說道：「忠孝之道，已聞教矣，願聞所習。」王珪答曰：「漢東平王蒼云：『為善最樂。』」

王珪的話語多數都是老生常談，然而古往今來真正讀懂的又有幾個，最樸實的話往往最有深意，最直白的話往往更有價值。只可惜這些被視為「老生常談」的話多數情況下都被棄之如敝屣。

王珪的「老生常談」他本人讀懂了，李世民也讀懂了，李世民在得知王珪的教學內容後曾經說過一句話：「我兒可無過也！」意思是說只要聽懂了王老師的課，李泰一生都不會有太大的過失。

只可惜李世民的說法只是一廂情願，李泰儘管上了王老師的課，遺憾的是卻沒有真正讀懂。

儘管李泰沒有真正弄懂王珪的課，而王珪卻不動聲色，於公於私都在不遺餘力地幫助李泰，很快王珪用一個特殊的方式曲線救國，這個方式叫：爭禮。

禮不僅僅是我們通常所說的禮貌，而是生活中無處不在的禮節、禮儀，林林總總、五花八門，王珪為李泰爭的這段禮叫做「降乘」。

「降乘」通俗的講就是下車行禮，李世民原本規定三品以上官員路遇親王需要下車叩拜行禮，然而這個規定到貞觀十二年遇到了抵抗，禮部尚書王珪上奏：三品以上遇親王於路皆降乘，非禮！

不符合禮儀，即為非禮。

非禮？難道朕的規定是非禮？

李世民有些惱火，衝著王珪吼出了一句：「你們以為自己很高貴，就輕視我的兒子們？」（**卿輩苟自崇貴，輕我諸子。**）

此時魏徵又一次站了出來，說道：「親王們的位次在三公之下，而九卿和八座也都是三品官員，級別要麼與親王持平，要麼比親王還高，這樣在路上遇到還要下車叩拜，確實不符合禮儀。」（**諸王位次三公，今三品皆九卿、八座，為王降乘，誠非所宜當。**）

此時的李世民腦子有些亂，一方面他知道維護禮儀的重要性，一方面他又想提高親王們的地位，尤其是李泰的地位，結果腦子一亂話就脫口而出：「人生壽夭難期，萬一太子不幸，安知諸王他日不為公輩之主！何得輕之！」

言為心聲，若是李世民沒有廢立之心，焉能將這樣的話說出口，居然說出倘若太子夭折的話語，一定是心有所想。

然而即便李世民心有所想，魏徵卻不為所動，直愣愣地回應了李世民一句：「從周朝以來，都是子承父業，沒有兄終弟及的，就是為了不給庶子們留念想，斷了爭位的根源，當國君的更要警惕。」（**自周以來，皆子孫相繼，不立兄弟，所以絕庶孽之窺窬，塞禍亂之源本，此為國者所深戒也。**）

「降乘」之禮爭到最後，李世民同意了王珪的上奏，從此三品以上官員路遇親王不必降乘，李泰概莫能外。

從爭禮的結果來看，作為老師的王珪似乎讓李泰吃了虧，其實恰恰相反，王珪非但沒有讓李泰吃虧，反而在這場爭禮之後得到了莫大的好處，那就是避免鋒頭過盛。

在當時的長安城中，年長皇子留守京城的只有李承乾和李泰，李承乾作為太子接受路遇降乘的禮儀是合法的，因為他是儲君。而李泰作為親王接受降乘的禮儀則是不合適的，一來與太子享受了同樣待遇會讓人非議，再者也在無意之中增加了三品官員對李泰的反感，畢竟路遇降乘，不僅折騰人，而且折騰心，人家服從的只是皇帝的規定，而並非你李泰本人。取消降乘讓路遇的高官不再對著李泰折騰，其實無形之中拉近了李泰與高官的距離。

無招即是有招，不爭也是爭，王珪以正禮儀之名卻起到幫李泰收心之實，儘管李世民的辯解被魏徵否決，但在李世民和王珪的維護下，李泰的聲名與日俱增，不可阻擋。

遺憾的是王珪老師對李泰的庇護只維持了不到兩年，貞觀十三年王珪老師去世，享年六十九歲，倘若王珪老師能夠硬挺到貞觀十七年，或許李泰順利登頂也未可知。

《括地志》

時隔一千多年後，很多人已經不知道唐朝曾經有一個皇子名字叫做李泰，但是對歷史以及地理有點研究的人都會知道，唐朝曾經編撰過地理方面大型專著，專著的名字叫《括地志》，歷史的灰燼可能會湮沒李泰，湮沒李泰曾經的種種事蹟，但歷史不會也不該湮沒《括地志》，而李泰正是《括地志》的主編，為了《括地志》，李泰整整花了四年時間。

李泰為什麼會想起主編《括地志》呢？這個想法不是從天上掉下來的，而是來自魏王府司馬（**秘書長**）蘇勖的建議。

蘇勖這名字看著比較陌生，實際很有來頭也很有水準。李世民開文學館，由閻立本畫像、褚遂良之父褚亮配文，遂成為歷史上津津樂道的《十八學士寫真圖》，而蘇勖正是十八學士中的一員。

蘇勖在成為魏王府司馬之後，輔助魏王李泰就成了他人生的一大目標，如何才能最大程度的幫助李泰？如何才能最大程度的讓李泰贏得更多的青睞？蘇勖想了很久，想了很多方法，最終想出了一個方法——編書。

編書古往今來都是一條不錯的捷徑，戰國時呂不韋延攬賓客編了一套書，最後呂不韋定下了書名《呂氏春秋》。《呂氏春秋》出版後，呂不韋玩了一個噱頭，懸賞千金，凡能改動書中一字者即得千金，這就是成語「一字千金」的由來。後來呂不韋倒了，而《呂氏春秋》直到現在依然存在。

除了呂不韋，古代名王延攬賓客編書的還大有人在，除了贏得身後盛名，更重要的是在當時也贏得了重要的政治資源，這不正是魏王李泰所需要的嗎？

魏王李泰是個聰明人，一點就通。當聽到蘇勖的編書建議之後，李泰差點跳了起來，這不正是自己日思夜想的捷徑嗎？還有比這更好的捷徑嗎？

兩個聰明人一對視，一合計，很快定下了編書的大方向。

這個大方向是什麼呢？地理。

定下地理這個大方向是有深意的，簡單的說就是投李世民所好。李世民之所以被後世稱頌，一是因為他的文治，二是因為他的武功，而武功就體現在大唐版圖的擴張。從這個角度說，沒有人比李世民對大唐的版圖更感興趣，沒有人比他對大唐的地理更感興趣，而李泰要編的就是讓李世民成就感得到滿足的大型地理專著《括地志》。

貞觀十二年，李泰上書李世民請求編撰《括地志》，李世民准奏，從這一年起，李泰開始了編撰《括地志》的漫漫征程，這一編就是四年。

公允的講，李泰很有能力也很有號召力，為了編撰《括地志》，李泰將著作郎蕭德言、秘書郎顧胤、記室參軍蔣亞卿、功曹參軍謝偃等延攬到魏王府中，大家一起編撰這套大型地理專著。

李泰延攬的這些人均有著真才實學，以上的這四位除蔣亞卿外皆聲名很大、影響很廣。

蕭德言，隋唐學者，貞觀年間官著作郎、弘文館學士，為晉王李治（唐高宗）講授經書。封武陽縣侯。高宗立，拜銀青光祿大夫。博涉經史，精《春秋左氏傳》，晚年尤篤志於學，卒贈太常卿，謚「博」。

顧胤，唐學者、史學家。蘇州人。唐高宗永徽中累官起居郎兼修國史。預修《太宗實錄》和武德、貞觀兩朝國史。加朝散大夫、弘文館學士，遷朝請大夫，封餘杭縣男。龍朔三年（六六三年）遷司文郎中。

謝偃，衛縣人，貞觀初，應詔對策及第。駕幸東都，詔求直諫，偃極言得失，太宗稱美，引為弘文館直學士。為塵、影二賦甚工，嘗奉詔撰《述聖賦》，又獻《惟皇誡德賦》以申諷。時李百藥工五言詩，偃善作賦，時人稱為李詩、謝賦。

在那個年月一字一句都來自不易，不僅要博采方志，還要旁求故老，一字一句都馬虎不得，所以需要數十名學者奮戰四年才能大功告成，不是因為他們效率低，而是因為認真。

根據記載，《括地志》原書五五〇卷，序略五卷。序略為全書總綱，列於卷首，其後按貞觀十道排比三百五十八州，再以州為單位，分述轄境各縣的沿革、地望、得名、山川、城池、古蹟、神話傳說、重大歷史事件等徵引廣博，保存了許多六朝地理書中的珍貴資料，吸收了《漢書・地理志》和顧野王《輿地志》兩書編纂的特點，創立了一種新的地理書體裁，為後來的《元和郡縣誌》、《太平寰宇記》開了先河。

遺憾的是這部飽含著魏王李泰四年心血的地理巨著在南宋後散佚，原書字數已經無從考究，一九八〇年中華書局出版《括地志輯校》四卷，約十三萬字。如果以四卷十三萬字為標準，假定每卷字數相同，那麼《括地志》原書的字數可能在一千八百萬字左右，以古代線裝書的容量，那是多麼龐大的地理專著。

四年時光，數十名學者心血，一千八百萬字洋洋灑灑、汗牛充棟的書籍規模，無比詳細的大唐地理闡述，還有比這更好的禮物嗎？當這樣珍貴的禮物放到了李世民面前，作為父親的他能不感動嗎？「內殫九服，外極八荒。憲章之規，條目有序，戎夏之域，今古無遺。簡而能周，博而尤要，足以度越前載，垂之不朽。」

當李世民為括地志寫下這樣的評語時，他的內心又在想什麼呢？

爭儲

第十三章

雙面李承乾

小時了了大未必佳，這是我對李承乾的評價，也是李承乾一生的悲劇寫照。

貞觀十三年，當魏王李泰團結文人學士忙於編撰地理鴻篇巨制《括地志》時，李承乾又在做什麼呢？

《資治通鑒》記載，這一年李承乾遊獵過度，荒廢學業，太子宮事務署長（太子右庶子）張玄素苦苦規勸，卻沒有結果。這條記載可謂是李承乾一生的分水嶺，在這條記載之前，歷史記載的李承乾是一個有作為有美譽的好少年，在這條記載之後，歷史記載的李承乾就成了一個不可救藥的頑劣青年。

其實無論從基因講還是從師資陣容講，李承乾都是皇子中最好的。論基因他是嫡長子，論師資陣容，李世民給他配置的張玄素、于志寧、杜正倫也都是有名望、有學識的官員，那麼為什麼李承乾會在與李泰的競爭中每況愈下呢？在我看來，原因只有一個，性格決定命運。

小時候老師總是教育我們，要把「要我學」轉變成「我要學」，因為前者是被動，後者則是主動。在我看來，李承乾屬於「要我學」，李泰則屬於「我要學」，一母同胞基因相同，然而不同的性格決定了不同的命運，李承乾隨性的性格注定了他的人生敗局。

其實先後輔佐李承乾的官員都是青史留名的高人，如果李承乾是個中規中矩的人，他們一定會輔佐李承乾登上帝位，然而偏偏李承乾的性格很隨性。一個想有自己活法的人，他的性格決定了自己的命運，也影響了身邊輔佐他的人，在這些人當中有三個關鍵人物：杜正倫、于志寧、張玄素。

杜正倫，秀才出身，出類拔萃，隋朝時每年全國選拔秀才不過十餘人，杜正倫就是其中一個。更奇妙的是，杜正倫一家佔去了仨，其兄弟杜正玄、杜正藏都是隋朝秀才，一門三秀才，還讓不讓別人活了。

杜正倫在貞觀元年經魏徵推薦出任兵部員外郎，後來一路青雲直上，到貞觀六年已經受李世民賞識升任中書侍郎，不久加授朝散大夫，出任太子右庶子（**太子宮事務署長**）。

對於這次任命，李世民很重視，特地把杜正倫召來語重心長地囑咐了一番，大體意思是說太子對於國家而言很重要，必須找出色的人輔佐，所以我就找到了你，我身邊也需要你這樣的人，這次是忍痛割捨讓給了太子，這下你知道了這次任命的輕重了吧！

接受任命的杜正倫從此活躍在太子的身邊，最初的幾年波瀾不驚，太子表現不錯，杜正倫表現不錯，李世民很滿意。

然而隨著時間的推移，一切發生了變化。當時李承乾患有足疾行動不便，經李世民批准，李承乾在痊癒之前不必朝謁，安心在太子宮靜養。

在李承乾靜養一段時間之後，李世民極為痛心地發現以前那個乖孩子李承乾消失了，取而代之的是一個遠離君子親近小人的問題青年。為此李世民專門把杜正倫召來深談了一次，李世民說道：「我兒疾病，乃可事也。但全無令譽，不聞愛賢好善，私所引接，多是小人，卿可察之。若教示不得，須來告我。」

李世民說這話是發自肺腑的，杜正倫聽這話是頭腦發熱的，結果頭腦一發熱就幹了一件錯事，他居然把這些話一古腦的都告訴了李承乾。

其實杜正倫也是有苦衷的，作為太子左庶子的他操碎了心、磨破了嘴，身板差點沒累毀，然而多次勸諫下來，他的話就成了一陣風，說完了、颳過了，在李承乾那裡沒有留下一絲痕跡。被逼急了的杜正倫這次想出了最後的殺手鐗：「你再不老實，我告訴你爸去。」

這下大嘴杜正倫算是捅了馬蜂窩了。自覺委屈的李承乾給父親李世民上了一道奏摺，為自己極力辯解了一番，話裡話外告訴李世民，你告訴杜正倫的話我都知道了，但是我不服，我很委屈。

接到兒子這樣的上奏，李世民鬱悶不已，本來想好好教育兒子，沒想到杜正倫大嘴一張就把自己給賣了，這不等於告訴太子自己不信任他嗎？為人父者怎麼能告訴兒子我不信任你呢？

鬱悶的李世民召來了杜正倫，責問他為什麼洩露了自己的話，杜正倫對曰：「開導不入，故以陛下語嚇之，冀其有懼，或當反善。」

完了，杜正倫居然把自己當成大灰狼嚇唬太子，有這麼當老師的嗎？

盛怒之下的李世民一揮手，杜正倫，你給我一邊待著去。自此杜正倫長時間混跡於老少邊窮地區，先後出任過穀州刺史、交州都督（都督府設在今越南河內），貞觀十七年還因為與侯君集有關聯流配驩州（今越南境內的榮市），直到唐高宗顯慶年間才得以重新啟用。

在杜正倫出入太子宮的同時，于志寧也活躍在太子宮，他也是李世民身邊的紅人。當李世民還在南征北戰時，他就跟在李世民身邊，與殷開山等人一起參贊軍謀，李世民被封為秦王後他依然跟隨，同時兼任文學館學士。

貞觀三年，于志寧升任中書侍郎（**正四品**），李世民依然恩寵有加。有一天李世民召集重臣內殿歡宴，宴席還沒開始，李世民環視一周忽然發現少了于志寧，于志寧幹什麼去了？難道不知道有宴會嗎？這時有人提醒李世民：您召集的都是三品以上的官員，于志寧是正四品，所以沒來。

原來如此，把這茬給忘了！

如果換作別的皇帝，這件事就算過去了，可偏偏他是李世民，歷史上最會當皇帝的皇帝。李世民當即下令：「按照宴席的標準給于志寧提前單開一桌。同時加授散騎常侍，從今以後你就是從三品了。等等，別忙著謝恩，話還沒說完，同時委任你代理太子宮左庶子，明天就到太子宮報到。」

什麼是恩寵？恩寵就是請你白吃一頓大餐，然後吃完飯告訴你，你又升官了。

與委任杜正倫時相同，在于志寧上任太子左庶子之前，李世民也語重心長地交代了一番，李世民囑咐于志寧一定要輔佐太子走正道，別讓邪僻佔據了他的內心，一定要用心輔佐太子，日後封賞皇帝自有安排。

帶著皇帝的囑咐，于志寧走進了太子宮，他的目標是將李承乾領上正道，遺憾的是這個目標沒有實現。

不過，儘管李承乾不長進，但並不影響李世民對他的賞識，因為于志寧已經竭盡了全力。為了教導李承乾，于志寧獨自編撰《諫苑》二十卷，這二十卷《諫苑》編者于志寧一人，讀者李承乾一人。一個人的讀物沒有感動李承乾，卻感動了李承乾的父親李世民，李世民聞之大悅，賜黃金十斤、絹三百匹。貞觀十四年，任命于志寧兼太子詹事（**太子宮主管**）。貞觀十五年，于志寧因母親去世解職，不久起復本官，卻仍舊不斷上表請求按照儒家傳統為母親守喪三年。

此時已經離不開于志寧的李世民只能奪情（**不准官員為父母守喪**），派出中書侍郎岑文本到于志寧家中傳口諭曰：「忠孝不並，我兒須人輔弼，卿宜抑割，不可徇以私情。」

于志寧並不孤獨，因為他不是一個人在戰鬥。在他的身邊還有一個志同道合的戰友，這個人就是張玄素。

張玄素，素有清名，為官深得民心。隋朝末年，張玄素出任景城縣戶曹，適逢竇建德攻陷景城，張玄素不幸被俘，即將被竇建德砍頭。就在此時意想不到的事情發生了，居然有數千老百姓痛哭流涕地為張玄素請命，甚至有人願意替張玄素去死。

這是為什麼呢？

為張玄素請命的老百姓說道：「此人清慎若是，今倘殺之，乃無天也。大王將定天下，當深加禮接，以招四方，如何殺之，使善人解體？」

有老百姓如此為張玄素請命，竇建德立刻對張玄素刮目相看，當場將他釋放，並且委任為治書侍御史。然而竇建德的任命卻遭到了張玄素的拒絕，理由是皇帝楊廣在，忠臣不事二主。聞聽此言，竇建德沒有勉強，直到楊廣身死江都的消息傳來，竇建德才重新徵召張玄素出任黃門侍郎，這一次張玄素應召。

竇建德被蕩平之後，張玄素出任景城都督府錄事參軍，逐步有了不小的聲名，這個聲名也漸漸傳到了李世民的耳中，等到李世民即位，張玄素得以徵召答對得體，當即被李世民委任為侍御史，不久升任給事中（**御前監督官**）。

升任給事中只是張玄素履歷中的一小步，不久之後他就因為一次進諫深深打動了李世民。

貞觀四年六月二十二日，李世民下令整修洛陽宮殿以備巡視。在李世民看來這只不過是一次再簡單不過的詔令，皇帝預備巡視，提前整修宮殿有什麼不可以呢？然而偏偏就張玄素說不可以。

張玄素的理由其實很簡單，歸納起來就是勞民傷財容易生變。張玄素的一番勸誡說得李世民渾身不自在，李世民問道：「卿謂我不如煬帝，何如桀、紂？」張玄素對曰：「如果陛下還堅持倉促之間修復洛陽宮殿，那麼結果會跟煬帝一樣，天下大亂。」（**若此殿卒興，所謂同歸於亂。**）

「天下大亂」在別的皇帝聽來或許只是危言聳聽，然而在李世民聽來卻是逆耳忠言，因為他正是從天下大亂中走來，他明白天下大亂對王朝意味著什麼。李世民歎息道：「我不思量，遂至於此！」當即下令停止修復洛陽宮殿，同時賞賜張玄素彩緞二百匹，以資鼓勵。

在這之後，張玄素不斷升遷，後升任太子少詹事（**太子宮副總管**），不久轉任太子右庶子（**太子宮事務署長**），在接下來的幾年，他將一直在太子李承乾身邊效力，他渴望與于志寧一起為李承乾保駕護航，然而最終卻發現原來這是一個不可能完成的任務。

貞觀十三年，鑒於李承乾熱衷遊獵荒廢學業，張玄素上書諷諫，對李承乾進行了苦口婆心的勸導，其中一句十分經典：「慎終如始，猶懼漸衰，始尚不慎，終將安保！」這句話值得歷代太子銘記在心，只可惜李承乾太子依舊沒把張玄素的上書當回事，同杜正倫和于志寧的話一樣，一陣風而已。

屢戰屢敗是結果，屢敗屢戰是精神。現在張玄素對待李承乾拿出了屢敗屢戰的精神，總之要說道你回心轉意為止。此後不久，張玄素又上書了，諷諫的重點依然是遊獵，這一次張玄素依然苦口婆心、依然用心良苦，然而這樣的金玉良言在李承乾那裡依然是風颳過了，天空了無痕。

張玄素在上書中說道：「若其騎射畋遊，酣歌戲玩，以悅耳目，終穢心神，漸染既久，必移情性。古人有言：『心為萬事主，動而無節即亂。』臣恐殿下敗德之源，在於此矣。」

一語中的，無以復加。

寫到現在，杜正倫、于志寧、張玄素一一亮相完畢，這三個人都是李世民為李承乾千挑萬選的人才，倘若李承乾成器，三人得一人足矣，遺憾的是偏偏李承乾不成器，三人縱使披肝瀝膽，也改變不了最後的結局。

由於過早的成人化教育讓李承乾懂得了父皇和大臣們對太子的要求，也知道他們所要求的道德標準，因此每次李承乾臨朝視事，必言忠孝之道。宮臣有人進諫，李承乾就會先揣摩進諫人的心態，然後正襟危坐做出一副虛心傾聽的樣子，時不時還要做出引咎自責的姿態。有李世民的遺傳基因，再加上後天老師的教育，李承乾的智商和口才都是一流的，群臣在他面前一般都討不到便宜，只能忙於應答，然後誠惶誠恐的離去。時間一長，李承乾在群臣面前就樹立了聖明的形象，至於聖明形象的背後，沒有人知道是什麼。

西方哲學家說，人都是有兩面性的，而李承乾就是雙面人的典型。在朝堂上他是聖明智慧的皇太子，在私下裡他卻是有著各種嗜好的問題青年，他的人生就是在聖明皇太子和問題青年之間不斷切換。

李泰向左，李承乾向右

龍生九子，性格迥異。

就在李承乾在東宮小天地享受墮落年華時，魏王李泰卻從未停止追趕的腳步。在這幾年裡，李泰一方面忙於編撰鴻篇巨制的《括地志》，一方面忙於招賢納士、擴大聲名，經過幾年的努力成非常明顯，父親李世民給這個時期的李泰打上了大大的一個「優」。

貞觀十四年正月十六日，李泰家宅蓬蓽生輝，這一天家中來了一位極為重要的客人，客人的名字叫李世民。

古往今來，皇帝家庭貴為天下第一家庭自然就與普通家庭有了極大的不同。普通家庭父親到兒子家串門抬腳就進，不需要什麼廢話，而第一家庭的皇帝父親到兒子家串門，那就不是普通的串門了，而是聖駕親臨，是有特殊意義的，這意味著皇帝父親很看重你、很喜歡你，換句話說你在政治上很有前途。

現在皇帝父親李世民來到了政治上很有前途的李泰家宅，表面上是為了看看兒子的居住環境，實際上卻是為了給李泰的臉上再貼上幾塊金，因為李世民的這次親臨不是空著手來的，而是帶來一個大大的紅包。

這個紅包很大，賞賜範圍很廣，李泰家住長安城裡的長安縣延康里，因此李世民給李泰的紅包就重重地砸在了長安縣的上空。李世民在李泰家中宣布：赦免長安縣死刑以下所有囚犯，託魏王李泰的福現在你們自由了；免除延康里居民今年所有賦稅，託魏王李泰的福今年你們所有收入都是自己的，政府一分不收；按等級賞賜魏王府官屬以及延康里老人，託魏王李泰的福你們每個人都有紅包。

用皇帝的酒澆李泰的塊壘，父親厚愛如此，李泰內心怎會沒有漣漪？

就在李世民用自己的酒澆李泰塊壘的同時，太子李承乾依然一如既往、問題依舊，唯一的用處就是當了一次張玄素的升遷墊腳石，李世民鑒於張玄素有不斷諷諫太子的事蹟，特擢升張玄素為銀青光祿大夫，品級從三品，副部級，同時卸任太子右庶子，轉而代理太子左庶子（太子宮政務署長）。

官職越大，責任越大，感到責任重大的張玄素從此更加用心，對太子李承乾的諷諫也更加不遺餘力。

說起來也難為張玄素了，有李承乾這樣不成器的太子，他需要諷諫的地方實在太多了。

這一年，李承乾幾乎不在東宮內坐朝，東宮的官員們幾乎已經記不起上次在公開場合見到太子是什麼時候，那麼李承乾又在做什麼呢？其實什麼都沒幹，就是忙著跟宮內的美女們聊天嬉戲，畢竟對著美女要比對著張玄素那些官員們輕鬆得多。

時間一長，張玄素看不下去了，再一次上書諷諫，在書中又是苦口婆心、又是推心置腹，然而還是沒用，你就是把自己掏成了比干，李承乾還是當沒看見，眼不見、心不煩。

不過張玄素諷諫的次數多了，李承乾也煩了，這個張老頭成天唧唧歪歪幹什麼，也不管別人受得了受不了，不給他點顏色看看，他還真不知道他是誰。

數天後，張玄素在深夜回家時遭遇蒙面人襲擊，蒙面人手持大號馬鞭對張玄素進行抽打，幾乎致命。《舊唐書．張玄素列傳》稱此次襲擊是太子李承乾派家奴幹的，不過事後李承乾並沒有宣布對該事件負責，敢做不敢當。

不敢承認的李承乾以為從此張玄素會消停一些，沒想到這個老傢伙骨頭還很硬，儘管挨了一頓暴打，可性格居然一點沒改，而且還變本加厲。

不久之後，李承乾又一次出格了，居然在東宮內擊鼓，而且鼓聲很大傳播很廣，要知道東宮與李世民的居所只有二十幾步，身為太子居然沒事在東宮內擊鼓玩，成何體統？

急切之下的張玄素什麼都顧不上了，直接衝到李承乾正在擊鼓的閣子前，要求與李承乾面談。眼前的李承乾依然溫文爾雅，用心傾聽，隨即作痛心疾首狀，當著張玄素的面取下剛才還在擊打的鼓，親手摧毀，並表示下不為例。

多好的太子，從善如流、聞過能改，遺憾的是這只是廣告，卻不是療效。

為什麼張玄素的諷諫在李承乾身上只收到廣告的效果，卻看不到療效呢，原因還是出在李承乾身上。小時了了的李承乾在過早成人化的教育下成了雙面人，在二十出頭的年紀又遭遇了叛逆期，在叛逆期又有了各種嗜好，這些嗜好常人可以有，而唯獨太子不能有，然而越是別人說不行的他偏偏要說做，這就是叛逆期青年的稜角，也是所謂的性格。

過早成人化、雙面人、叛逆期、不良嗜好，四者有其一已經足以影響李承乾的儲君之位，然而偏偏他兼而有之，這可就要了親命了！

貞觀十五年，李承乾在叛逆的道路上漸行漸遠，這一年他更加出格。

為了修建東宮內的宮殿，李承乾徵集大量農民充當差役，這一徵集便是很長時間，時間長到耽誤了應徵農民的正常農耕，以至於這些農民錯過了這一年的正常播種季節，要想播種只能等來年了。如此一來，李承乾就犯了李世民最不願意看到的錯誤，在李世民的眼中農業立國「不違農時」一是為政者的紅線，而太子李承乾卻偏偏觸及了這根紅線，太子詹事于志寧看在眼裡，急在心裡，卻只能按下暫且不表。

然而李承乾是注定不會消停的，不久之後他就迷戀上音樂，而且是正統人士所認定的那種淫蕩音樂，估計不是雅樂的範疇，要麼很世俗，要麼很下里巴人，這些音樂平民百姓可以迷戀，而你是太子、儲君，不可以！

針對這兩條，太子詹事于志寧上書諷諫，結果濤聲依舊。

不甘心的于志寧沒有放棄，他依然在努力，隨後又發現三件值得諷諫的事情：一、李承乾寵信宦官；二、東宮負責駕馭車馬的差役已經半年沒有輪休了；三、李承乾沒有經皇帝批准居然私自將突厥人達哥友接入東宮密談。

于志寧又給李承乾上書諷諫，結果這一次情況居然有了轉機，李承乾一改平時不管不顧的做法，很快做出了反應，這一次不再是濤聲依舊。

這一次是大發雷霆！

大發雷霆之後的李承乾依然不解氣，招呼手下叫來幹將張思政、紇干承基，交給兩人一個任務：幹掉于志寧。

張思政和紇干承基當夜潛入了于志寧家中，在那裡他們看到了讓他們終生難忘的一幕：一身素服的于志寧住在苫廬之中。按照祖制，這是孝子為父母守喪的標準模式，原來被奪情的于志寧一直在家中用這種方式為亡母守喪，身雖奪情心依然忠孝。

張思政和紇干承基儘管知道此行的任務是行刺，但他們更為于志寧的孝心感動，兩人一對視手當下就軟了，沒有驚動于志寧，兩人悄悄地退了出來，垂頭喪氣地回東宮找李承乾覆命。此時的李承乾已經平息了怒火，清醒之後的他知道一旦于志寧被刺，自己萬萬脫不了關係，既然殺手無功而返，那就算了吧，這一頁就算翻過去了。

就在李承乾還在與張玄素、于志寧較勁的同時，魏王李泰已經成就了鴻篇巨制《括地志》的大功業。

《括地志》從貞觀十二年開始編撰，歷時四年，終於在貞觀十六年（一說是貞觀十五年）編撰完成。貞觀十六年正月九日，李泰將完結的《括地志》呈現李世民，李世民大喜過望，他早知道李泰能幹，卻沒有想到李泰竟如此能幹。貞觀年間天下已經大治，皇子想獲得戰功基本不太可能了，而魏王李泰卻獨闢蹊徑，從編書上為帝國立下了大大的功業，這個功業絕對不啻於戰爭年代的戰功。

為此李世民特意下詔，在詔書中對李泰稱讚有加：「左武候大將軍雍州牧相州都督魏王泰，體業貞固，風鑒凝邈，學綜策府，文冠詞林。樂善表於夙夜，好士彰於吐握。討論輿地，詳延儒雅：博采方志，得之於舊聞；旁求故老，考之於傳信。」在詔書的最後，李世民寫道：「可賜物一萬段，其書宜付秘閣。」

事倍功半，事半功倍，字數相同，順序不同，然而背後的意義大不相同，其實一切的關鍵就在於是否得法。不得法的李承乾事倍功半，得法的李泰事半功倍。

李承乾的不得法與李泰的得法都被李世民看在了眼裡，也在心裡悄悄的進行著對比，他心裡的天平究竟要往哪邊偏，李承乾在猜測，李泰在猜測，大臣們也在猜測。

隨著李泰《括地志》的完成，李泰的美譽度也在節節高升，這時大臣們才恍然發現這幾年李泰魏王府獲得的津貼居然要高於李承乾的東宮，這在以前是不可想像的。

李泰的津貼為什麼會高於李承乾呢？這主要是因為李泰有編撰《括地志》之名，也有編撰《括地志》之實。藉著編撰《括地志》李泰不斷延攬各方文人志士，他們都是以《括地志》的名義進入到魏王府，而這些人所產生的費用自然也要由《括地志》買單，這樣魏王府獲得的政府津貼就要高於李承乾的東宮，而李泰也就享受了不是太子的太子待遇。

然而問題馬上就來了，面對李泰與太子李承乾的並駕齊驅，李世民無所謂，大臣們卻很有所謂，這回皇帝不急，太監不急，大臣急了。

諫議大夫褚遂良看不過去了，給李世民上了一道奏疏，奏疏寫道：「聖人早就定下體制，嫡子尊貴，庶子卑賤，嫡子所用之物沒有限制，與皇帝享有同樣標準，而庶子雖然也可以被疼愛，但標準不能超過嫡子，這是阻止庶子奪嫡，根除禍亂的根源。」（聖人制禮，尊嫡卑庶，世子用物不會，與王者共之。庶子雖愛，不得逾嫡，所以塞嫌疑之漸，除禍亂之源也。）

從禮法而言，褚遂良說的有理有據，然而此時的他只是隔靴搔癢，說不到李世民的心坎上，因為他恰恰忘記了李世民皇位的由來，若是一味遵照嫡子傳承的原則，李世民焉能登上皇位？所以說穿了，李世民是一個不按套路出牌的人，他不按套路爭到了皇位，他同樣也不想按套路傳承自己的皇位。

說到底，嫡子傳承的原則合理嗎？不合理。那為什麼還要承認這個原則？難道沒有更好的辦法？不按套路出牌的李世民並不想遵守這個原則，他想跟這個所謂的聖人體制掰一掰手腕，看看自己能否用一己之力改變這個原則。

然而一個人對抗一種體制，即便有成果，也難免頭破血流。

對於褚遂良的上書，李世民口頭表示接受，然而實際上他依然在按著自己原有的套路出牌，口頭接受只是給褚遂良一個面子。

不久之後，李世民又打出了一張牌：魏王李泰遷居武德殿。

這張牌意味著什麼呢？

這張牌其實是投石問路，看看群臣的反應。因為武德殿處於皇宮之內，正好在東宮以西，也就是說東宮在東，武德殿在西，兩者恰恰是李世民天平的兩端，如果以前偏愛李泰還需要遮掩，那麼現在就已經全部擺在檯面之上，朕就是要實行雙太子制，怎麼樣？

不怎麼樣！說這話的是老槓頭魏徵。

魏徵上書說道：「陛下如果疼愛魏王，那麼就別讓他處於被猜忌之地，武德殿正處於東宮西面，正是敏感之地。再者海陵王元吉以前就住武德殿，雖然時代不同、事情不同，不過魏王住進去之後恐怕也不會安心。」

李世民看過魏徵的上書只能搖搖頭，這個老魏，淨說實話。

魏徵的話代表了多數大臣的心聲，這讓李世民不得不有所顧慮，皇帝儘管君臨天下，但同樣需要重視大臣們的意見，即便是李世民這樣能力超強的皇帝，有時也需要與大臣們妥協。

這一次李世民選擇了妥協，因為他看到大臣們儘管明確反對的不多，但支持的幾乎沒有，默不作聲的潛臺詞其實是反對，因為他們都在維護著一個東西：禮法。

禮法就是一張網，看似若隱若現卻無處不在。

貞觀十六年到貞觀十七年，這兩年是李世民與禮法作戰的兩年，他曾經藐視禮法，所以在武德九年六月四日他做下了驚天之舉，然而事隔十六年，李世民發現他不能再藐視禮法了，因為他的位置已經在十六年間發生了重大的變化。

十六年前，他只是一名親王，為了皇位他可以挑戰禮法。

十六年後，他已經是在位十幾年的皇帝，身為皇帝他必須要尊重禮法，如果連皇帝都不尊重禮法，那禮法還會存在嗎？那社會秩序還會存在嗎？

李世民是矛盾的，一方面他想尊重禮法，讓嫡子正常傳承，一方面他又想平等競爭，讓更優秀的皇子繼位，然而這注定是個兩難的命題，沒有最佳答案。

如何才能解開這個結呢？或許只能先從自身做起。

貞觀十六年六月六日，李世民下詔恢復息王李建成皇太子稱號，海陵王李元吉改封巢王，這是時隔十六年後李世民對兄長和弟弟的追封，對建成和元吉而言毫無意義，畢竟他們不能從墓地裡爬出來「謝主隆恩」。

追封是給死人的，慰藉的是活人的心，想想十六年前的你死我活，李世民的心中也充滿了煎熬，儘管十六年來他一直告訴自己那是為了江山社稷，然而輪到自己的皇位傳承，他發現自己十六年來的自我安慰竟是那樣的蒼白。

皇權面前沒有父子，遑論兄弟。然而畢竟是兄弟，流著同樣血液的兄弟，李建成、李世民、李元吉，而現在又輪到了李承乾和李泰。

何苦呢！何必呢！

矛盾中的李世民依然找不到答案，他決定繼續試探，這一年的六月二十日，李世民下詔：自今皇太子出用庫物，所司勿為限制。

隨心所欲，為所欲為，這是皇帝給太子的禮物嗎？太子李承乾說，是！然而太子左庶子張玄素說，不是！

這不是禮物，這是一個局，一個布滿機關的局，一個決定李承乾儲君地位的局，遺憾的是李承乾沒有智商，地球人都看出來了，而他偏偏沒看出來。

兩個月後，李承乾動用國庫已經超過七萬錢，算是過足了為所欲為的癮。此時的李承乾如同坐在一堆柴火上，柴火的下面已經火星四濺，然而李承乾還在告訴自己，我很好，我很好，很好，很好，你居然沒有發現你爹把你放在火上烤！

太子左庶子張玄素又忍不住了，又一次上書勸諫，勸諫書的結尾張玄素寫道：「苦藥利病，苦言利行，伏惟居安思危，日慎一日！」

這一次李承乾沒有無動於衷，而是有了很大的反應，據《舊唐書・張玄素列傳》記載，李承乾一度向派殺手行刺張玄素，而《資治通鑑》則記載，李承乾派人用馬鞭抽打了張玄素一頓，總之張玄素很著急，李承乾很生氣。

生氣的李承乾繼續著自己的墮落，而充滿生機的李泰卻從沒有停止自己的私下活動。從編撰《括地志》開始，李泰就開始用心招攬文人志士，留意與朝中大臣保持良好的關係。與此同時李泰開始培養自己的心腹，心腹名單包括柴令武（**柴紹的兒子**）、房遺愛（**房玄齡的兒子**）等二十幾人。在這期間黃門侍郎韋挺、工部尚書杜楚客（**杜如晦的弟弟**）先後進入魏王府管理日常事務，這兩個人又成了李泰與朝中文武百官溝通的橋樑。

古往今來，溝通都不是單單用嘴說，而是還要講究手裡有貨，韋挺和杜楚客的手裡都是有貨的，他們的「溝通」都是貨真價實，真金白銀。顯然羊毛總是出在羊身上，李泰用於溝通百官的經費正是來自李世民賞賜的津貼，無窮無盡。

在李泰籠絡百官的同時，其實李承乾也沒閒著，他也派出自己的親信與百官溝通，錢同樣沒少花。如此一來，太子李承乾與魏王李泰的競爭就成了一場拉人頭的戰爭，而搞笑的是他們用的活動經費都來自皇帝的賞賜、都來自國庫，他倆的競爭就是李世民左手與右手的鬥爭，究竟誰能勝出，不取決於左手，也不取決於右手，而取決於李世民的內心。

此時的朝中儘管沒有明顯的分野，但李世民已經聞到硝煙的味道，這種味道他太熟悉了。然而現在不同了，他的角色不同了，他是皇帝，他是天下唯一的主人，他最不願意看到的就是臣子們的派系鬥爭，因為這樣的鬥爭毫無意義，於國於民有百害而無一利。

李世民清楚地知道，朝廷大臣中除長孫無忌、房玄齡、褚遂良、魏徵、馬周等少數重臣外，其他大臣都是心有所屬的，他們都在內心裡押寶，猜測繼承大統的究竟是李承乾還是李泰，這道二選一的選擇題高懸在長安的上空，它的答案將關係著大唐的未來走向。

這一年八月十四日，李世民與褚遂良有過一次聊天。

李世民曰：「當今國家何事最急？」

諫議大夫褚遂良曰：「今四方無虞，唯太子、諸王宜有定分最急。」

李世民曰：「此言是也。」

如果說年初李世民回應褚遂良的上書還是虛與委蛇，那麼這一次的回應卻是真實的，半年來他已經察覺到李泰和李承乾爭鬥，而且這種爭鬥還有愈演愈烈之勢，倘若任由發展，朝中大臣早晚會徹底分成兩派，屆時自己這個皇帝怎麼擺平？是加入其中一派，還是充當孤家寡人？

不行！不能任由他們發展下去了。

然而要想阻止太子與親王的爭鬥並不是一紙詔書就能解決的，關鍵問題還在於穩定太子的地位，讓親王動無可動。要如何穩定太子的地位，那就是給他配備強有力的師傅。

李世民遍閱群臣，最終選定了魏徵，這個老槓頭抬起槓來連皇帝面子都不給，忠心正直別人是沒法比的，就選他吧，有他做太子的擋箭牌足以抵擋一陣，至於太子能否真正度過危機，那就看他自己的造化了。

貞觀十六年九月四日，李世民委任魏徵為太子太傅，李世民就是要用魏徵這個老槓頭堵上群臣的嘴：看，皇上讓位高權重的老魏給太子壓陣了。

對於這個任命，魏徵自知責任重大，大病初癒後不久便上書請辭，結果被李世民駁回，李世民說：「昔日劉邦險些廢掉太子，多虧有商山四皓才避免了廢嫡立庶，現在我把你當商山四皓，我知道你還有病在身，沒事，躺在病榻上一樣能輔佐太子。」

如此推心置腹，病重的魏徵只能應命，勉強為之，他明知道李承乾可能難堪大任，而皇命在身，明知不可為，也須為之。

在這之後，李世民刻意維護著太子李承乾，並在貞觀十七年正月十五日有了一次非常正式的表態。李世民鄭重說道：「太子雖然腳有毛病，但並非不能行走，無傷大雅。況且《禮記》有云：嫡子死，立嫡孫，今年太子的兒子已經五歲了，我絕對不會以庶子代嫡子，打開禍亂根源。」（**太子雖病足，不廢步履。且《禮》：嫡子死，立嫡孫。太子男已五歲，朕終不以孽代宗，啟窺窬之源也。**）

說到，做到，一字之差，萬里之別。有的人說到做到，有的人說到卻做不到。

意外

第十四章

魏徵去世

貞觀十七年，多事之年。

這一年正月十七日，老槓頭魏徵含笑九泉，這個閱歷豐富、履歷複雜的老臣終於走完了他的人生路。

他的一生是複雜的一生、鬥爭的一生，他給李密打過工，給竇建德出過力，給李建成出謀劃策，又在貞觀年間以善於進諫名揚天下、名垂青史。後世的人一提到李世民必然會提起魏徵，一提起魏徵也必然會想起李世民，君臣一時之際遇堪稱千古典範。

在魏徵病重期間，李世民先後派使者前去探望，派出慰問和送藥的使者相望於道，同時李世民還安排中郎將李安儼住在魏徵的家中，一有情況隨時報告。

在魏徵病重期間，李世民、太子李承乾一同前往魏徵家中看望，鼓勵他安心養病早日戰勝病魔，並且指定衡山公主下嫁魏徵的兒子魏叔玉。魏徵表示一定牢記李世民的囑咐安心養病，早日回到工作崗位。

然而天不假年，病魔還是奪取了魏徵的生命，貞觀十七年正月十七日病逝，享年六十四歲。

當日李世民命文武百官九品以上者必須參加魏徵的葬禮，同時賞賜羽毛儀仗隊和軍樂儀仗隊，陪葬昭陵（**李世民百年以後的寢陵**）。

然而李世民的安排卻遭到了魏徵夫人的反對，其妻裴氏曰：「徵平生儉素，今葬以一品羽儀，非亡者之志。」隨後將一切賞賜固辭不受，只用篷蓋圍幃之車載柩而葬。

悲痛中的李世民登上皇家禁苑西樓，望著送葬的隊伍流淚哭泣，隨後親自撰寫碑文，並親自提筆書寫。

隨後的幾天，李世民對魏徵思念不已，對侍臣說出了那句千古名言：「人以銅為鏡，可以正衣冠，以古為鏡，可以見興替，以人為鏡，可以知得失；魏徵沒，朕亡一鏡矣！」

斯人已逝，音容永存。

古人說，蓋棺定論，其實蓋棺未必定論。

魏徵的身後定論在李世民的手中遭遇了反覆。定論的反覆起因是因為兩次推薦。

貞觀十七年四月，侯君集因與太子李承乾陰謀謀反被誅，與侯君集有過聯繫的人都受到了調查，這一調查就調查到已經過世的魏徵身上，原來魏徵曾經向李世民推薦過侯君集，建議由侯君集出任尚書右僕射，同時掌管長安的禁衛部隊。這個建議當時就被李世民否決，現在侯君集被誅，魏徵這次推薦被當作舊帳翻了出來。

如果僅僅推薦侯君集也就罷了，偏偏魏徵還有另一次推薦，那一次推薦的是杜正倫。杜正倫因為洩露李世民的話被貶出長安，一路被貶到了越南。

兩次推薦，一個被誅，一個被貶，難道是巧合嗎？

心胸寬大的李世民同樣疑心也很大，由此他懷疑魏徵並非表面看起來那樣正直，連續推薦兩人都出了事，莫非這兩人都與魏徵有私交？莫非魏徵結黨營私？

就在李世民冥思苦想沒有答案時，一封針對魏徵的小報告呈遞到了李世民面前，這個小報告的內容更驚人：「魏徵居然每次將自己的進諫書出示給褚遂良看。」

這個小報告意味著什麼呢？意味著魏徵沽名釣譽。

褚遂良恰恰是負責記錄李世民起居的官員，李世民的一言一行褚遂良都會記錄，這些記錄都會成為歷史。魏徵展示進諫書，褚遂良同樣也會記錄，這樣歷史上就留下了魏徵的進諫，而這些進諫書也在不經意中暴露李世民的若干缺點（沒有缺點就無須進諫），所以說魏徵展示進諫書是沽名釣譽，卻在無形之中損害了李世民的名譽。

是可忍，孰不可忍！

魏徵去世三個月後，第一次蓋棺定論被李世民用行動推翻，李世民宣布解除衡山公主與魏徵之子魏叔玉的婚約，同時命人推倒自己親手為魏徵書寫的墓碑，這就是魏徵得到的第二次蓋棺定論。

第一次蓋棺定論是榮耀，第二次蓋棺定論是屈辱，那麼還會有第三次嗎？

兩年之後，九泉之下的魏徵等來了第三次蓋棺定論。

貞觀十九年十月，李世民用兵高句麗受到挫敗，此時的他又想起了魏徵，不由歎息道：「如果魏徵還在，他不會讓我有這次行動。」

歎息之餘，李世民派出使節親臨魏徵墓前，用少牢（羊一隻豬一頭）祭奠魏徵，同時下令將兩年前推倒的墓碑重新樹立，從今之後你依然是群臣典範的魏徵。

一次去世，三次蓋棺定論，飽經折騰的魏徵一家從此一蹶不振，再無往日輝煌。儘管李世民為魏徵重樹墓碑，然而僅僅是做個姿態而已，衡山公主與魏叔玉的婚約再也沒被提起，顯然在李世民的心中，魏徵這兩個字已經打了折。

世事浮雲，魏徵帶給這個家族無限榮光，同時也帶走了家族榮光的最後一片雲彩。

風暴之中的李承乾

魏徵走了，李世民為李承乾豎起的擋風牆消失了，此時的李承乾並沒有意識到魏徵的重要性，在他看來只不過走了一個迂腐的老頭，實際上走的不僅僅是一個老頭，更是一堵擋風遮雨的牆。

如果魏徵健在，李世民還能長時間拿魏徵說事，如果有人對李承乾不利，那麼職責在身的魏徵一定會拼著老命維護李承乾。遺憾的是這一切都是如果，沒有魏徵擋風的李承乾注定要把自己的軟肋一一露出，然後在渾渾噩噩中等來致命的一擊。

過早成人化、雙面人、叛逆、不良嗜好是李承乾的四大軟肋，而不良嗜好恰恰是李承乾作為太子最短的那塊木板。一只木桶儲存多少水，不取決於最長的那塊木板，而恰恰取決於最短的那塊木板，這就是著名的短板理論。

李承乾的不良嗜好有很多，比如酷愛突厥文化，比如同性戀，比如喜歡列陣廝殺。

酷愛突厥文化放在一般人身上不算不良嗜好，隋文帝楊堅就有一個兒子酷愛佛教差點直接出家當了和尚，但問題在於李承乾不是一般人，他是大唐的儲君，一言一行都需要合乎法度，要有儲君的風範，而李承乾偏偏都沒有。

說起來令人難以置信，大唐的儲君居然喜歡偷民間的牛馬。

可能是為了體驗生活，李承乾私自命人鑄造了高八尺的銅爐，六隻腳的大鼎，這些物件是做什麼用的呢？煮牛馬用的。牛馬從哪來呢？不是買來的，也不是自己養的，更不是皇帝賞賜的，而是李承乾安排手下到民間偷來的。偷來牛馬之後，李承乾親自動手烹飪，然後與手下一起享用，或許在那一刻他已經忘了自己是太子，而只是一個普通的突厥人。

除了飲食，李承乾在語言上和服飾上也向突厥看齊，他最喜歡的服飾是突厥服飾，他最喜歡的手下要麼是突厥人，要麼長得像突厥人。

李承乾把這些手下五人分為一個小組，這個五人小組就相當於一個小型迷你突厥部落，這些人一律梳著小辮，身披羊皮，然後一起到草地上放羊。另外李承乾還特別製作畫有五個狼頭的大旗以及裁成長方形的幡旗，在豎立狼頭大旗的地方搭建帳篷，他自己就住在帳篷之中。

服飾、裝扮、旗幟全部突厥化，飲食方式也突厥化，每次到了吃飯的時候，李承乾都會逮幾隻羊烹煮，然後抽出佩刀與手下一起分割食用。

酒足飯飽之後，李承乾導演還要給大家說一下戲：「現場都注意一下啊，我現在假裝是可汗，我掛了，你們現在來參加我的葬禮。要注意你們的表情，預備，開始！」（**我試作可汗死，汝曹效其喪儀。**）

說完導演僵臥於地，手下號啕大哭，騎著馬圍著導演的「屍體」轉圈，並按照突厥的傳統，用刀割破自己的臉，以表示對逝去可汗的懷念與尊重。許久之後，李承乾才從地上跳起來，發表一通感言，說道：「等我擁有天下之後，一定要率數萬大軍到金城（**蘭州**）以西打獵，然後解開頭髮打扮成突厥人，去投奔阿史那思摩，假如讓我當一將軍，那肯定不會落於他人之後。」

不願意當天子，卻願意當突厥的將軍，李承乾與明朝那位荒唐的正德皇帝有一拼。不同的是，人家正德皇帝願意當的還是大明的將軍，而他要當的則是突厥的將軍。

咋想的呢？

如果說李承乾酷愛突厥文化還只是個人愛好問題，那麼同性戀就是十足的離經叛道了，不用說在一千多年前的唐朝，就是在當代依然是一個敏感的話題。從李承乾的表現來看，他應該屬於雙性戀，他有子嗣，這說明他並不排斥女人，他又喜歡一名姿容美麗的樂隊男童，這說明他也不排斥男人。

李承乾喜歡的這名樂童在歷史上沒有留下名字，只知道李承乾稱他為「稱心」，稱心如意。有了稱心之後，李承乾與稱心同起同睡，感情親昵，如果沒有意外發生，兩個人或許還可以留下更多的佳話。

然而意外還是來了，意外的製造者就是李世民。

怒不可遏的李世民將稱心以及另外幾個受李承乾寵愛的旁門左道人士斬殺。

這次意外給李承乾的打擊很大，「稱心」已去，夜風冷冷，誰與共鳴？

有情有義的李承乾在家中騰出了一個房間，供起稱心的塑像，早晚焚香祭奠，感傷不已，同時又將稱心的遺體埋葬在東宮的花園裡，並且追贈稱心官位，豎立墓碑，以示紀念。

有情有義，有愛有心，可惜用的地方不對。

同生活突厥化和同性戀比起來，李承乾喜歡列陣廝殺，其實對於他而言實在算不上致命的惡習，這條惡習嚴格算來是充數的。

與李承乾一起玩列陣廝殺的是李承乾的叔叔漢王李元昌，這個李元昌是李淵的兒子，李世民的弟弟，並非出自竇皇后，很有可能是李淵稱帝後與後宮美女生的。因為這個原因，李承乾和李元昌有可能年齡相仿。

不過這個李元昌實在沒有個叔叔樣，時任梁州都督（總部位於今陝西漢中）的他經常違法亂紀，已經多次受到皇帝哥哥的訓斥，為此心裡非常不爽，對李世民不免也有些怨恨。

與哥哥李世民關係緊張，而與侄子李承乾的關係卻非常鐵，兩人經常一起遊玩，他們經常玩的遊戲就是列陣廝殺。每逢此時，兩人將所帶領的手下一分為二，兩人各率一隊，隊員們身披毛氈縫製的鎧甲，手持竹槍竹刀，列陣紮營、吶喊廝殺，每次衝鋒都得有掛彩的，不然沒效果不真實。

即便如此，李承乾還是覺得不過癮，常常不無憧憬的說道：「使我今日作天子，明日於苑中置萬人營，與漢王分將，觀其戰鬥，豈不樂哉！」

除了憧憬「戰鬥」，李承乾還曾經展望過登基後的生活，曰：「我為天子，極情縱欲，有諫者輒殺之，不過殺數百人，眾自定矣。」

胡亥再世，商紂王輪迴，這孩子沒救了。

酷愛突厥文化、同性戀、喜愛列陣廝殺三大不良嗜好疊加，李承乾的儲君地位已經岌岌可危，儘管李世民還在用《禮記》維護著李承乾，然而《禮記》不是避風港，《禮記》不是防彈衣，只要再來一陣風，等待李承乾的將是萬劫不復！

風從北方來

貞觀十七年，太子李承乾和魏王李泰的相互傾軋還在繼續，彼此都在給對方下套。在這期間，李泰授意他人打小報告以達到詆毀李承乾的目的，但李承乾也不是省油的燈，居然想出了一個餿得不能再餿的主意。

這一年的某一天，有人自稱為魏王府典籤（管理信件收發的官員）向李世民呈遞「親啟密奏」，在「親啟密奏」上歷數李泰的種種罪惡，看得李世民觸目驚心。驚心之餘，李世民想與此人面談，沒想到一查找，這個人已經消失得無影無蹤。

只要稍有點智商的人都會推測出這是李承乾搞的鬼，可為什麼李承乾還要這麼做呢？因為他沒智商，尤其是政治智商。

屈指一算，李泰和李承乾的爭鬥已經進行了七年，這七年中他們表面和睦，暗地爭奪，在父親心中的那架天平上上竄下跳，折騰不已，如果沒有外力介入，這天平兩端的均勢還會持續，現在一股外力出現了，風從北方來。

這股北風是從齊州（總部位於今山東濟南）颳過來的，風暴中心是齊州都督齊王李祐，在李世民十四個兒子中排名第五。

李祐並非出自長孫皇后一脈，因此在皇位的爭奪戰中並沒有他的份，不過無份參與並不代表與世無爭，他其實還是想爭一爭，即使爭不到皇位，也需要給自己爭一爭生存的空間。

基於此，他的舅舅尚乘直長（皇宮御馬管理局副管理官）陰弘智遊說他說道：「王兄弟既多，陛下千秋萬歲後，宜得壯士以自衛。」聞聽此言，李祐不斷地點頭。是啊，兄弟十四人個個都是白眼狼，一旦父皇掛了，這些白眼狼還不把腦漿子都打出來，不得不防啊。

隨後陰弘智向李祐引薦了自己的大舅哥燕弘信，深得李祐賞識，自此之後，燕弘信就成了齊王府死士的頭目，在他的手下有一群誓死效忠李祐的死士。

死士歸死士，效忠歸效忠，說到底李祐招募這些人是為了自保，至於謀反還是想都不敢想。

李祐之所以最終會謀反，都是被齊王府長史權萬紀給逼的。

權萬紀這個人有能力、有忠心、有官德，就是少了一點人性，別人做官是既做官又做人，到他那裡變了，只做官不做人，說到底他是一名能吏，同時也是一名酷吏。

酷吏權萬紀被視為正直的人派遣到齊王府做長史（**政務秘書長**），李世民交給他的任務是輔佐齊王、勸諫齊王，齊王有過失時及時向皇帝彙報。

二十出頭的李祐跟李承乾一樣也酷愛打獵，然而頻繁的打獵不僅勞民傷財，而且還有不務正業之嫌，為此權萬紀沒少勸諫，結果跟張玄素一樣，他們的勸諫都成了一陣風。

除此之外，權萬紀還看不慣李祐手下的一些死士，最看不慣的兩個人叫昝君謩和梁猛彪，藉著給李世民上書的機會狠狠地彈劾了這兩個人，後來由李世民下令把這兩個人驅逐出了齊王府。然而不久之後，齊王李祐又想起了這兩個人的好，私下裡又把這兩個人接了回來，權萬紀算白折騰了。

眼看勸諫無用、彈劾無用，權萬紀想到了明哲保身，在他看來齊王遲早會出事，自己一定要趁早選擇清楚。要說權萬紀這個人也挺黑，在自己擇清楚的同時還擺了李祐一道。

權萬紀先是找到李祐，告訴李祐：「你做那些事皇帝都知道了，你自己上書承認一下吧，爭取一個好態度，我會在皇帝面前替你辯解，保你無事，同意的話就按著我寫的這個東西上書吧！」

李祐一看，權萬紀居然詳細列出了自己的種種過失，非常全面，如果按照這個上書能有好果子吃嗎？看看權萬紀堅定的眼神，李祐相信了他，一一承認了這些過失，然後把這些彙總起來給父親李世民上了奏疏。

隨後權萬紀從齊州動身到了長安，向李世民彙報工作情況，並且向李世民聲明：「齊王一定會改好的，陛下您放心。」

如果事情到此結束，權萬紀和李祐各取所需皆大歡喜，然而李世民的攪和讓兩人的關係從此勢如水火。

李世民是怎麼做的呢？

他一方面對權萬紀勉勵有加，一方面又對李祐進行訓斥，針對李祐自己上書列出的種種過失一一訓斥，這下讓李祐的心態徹底失衡。

「鬧了半天，你權萬紀是拿我邀功請賞呢！先讓我承認這些過錯，然後再把我的表態認錯當成你的功績，這不是坑人嗎？遲早有一天我會殺掉你！」

時光飛逝，李祐和權萬紀之間的矛盾還在升級。

有了在長安時李世民的勉勵，權萬紀對李祐的約束越來越嚴，每次李祐想外出打獵，權萬紀都不批准，別說打獵，連城門都出不去。想打獵門都沒有，就在齊王府內轉圈吧！

這還不算，權萬紀還私自作主把李祐打獵用的蒼鷹和獵犬都放了，獵都不打了，還要鷹和犬幹什麼？更令李祐氣憤的是，權萬紀居然又一次把昝君謩和梁猛彪驅逐出齊王府，不准他們再與李祐見面，否則見一次打一次。

雙方的矛盾升級，權萬紀的神經也在繃緊，稍有風吹草動就緊張不已，不久終於發生了一個土塊引起的血案。

土塊血案的起因是這樣的，一天深夜有一個來路不明的土塊落到了權萬紀家的院子裡，這個土塊究竟是什麼人扔的呢？土塊的背後究竟隱藏著什麼呢？神經緊繃的權萬紀一下子想到了昝君謩和梁猛彪，這兩個人兩次遭到自己的驅逐，一定是這兩個人想謀害自己。越想越怕，越怕越想，權萬紀索性派人把這兩個人囚禁了起來，同時向李世民發去了奏章：齊王李祐及其同黨數十人為非作歹。

這下李祐與權萬紀的關係徹底崩了，勢不兩立！

接到奏章的李世民責成刑部尚書劉德威前往齊州調查，發現事出有因，查有實據，齊王李祐確實問題很多。李世民下詔，齊王李祐與權萬紀一起進京面聖。

此時的李世民未必真的想處理李祐，或許只是叫到長安當面訓斥一番，然而他高估了李祐的心理素質。接到詔書的李祐居然反了！問題嚴重了！

李祐接到李世民的詔書後，幾年來的怨氣徹底爆發了，其實他的怨氣主要是針對權萬紀，這個酷吏幾年來把自己折騰得夠嗆，這一次又是惡人先告狀，此時不除更待何時！

已經先李祐一步動身的權萬紀此時正在趕往長安的路上，他以為這一次可以在李世民面前把自己說清楚，沒想到他已經再也見不到李世民了，因為他先看到了李祐的箭。李祐派出二十多名騎兵一路疾馳追上了權萬紀，二十多名騎兵一起放箭，酷吏權萬紀倒在了亂箭之中。

其實即使射死了權萬紀，李祐也沒到非謀反不可的地步，只可惜這孩子輕浮急躁，做事不過腦子，腦子一熱，索性造起了老爹李世民的反。然而造反是一件高智商的工作，不只是一咬牙一跺腳，爺爺李淵能造反是因為他處在那個風起雲湧的時代再加上本身有那個能力。

衝動的李祐在射死權萬紀後舉起了造反的大旗，開始任命自己的文武百官，同時大開倉庫、濫賞隨從、磨礪武器、增強城防，一番新起爐灶開國奠基的模樣。

貞觀十七年三月六日，李祐謀反的消息傳到長安，這既在李世民的意料之中，又在李世民的意料之外。李世民平靜地發布命令，命兵部尚書李世勣集合懷州、洛州等九州兵馬前往平叛，同時李世民給李祐寫了一封親筆信：「我經常告訴你不要親近小人，就是為了避免發生今天這種事，可惜你沒聽。」（**吾常戒汝勿近小人，正為此耳。**）

事實證明，李祐原本不想造反，他也沒有能力造反，在李世勣率領九州兵馬向齊州逼近時，他還在與死士的頭目燕弘信的哥哥燕弘亮一起開懷暢飲。為了消除李祐的焦慮，燕弘亮說道：「大王不必擔憂，我右手拿酒杯，左手拿刀就能把他們全打跑。」（**王不須憂！弘亮等右手持酒卮，左手為王揮刀拂之。**）

吹牛不上稅嗎？

吹牛能迷惑李祐的內心，卻擋不住大兵壓境，在李世勣的九州兵馬還沒有到來之前，青州、淄州的兵馬已經進入了齊州境內，齊王府的覆滅只是時間問題。

覆巢之下焉有完卵？為了避免被一鍋燴，齊王府內的一些人開始自救，領頭的是齊王府兵曹參軍（**軍務官**）杜行敏，在杜行敏的身後是一批李祐的隨從以及齊王府的衛兵，在李世民和李祐這道二選一的選擇題上，他們齊刷刷的選擇了李世民。

三月十日夜，齊王府外鼓聲喊殺聲亂成一片，杜行敏開始行動。在內室的李祐驚恐地詢問侍從發生了什麼事，侍從們欺騙他說：「英公李世勣統飛騎已登城矣！」李祐目瞪口呆，惶惶不安坐在內室裡等待事情的進一步發展。

與此同時，杜行敏已經將李祐布置在王府外的黨羽砍殺乾淨，李祐已經孤立無援。然而齊王府內依然還有部分忠於李祐的衛兵在抵抗，這也難不倒杜行敏。杜行敏瞅準一處防衛空虛處，從院牆上愣是掏出了一個洞，杜行敏等一千餘人順著這個洞一擁而上，把李祐的內室包圍得嚴嚴實實，留給李祐的時間和空間都已經不多了。

李祐還想死守，杜行敏一句話讓李祐放棄了抵抗：「王昔為帝子，今乃國賊，不速降，立為煨燼矣！」

不出來，就燒死你！

沒有比這更恐嚇的恐嚇了，受到驚嚇的李祐只能與黨羽們灰溜溜地出來投降，齊王叛亂就此結束，剛開頭就結了尾。

不久之後，與此事件相關的各方人等都有了不同的結局。

齊王李祐因謀反被賜內侍省自盡；黨羽四十餘人處決；杜行敏因平叛有功晉升巴州刺史；權萬紀因忠於王事追贈齊州都督，追封武都郡公，謚號敬公；東宮勇士紇干承基因與齊王謀反有牽連，羈押大理獄，按律當斬。

不起眼的紇干承基，陰差陽錯的受到牽連，卻在不經意中讓這場爭儲之戰有了出人意料的結果。

事敗

嚴格說起來李世民是個好皇帝，他卻不是一個好父親，或者說沒有盡到做父親的教育責任。在他的教育下，李承乾、李泰野心勃勃，李祐性格輕浮急躁，李治貌似忠厚實則心眼不少，總之每個兒子都虎視眈眈，李世民卻始終無法平復皇子們的狼子野心。

或許在皇權至高無上的背景下，只要不是獨生子女，皇帝就注定無法一碗水端平，也無法做一個完美的好父親，所以李世民的父子關係注定要以悲劇告終。

貞觀十七年三月，齊王李祐自釀悲劇，最終自殺身死。而與此同時，太子李承乾也在行動，種種跡象表明，他試圖想複製一次「玄武門事變」。

這一次李承乾是認真的，他的手下不再是以前那些烏合之眾，取而代之的是一些重要角色。這個名單包括吏部尚書侯君集、左屯衛中郎將李安儼、漢王李元昌、洋州州長趙節、杜如晦之子—駙馬杜荷，這些人聚集到一起的目的就是為了李承乾繼承大統。

侯君集怎麼會混入李承乾的隊伍呢？這還得從滅國高昌後的那次審判說起。

滅國高昌之後，侯君集躊躇滿志地班師回朝，他滿心以為等待他的是節節高升，然而沒想到班師不到十天，他就被控縱兵劫掠押入大牢。如果沒有岑文本的上奏，侯君集恐怕還要在大牢中煎熬些時日，在岑文本上書後，侯君集才被無罪釋放。

無罪釋放，劫後餘生，侯君集的心中卻憋著一口氣，何以遠征大勝還要受這份氣，侯君集想不通，心裡也不服，然而不服又不能找皇帝說去，不服怎麼辦，只能忍著。

從此之後，侯君集擔任吏部尚書頗有聲名，然而吏部尚書這個位置依然不能讓他完全滿意，在他的前面是長孫無忌和房玄齡這些刀筆吏出身的文官，甚至遠離朝政的老李靖也排在他的前面，這讓侯君集非常不平，長孫無忌、房玄齡有什麼戰功？李靖的戰功過時很久了吧！

不平、不服、鬱悶，貞觀十四年後的侯君集始終是有情緒的。

侯君集的不服不平瞞過了很多人，卻瞞不過自己的女婿賀蘭楚石，而賀蘭楚石當時正好在東宮擔任東宮貼身帶刀侍衛（東宮千牛），於是賀蘭楚石就成了侯君集與李承乾溝通的橋樑。

不久侯君集與李承乾一拍即合，各取所需。李承乾需要利用侯君集的謀略與影響鞏固自己的儲君之位，而侯君集則渴望通過李承乾迎來出頭之日，在權衡利弊之後，他們發現只有政變才是唯一的出路，不然侯君集無法出頭，李承乾的儲君之位也隨時有可能傾覆。

為表忠心，侯君集舉起自己的雙手對李承乾說道：「此好手，當為殿下用之。」這就算向李承乾表了忠心。隨後侯君集又嚴肅的對李承乾說道：「魏王李泰正受皇帝寵愛，恐怕殿下會有隋朝太子楊勇那樣的災禍，如果皇上有詔書召見殿下，一定要提前有所防備，以防不測。」（**魏王為上所愛，恐殿下有庶人勇之禍，若有敕召，宜密為之備。**）

聽罷，李承乾沉重地點了點頭。

除侯君集之外，左屯衛中郎將李安儼也投入了李承乾的陣營，他的任務很簡單，利用職務之便監視李世民的行動，一有情況隨時彙報。

兒子監視老子，李承乾已經越陷越深了。

除了這兩個人之外，漢王李元昌、洋州州長趙節、杜如晦之子杜荷，他們都把寶押在了李承乾身上，一旦李承乾成功他們都是重臣，而一旦失敗他們都將是亂臣賊子。然而當他們決定投身李承乾陣營時，眼前閃現最多的還是成功後的場景，成功太誘惑了，成功也是有先例的，當今皇上不正是通過這個途徑成功的嗎？長孫無忌、房玄齡不就是當初押對了寶嗎？

世上無難事，只怕有心人。

統一思想之後，所有同謀者皆割破手臂，以帛拭血，然後把沾血的帛燒成灰，最後和到酒裡喝下，立下同生共死的誓言，同時計畫引兵攻入皇宮，再來一次「玄武門之變」。

為了防止夜長夢多，杜荷提醒李承乾說道：「天文有變，當速發以應之，殿下但稱暴疾危篤，主上必親臨視，因茲可以得志。」

這個計畫比攻入皇宮還簡單，直接把李世民詐入東宮然後完成逼宮，如果李承乾採納杜荷的計畫，大事猶未可知。

不知出於什麼原因，李承乾沒有採納杜荷的計畫，而是靜觀事態發展等待機會，這一等就等到了齊王謀反。李承乾聽聞齊王李祐齊州謀反後，很是不以為然，順嘴對身邊的紇干承基說道：「太子宮西牆與大內只有二十步的距離，我要是跟你們一起舉事的話，齊王怎麼跟我比啊？」（**我宮西牆，去大內正可二十步耳，與卿為大事，豈比齊王乎？**）

有些話可以說，有些話不能說，一輩子都不能說。

因為這句一輩子都不能說的話，李承乾栽了，徹底栽了。

李承乾說完這話後不久，紇干承基被抓了，理由是與齊王謀反有牽連，凡是牽連進這種謀反大案，注定十死無生，如果沒有天大的意外，貞觀十八年的某一天就是紇干承基的忌日。

紇干承基在內心裡不斷掙扎，最終生的欲望佔了上風。艱難抉擇後的紇干承基抬起頭，對獄吏說道：「我要見你們的上司，我有重大事情舉報。」

貞觀十七年四月一日，那一天不是愚人節，而李世民卻收到了比愚人節還愚人節的親啟密奏：太子李承乾謀反！

沒有比這更勁爆的新聞了。

震驚之餘，李世民指定司徒長孫無忌、司空房玄齡、特進蕭瑀、兵部尚書李世勣會同大理寺、門下省、中書省聯合調查審判，結果讓李世民繼續震驚，「反形已具」！

李承乾謀反是真的嗎？在我看來，其實未必。

我們現在看到的歷史實際是經過多方修飾的，未必是完全的真相。

李承乾謀反，可能有其心，未必有其膽，可能有策劃，未必有實施。然而在皇權面前並不需要絕對的事實，只要有「意欲」，一切就足夠了。李世民這樣的皇帝是不會等到木已成舟之後再清算的，任何威脅皇權的舉動都必須被消滅於萌芽之中，因為他的心中有一道永遠走不出的玄武門。

現在李承乾謀反已經被坐實，該如何處置呢？歷史上不乏處決謀反太子的先例，難道李世民也要步他們的後塵嗎？

此時隋朝大將來護兒之子、通事舍人來濟站了出來，說道：「陛下不失為慈父，太子得盡天年，則善矣！」

這句話說到了李世民的心坎裡，經歷過玄武門之變的他更加明白父子深情的含義，即便意欲謀反，即便圖謀不軌，然而父子畢竟是父子，血緣深情，你是逃不過的，三月已經賜死了齊王李祐，現在還要加上一個李承乾嗎？不能！絕不能！

塵埃落定

第十五章

曙光

李承乾倒了，最難過的是李世民，最高興的莫過於李泰。

爭儲天平那一端的李承乾倒了，這一端的李泰便看到了曙光，爭鬥了七年，終於要在貞觀十七年劃上一個句號了。

無論是李泰還是李泰身邊的人，抑或是朝中那些看好李泰、支持李泰的人，他們一致認為在李泰的面前將是一片燦爛陽光。

可惜，陽光燦爛的日子只有五天，短短的五天。

貞觀十七年四月一日，李承乾事敗，李泰從這場爭儲大戰中疑似勝出。從四月一日之後，李泰連續數日進宮侍奉李世民，他知道這是立儲的關鍵時刻，把握住這個時刻，自己就是未來的皇帝，把握不住，那麼七年來的爭鬥將毫無意義。

此時的李世民疲憊不堪、傷心不已，不到一個月連續兩個兒子謀反，自己這個皇帝就當得如此失敗嗎？

看著眼前的李泰，李世民又有些安慰，還好不是所有的皇子都不成器，青雀（李泰小名）一直表現都不錯，如果太子成器，他必定沒有機會，現在太子謀反已經查實，太子之位空了出來，莫非是命中注定給青雀的？

或許有些事是上天早已注定的。

閒暇之餘，李世民翻看這幾日大臣們送上的密奏，有幾封密奏是關於立新太子的，從密奏來看，李泰的支持率非常高。

黃門侍郎劉洎、中書侍郎岑文本、給事中崔仁師都給李泰投了贊成票，看來李泰的呼聲真的很高。然而令李世民疑惑的是，司徒長孫無忌卻提出了不同意見，他不同意李泰而是堅決支持晉王李治，這是為什麼呢？兩個都是他的親外甥，他為什麼不支持李泰，而是支持晉王李治呢？

其實以李世民的聰明他應該已經看透，只是不點破罷了。如果立李泰，長孫無忌於李泰毫無功勞，而如果立李治，一切就不一樣了，李治得立，長孫無忌首功一件。

一邊是寸功未立，一邊是首功一件，如果你是長孫無忌，你會怎麼選？

實際上，在長孫無忌押寶之前，李世民原本已經心有所屬了，這個人正是魏王李泰。

當日，李世民當面告訴李泰，朕將立你為太子，等這一天等了七年的李泰再也控制不住自己的情緒，激動地投入李世民的懷抱，說道：「我到今天才成為陛下真正的兒子，這是我的重生之日，我只有一個兒子，等我死之日，我會為了陛下殺掉他，然後傳位給晉王。」（**臣今日始得為陛下子，乃更生之日也。臣有一子，臣死之日，當為陛下殺之，傳位晉王。**）

假話說多了，就把假話當成真話，別人信以為真，自己也渾然不覺。

李泰敗就敗在這句表忠心的話上。

李世民心屬李泰，但他同樣需要聽聽群臣的意見，早年間魏徵就曾告誡過他「兼聽則明偏信則暗」，聽一聽大臣們的意見很有好處。

當李世民把李泰的話轉述給大臣們聽時，褚遂良接過了話頭，說道：「陛下，您說錯話了，可得警惕啊。陛下百年之後，魏王君臨天下，有哪個皇帝肯殺自己的愛子傳位給兄弟的？魏王可能那麼做嗎？陛下您以前立李承乾為太子，後又寵魏王李泰，如此才造成了今天之禍。陛下今立魏王，那就得先處置晉王，那樣才能安全。」

一語驚醒夢中人。

聽罷，李世民流下了熱淚，感傷地說道：「立魏王而殺晉王，我做不到！真的做不到！」

回宮之後，李世民久久不能平靜，原本以為二選一的選擇題已經有了答案，現在看來還是沒有答案，為什麼立儲這麼難呢？這道選擇題太難了，太難了！

最後的博弈

在李世民面對立儲選擇題左右為難時，李泰急切之下做了一件大大的蠢事，他居然恐嚇了晉王李治。

李治與漢王李元昌的關係非常不錯，現在李元昌事敗伏誅，而李元昌與李治的親密關係就成了李泰恐嚇李治的由頭。李泰幽幽地對李治說道：「你和李元昌關係很好，現在李元昌已經伏誅了，你難道不擔心你自己嗎？」（**汝與元昌善，元昌今敗，得無憂乎？**）

貞觀十七年，李泰二十四歲，李治十五歲，這是一個青年與少年的對話，然而誰贏誰輸尚屬未知。

在歷史記載中，李治一直給人淳厚仁孝的感覺，實際上這可能是一個錯覺，大大的錯覺。真正的李治絕不是他表現出來的那麼單純，所有以為他軟弱單純的人其實都被他蒙蔽了，不信可以去問問長孫無忌，可以問問褚遂良。

十五歲的李治被恐嚇後要麼是真害怕、要麼是假害怕，總之他表現得很害怕、很忐忑，而且讓自己惶恐不安的表情在李世民面前一覽無餘，這讓李世民覺得很奇怪，李治怎麼了？

百般追問之下，李治說出了事情，魏王李泰恐嚇我。

李泰聰明一世，糊塗一時，偏偏在這個時候弄出一個無聊的恐嚇。恐嚇本身很無聊，結果卻很可怕，由此李世民對李泰的看法急轉直下，如此口是心非之人焉能君臨天下？

硬刀子可以殺人，軟刀子同樣可以殺人，十五歲的李治就是用軟刀子輕輕捅了李泰一刀，這一刀很軟，不見血，但不等於不致命。

李泰注定是屬於悲劇的，在李治的軟刀子之後，李承乾的硬刀子來了。

此時的李承乾已經認命了，他只是為自己做了一點小小的辯解，他告訴自己的父親，其實自己的本意並非如此。

面對父親的責難，李承乾並不甘心，不無沉痛地說道：「臣為太子，復何所求。但為泰所圖，時與朝臣謀自安之術，不逞之人遂教臣為不軌耳。今若泰為太子，所謂落其度內。」

毒丸，徹頭徹尾的毒丸。

在二十一世紀的經濟活動中，充斥著收購與反收購，反收購的一方為了維護自己的利益就會啟動毒丸計畫，毒丸計畫一般是對本公司的股票進行「自殘」，自我打壓，說白了寧可自身承受損失，也要讓已經滲透進來的外來公司由於懼怕損失而抽身退出，這就是一損俱損的毒丸計畫。毒丸計畫說白了就是七傷拳，在傷人的同時，也重重地損傷了自己。

現在李承乾對李泰祭出了七傷拳，「我不好過，你也別好過！」

三個嫡出兒子，一個皇位繼承權，到此時李世民已經傷透了心，原本以為李承乾和李泰二選一就會為自己選出一個合格的接班人，沒想到這兩個居然只是五十步與一百步的區別。

李承乾頑劣，李泰心機重重，自己培養了十幾年的皇子怎麼就結出這樣的果？

沾上謀反，李承乾沒機會了，即使李世民答應，群臣也不會答應；李泰原本是不錯的人選，現在看來這個孩子心計太深，包藏禍心，算計大哥，恐嚇幼弟，如此不顧手足之情，安能擔當大任？

聯想到之前岑文本、劉洎的奏章，李世民不寒而慄，一個親王尚能獲得如此高的支持率，一旦成為太子，接下來會發生什麼呢？

李世民不願意去想，但他不得不去想，太子逼宮在歷史上並不少見，在貞觀之前的三十年間就發生過兩次，一次是隋煬帝楊廣，一次就是李世民自己。

隋煬帝楊廣是否真的逼宮是一個歷史懸案，而李世民自己是否逼宮，他比地球人都清楚，而且當時他還不是太子，僅僅只是親王。

有其父必有其子，難道還要讓自己的皇子再複製一回「玄武門」嗎？絕不能！

天壞之別

到現在為止，李世民已經完全推翻了以前的看法，以前他的心中是一架天平，一端李承乾，一端李泰，現在這架天平不存在了，天平的兩端沒有贏家。

貞觀十七年四月六日，朝會完畢之後，李世民留下了長孫無忌、房玄齡、李世勣、褚遂良，這是他最信任的四位大臣，也是可以參與皇帝家事的大臣。

李世民頹然說道：「我三子一弟（太子李承乾、魏王李泰、齊王李祐、漢王李元昌），竟然做出這樣的事情，真讓我心灰意冷。」說完轟然倒在自己的床上。

這一倒著實嚇壞了長孫無忌這些大臣，急忙上前扶起。起身後的李世民又抽出了自己的佩刀作勢向自己猛刺，褚遂良眼疾手快奪了下來，順手把刀交給了一旁的晉王李治。

這個關鍵時刻晉王李治在場，李世民的用意已經昭然若揭。

剛才的折騰一半是作秀、一半是發洩，任何一個皇帝、一個父親遇到這樣的連環打擊都會難過，李世民也不例外。

平靜之後，長孫無忌先說話了：「請陛下說出自己的真實想法吧，臣子們都聽著。」

這是他與李世民常年磨合的結果，李世民一個眼神、一個動作長孫無忌都能洞察，現在折騰出自殘的表演，一定是有大事要宣布。

李世民緩緩的說道：「我欲立晉王。」

長孫無忌等的就是這句話，馬上對曰：「謹奉詔；有異議者，臣請斬之！」

李世民看了長孫無忌一眼，然後眼角又掃過房玄齡、李世勣、褚遂良的臉，三個人一臉的平靜，似乎沒有聽到剛才兩人的話。其實不是沒聽到，而是裝沒聽到，這是皇帝的家事，長孫無忌是舅舅可以參與，剩下的人只是陪襯，負責鼓掌配戲的而已。

李世民衝著晉王李治一笑：「汝舅許汝矣，宜拜謝。」晉王李治跪下衝著舅舅深深地磕了一個頭，親舅舅啊，恩人啊！

政治說白了就是一場秀，只不過秀場大小不同而已。

在確立晉王繼承大統的問題上，李世民先率領長孫無忌等四名重臣做了一場小型的秀，接下來，他還需要一場大型的秀。

《資治通鑒》是這樣記載這場大型政治秀的：

上謂無忌等曰：「公等已同我意，未知外議何如？」對曰：「晉王仁孝，天下屬心久矣，乞陛下試召問百官，有不同者，臣負陛下萬死。」上乃御太極殿，召文武六品以上，謂曰：「承乾悖逆，泰亦凶險，皆不可立。朕欲選諸子為嗣，誰可者？卿輩明言之。」

眾皆歡呼曰：「晉王仁孝，當為嗣。」

這就是一場徹頭徹尾的政治秀，小型會議已經確立了李治的儲位，現在只不過再在大規模的場合重來一遍，而且答案已明擺著。

事實上，在這個時候還有一個皇子保持著微弱的競爭力，這就是李世民的第三子李恪。李恪性格果斷，做事乾脆俐落，很有李世民年輕時的風範，在嫡子之外，李恪是最受寵的。

現在李承乾謀反，李泰凶險被排除在外，再排除早薨的二皇子李寬，剩下的皇子中最年長的就是吳王李恪，儘管《禮記》規定立嫡，但同樣也有立長的規定，同李治的「嫡」相比，李恪的「長」也是一個優勢。

然而和歷史上的很多悲情皇子一樣，李恪注定是悲情的，因為從他與生俱來的血統來看，他繼承大統的可能性微乎其微。因為他的母親正是隋煬帝的公主，也就是說吳王李恪的身上流淌著隋煬帝的血脈。

繼承王朝大統的皇帝居然流淌著前朝皇帝的血脈，這在中國歷史中是不可想像的。

這不是李恪的錯，因為他無從選擇。

李恪注定是悲情的，他身為皇子卻有著前朝皇帝的血脈；李恪注定是屬於悲劇的，他有兩個親舅舅，一個早早過世（楊昭），一個江都身死（楊暕），世上只留下一個歪把舅舅長孫無忌，偏偏還是人家李治的親舅舅。然而造化弄人，李恪與長孫舅舅注定不共戴天。

由來只聞新人笑，有誰聽得舊人哭，在晉王李治內心暗自竊笑的同時，魏王李泰卻從陽光燦爛的日子中迅速跌落到人生的最低谷。

在李世民確立李治儲君地位的同時，原本當紅的李泰卻被排除在外，對這一切茫然不知。在他看來自己獲得儲君之位只是時間的問題，應該就在這幾天，不會等太久的。

貞觀十七年四月六日，這是李泰一生都銘心刻骨的日子，他在這一天經歷了從大喜到大悲。

如果沒有意外，父皇會在今天正式向群臣宣布立自己為太子，自己等待了七年不正是為了這一天嗎？或許今天就是自己大喜的日子，一個值得載入史冊的日子。

接到父親李世民的傳召，李泰在數百騎兵的護衛下抵達永安門，在永安門下李世民傳令所有騎兵門外守候，只准李泰一人進宮。

低調，一定要低調，孤身進宮的李泰暗暗地對自己說。

在宮廷侍衛的引導下，李泰進入了肅章門，眼前的路似乎有些不太對勁，似乎不是通往父皇的寢宮的路，這是哪啊？

北苑，你的軟禁之地。

貞觀十七年四月七日，李世民詔令立晉王李治為皇太子，隨後登承天門，大赦天下，准許天下百姓大吃大喝三天，慶祝新太子得立。

隨後李世民對著身邊的侍臣感歎地說道：「我如果立李泰為太子，那就說明太子之位可以通過謀略經營得到。如今太子無道，魏王鑽營，所以兩個都棄用，這個方法可以傳給子孫，以後就採用這個方法。況且如果立李泰，李承乾和李治都不會安全，而立李治，李承乾和李泰都會安養天年。」

一廂情願，自說自話。

說太子之位不能經營所得，那麼你的太子之位從何而來？立李治，李承乾和李泰就會安養天年，也是一廂情願，只是李承乾和李泰死得早，不然挺到武后當國時代，後果不堪設想。

歷史證明，長於婦人之手的李治曖昧地給了武則天機會，李世民為了李承乾和李泰的安全選擇了李治，然而卻給大唐王朝埋下了致命的隱患。

長達七年的爭儲大戰終於落下了帷幕，李承乾輸了，李泰也沒贏，倒是年僅十五歲的晉王李治爆了一個大大的冷門。搶了半天，兩個二十多歲的青年輸給了十五歲的毛頭少年。

不是青年不出色，不是少年太出色，一切都是李世民的一手導演，說到底李世民只有一個原則：別威脅到皇權。

如此一來，一母同胞三兄弟有了各自不同的人生結局，李治繼承大統，成為歷史上的唐高宗；原太子李承乾被廢黜，放逐黔州（重慶市彭水縣）；李泰免去雍州牧、相州都督、左武候大將軍等職，降爵，改封東萊郡王，後改封順陽王，放逐均州（湖北丹江口市西北）。

從此，長安成為李治一個人的城市，而李承乾、李泰這兩個生於斯長於斯的皇子在有生之年與長安再無交集。

貞觀十八年李承乾逝世於黔州，時年二十六歲，以國公之禮於當地安葬，數十年後遷回皇陵安葬，活著沒能回到長安，死後終於得償所願。

唐高宗永徽三年，李泰逝世於均州，時年三十五歲，就地安葬，一九七三年當地磚瓦廠清理出兩座唐墓，一座是李泰墓，一座是李泰長子李欣墓，這位心比天高的皇子最終沒能回到長安，安葬於皇陵之內，只能孤零零地長眠於自己的流放之地。

侯君集的悲劇

皮之不存，毛將焉附？

當太子李承乾被打上謀反的烙印，他的東宮團隊就注定了樹倒猢猻散的結局。

漢王李元昌沒有等來際遇的改變，卻等來了家中自盡的結局，李世民還算法外開恩，除李元昌一人外，娘親、妻子、兒女一律赦免。

左屯衛中郎將李安儼、洋州州長趙節、駙馬杜荷押錯寶了，所以你們的頭銜過期了，跟過去說聲再見吧，然後接受一刀兩斷的結局。

太子左庶子張玄素、太子右庶子趙弘智、令狐德棻沒有盡到勸諫責任，一律廢為庶人。

一連串都是倒楣的名單，不過在倒楣名單之外還有兩個幸運名單，太子詹事于志寧與告密有功的紇干承基。

太子詹事于志寧數次勸諫，雖未能阻止太子悲劇的發生，但已經竭盡全力，因此沒有處罰，只有嘉勉，數日後與馬周一起出任太子左庶子，李承乾太子走了，李治太子來了。

紇干承基告密有功，擢升為祐川府折衝都尉，封平棘縣公，踩著前太子的身體上位，你的仕途已經到頭了。

侯君集沒有出現在上面的名單之中，並不是躲過了處罰，而是我特意把他抽了出來，重點說說這個離名將只有半步之遙的準名將。

做事追求極致，做人心胸窄狹，性格決定命運，侯君集的性格決定了他悲劇的命運。

做事追求極致，在遠征吐谷渾、滅國高昌時已經體現得淋漓盡致。為別人不能為之事，戰別人不能戰之戰，憑藉追求極致的精神他成功了，先滅吐谷渾，再滅高昌國，在軍事上他已經做到極致。

戰爭是生活的一部分，但並不是全部，戰場上呼風喚雨的侯君集到了生活之中卻不是那樣隨意從容，侯君集的性格可以讓他在戰場上無往不勝，然而這樣的性格也讓他在現實生活中屢屢碰壁，失意不已。

性格決定了李靖可以出將入相，性格同樣決定了侯君集可以出將，但不能入相，正是入相後的不如意最終釀成了侯君集的人生悲劇。

其實在侯君集入相後，已經先後有四個人說過侯君集可能謀反，前三個人的說法都被李世民一笑而過，最後一個人的舉報讓李世民痛下決心。

最先說侯君集會謀反的是一個名將，千古名將李靖。李靖說侯君集會謀反，其實是被侯君集逼的，因為是侯君集先向李世民報告，李靖將反矣。

李世民聞言死死盯著侯君集，說道：「證據呢？」

侯君集答道：「李靖只教給我一些粗略的兵法，精華的一點不教，由此可以判斷。」（**靖獨教臣以其粗而匿其精，以是知之。**）

後來李世民向李靖求證，被逼到牆角的李靖說了這樣一番話：「此乃君集欲反耳。今諸夏已定，臣之所教足以制四夷，而君集固求盡臣之術，非反而何。」

兩位名將，一位要窮盡兵法精華，一位卻只點到為止，在天下大治的背景下，誰高誰低，一目了然。

跟李靖比，侯君集差的不只一個身位。

第二個說侯君集會謀反的也是一位名將，李世民的堂兄江夏王李道宗。

李道宗曾經在一次閒談中提醒李世民說道：「君集志大而智小，自負微功，恥在房玄齡、李靖之下，雖為吏部尚書，未滿其志。以臣觀之，必將為亂。」

對於這一次提醒，李世民也只是一笑了之，對曰：「君集材器，亦何施不可！朕豈惜重位，但次第未至耳，豈可億（臆）度，妄生猜貳邪！」

在李世民看來，侯君集的才能足以升任朝中的任何一個位置，現在只把他放在吏部尚書的位置上，只是因為論資排輩還沒有輪到他，在他的前面畢竟還有長孫無忌、房玄齡這些人，李世民認為侯君集不會因為位置的問題心生二心，所以李道宗的猜測多慮了。

實際上，李世民高估了侯君集的心胸，這個做事追求極致的人不是不在乎位置，恰恰是很在乎，而且對現有的位置很不滿意。吏部尚書在別人看來是高位，在侯君集看來則是屈辱，更關鍵的是滅國高昌之後的牢獄之災讓侯君集一輩子都心緒難平。

人有智商和情商之分，或許侯君集屬於智商很高、情商很低的人，經得起風浪，卻受不起委屈。

第三個說侯君集謀反的人也是一位名將，凌煙閣上有畫像的張亮。

貞觀十七年，時任太子詹事的張亮因故被貶出長安出任洛州都督，侯君集前往送行。

在送行宴上，侯君集挑起了話頭：「是誰在排擠你啊？」

張亮沒好氣的回道：「除了你還有誰。」

侯君集瞪大眼睛說道：「我平叛一國歸來，誰想到皇帝竟大發雷霆，怒氣連一個屋子都裝不下，我都這樣了，還能排擠你！」

說到自己的遭遇，侯君集摟不住了，捲起袖子說道：「我太鬱悶了，鬱悶得都不想活了，你反不？我跟你一起反！」（鬱鬱殊不聊生！公能反乎？與公反！）

酒啊，真不是一個好東西，說這話時的侯君集一定是喝酒喝高了，神經短路了，大腦已經管不住嘴了。

此時的侯君集把張亮當朋友，然而張亮卻沒把侯君集當朋友，不久侯君集的酒話就被張亮原封不動地告密給了李世民，這一次李世民依然沒有採信。

李世民對張亮說道：「你跟侯君集都是功臣，說這話時沒有第三人在場，如果就此逮捕侯君集，侯君集必定不服也不會認帳，僵持下去不會有什麼結果，這件事到此為止，不要再說了。」

李世民一直按下不表，這並不意味著他完全信任侯君集，只是因為侯君集「反形未具」，所以他對侯君集一直觀察使用而已。

然而事不過三，等到李承乾事敗，第四個檢舉侯君集謀反的人來了，這個人叫賀蘭楚石，是東宮千牛，賀蘭楚石還有另外一個身分，侯君集的女婿。

前三次舉報蜻蜓點水，這一次舉報釜底抽薪，要了親命！

侯君集還想硬抗，卻架不住賀蘭女婿的當面對質，賀蘭楚石不僅將當初的陰謀和盤托出，更是拿出了侯君集與李承乾的來往信件，人證、物證一應俱全，從未在戰場上低頭的侯君集低頭了，徹底認栽。

這一次審判由李世民親自審判，為的是不讓侯君集受到刀筆小吏的刁難，也算是給了侯君集最後的面子，然而謀反大罪罪無可赦，即便李世民有心，群臣輿論也不會答應。

臨別之際，李世民流淚了，眼淚有作秀的成分，也有發自肺腑的痛心，畢竟侯君集從他親王時代就開始追隨，至今已經二十餘年，二十餘年來戰功不斷有口皆碑，只可惜沾上了這十惡不赦的謀反大罪。

李世民最終對侯君集說了一句話：「與公長訣矣！」

說完，李世民轉身離去，侯君集撲倒在地。

臨刑前，侯君集提出了最後一個要求，對著監刑官淒然說道：「君集蹉跌至此！然事陛下於藩邸，擊取二國，乞全一子以奉祭祀！」

李世民准奏，詔令赦免侯君集妻子以及子女，然死罪已免，活罪難恕，侯君集妻兒逐出長安，流放嶺南，自此侯君集一脈再無所蹤，湮沒於歷史的雲煙之中。

據《隋唐嘉話》記載，在侯君集身後，李世民沒收了他的家產，收穫頗豐。這次抄家還有一個意外的收穫，居然在侯君集的家中發現了兩位美女。

美女不稀奇，稀奇的是兩位美女從一出生只吃人乳，不吃任何食物。

曾經輝煌也好，曾經落寞也罷，貞觀十七年四月六日，一切的輝煌和落寞都打上了句號，唐初名將侯君集，一刀兩斷，人頭落地，從此世間再無侯君集。

身前榮光，身後寂寞，千古功過，任由世人評說。

畫像凌煙閣

男兒何不帶吳鉤，收取關山五十州。
請君暫上凌煙閣，若個書生萬戶侯。

唐 李賀

李賀是唐朝的鬼才詩人，出自李唐宗室，祖上是唐高祖李淵的堂弟鄭王李亮，不過到李賀這兒已經家族衰落，他本人一生不得志，鬱鬱寡歡，只活了二十七歲就與世長辭，可惜，可歎。

在李賀詩中提到的「凌煙閣」其實是李世民的傑作，貞觀十七年二月二十八日，李世民將二十四名開國功臣肖像畫在凌煙閣上，此舉堪比東漢的雲台三十二將，都是以掛肖像的方式給予開國功臣精神獎勵。

凌煙閣建在長安城內（太極宮）三清殿的旁邊。閣中又隔為三層：最內一層所畫均為功高宰輔的大臣；中間一層所畫均為功高王侯的大臣；最外一層所畫則為其他功臣。這二十四位功臣的畫像均面北而立，以示為臣之禮。

略有遺憾的是，到貞觀十七年二月二十八日，二十四名開國功臣中已有十二人作古，因此凌煙閣畫像一半是生前榮耀，一半是身後榮光。

二十四人都包括哪些人呢？

1. 司徒、趙國公長孫無忌
2. 司空、揚州都督、河間元王李孝恭（已故）
3. 司空、萊國成公杜如晦（已故）
4. 司空、相州都督、太子太師、鄭國文貞公魏徵（已故）
5. 司空、梁國公房玄齡
6. 開府儀同三司、尚書右僕射、申國公高士廉
7. 開府儀同三司、鄂國公尉遲敬德
8. 特進、衛國公李靖

9. 特進、宋國公蕭瑀
10. 輔國大將軍、揚州都督、褒忠壯公段志玄（已故）
11. 輔國大將軍、夔國公劉弘基
12. 尚書左僕射、蔣忠公屈突通（已故）
13. 陝東道行台右僕射、鄖節公殷開山（已故）
14. 荊州都督、譙襄公柴紹（已故）
15. 荊州都督、邳襄公長孫順德（已故）
16. 洛州都督、鄖國公張亮
17. 光祿大夫、吏部尚書、潞國公侯君集
18. 左驍衛大將軍、郯襄公張公謹（已故）
19. 左領軍大將軍、盧國公程知節（程咬金）
20. 禮部尚書、永興文懿公虞世南（隋末奸臣虞世基之弟）（已故）
21. 戶部尚書、渝襄公劉政會（已故）
22. 光祿大夫、戶部尚書、莒國公唐儉
23. 光祿大夫、兵部尚書、英國公李世勣
24. 徐州都督、胡國公秦叔寶（已故）

身前榮耀，身後榮光，小小的凌煙閣濃縮了二十四名功臣的一生，就二十四功臣而言，最具悲

劇意義的就是侯君集。

二十四名功臣，十二名已經身故，他們沒有來得及親身體會畫像凌煙閣的榮耀，如果地下有知，只能在九泉之下感歎身後的榮光。而侯君集不一樣，他健在、他看到了、他體會到了，然而他的體會又是那麼短暫。

從二月二十八日畫像凌煙閣，到四月六日侯君集伏誅只有短短的三十幾天，這三十幾天中侯君集先是開國功臣，後是謀反逆賊，角色切換之迅速讓人只能感歎歷史這個導演太無情，才登巔峰就墜入谷底，之間連一個轉換都沒有。

然而侯君集又是幸運的，李世民沒有因事廢人，在侯君集身後依然以二十四功臣之一的身分享受凌煙閣畫像的待遇，如果侯君集地下有知，這一次他應該平衡了。

九九歸一，塵埃落定！

再征高句麗

第十六章

李世民的煩惱

在傳統的印象中，總覺得皇帝君臨天下，為所欲為，應該是沒有煩惱的。事實上，皇帝也是人，皇帝也有煩惱，只是由來人們只看到了「賊吃肉」，沒看到「賊挨揍」。

貞觀十七年的李世民也是煩惱的，在四月七日前，他的三個兒子和一個兄弟為了皇位的繼承權鬥得死去活來，最後他快刀斬亂麻，將心中的那架天平掀翻，太子和魏王兩棄之，轉而選擇了時年只有十五歲的晉王李治。

選擇晉王李治是李世民不得已的選擇，因為嫡出總共三個兒子，太子和魏王都倒了，只剩下晉王一棵獨苗，不選他還能選誰呢？然而晉王李治柔弱的肩膀能挑起大唐的江山社稷嗎？李世民有些懷疑，有些不放心。

都說是一個籬笆三個樁，一個好漢三個幫，到了李治這裡，三個幫是不夠的，起手十一個，而且各個都是當朝絕頂高手。

這十一個幫手都是誰呢？

太子太師長孫無忌，太子太傅房玄齡，太子太保蕭瑀，這是太子的三師；太子詹事（**太子宮總管**）李世勣，太子宮右衛率（**太子宮右翼侍衛軍司令**）李大亮，太子宮左庶子于志寧、馬周，太子宮右庶子蘇勖、高季輔，太子少詹事張行成，太子賓客褚遂良，這些是太子宮的領導層配置。

這個名單幾乎將貞觀一朝的核心一網打盡，由此可見李世民的用心良苦，值得一提的是太子少詹事張行成，此人的名字知道的人很少，但他有兩個很有名的族孫，這兩個族孫在武曌執政的晚期紅得發紫、熱得發燙，兩個活寶的名字分別叫做張易之、張昌宗。

十一人的名單涵蓋了貞觀一朝的核心，也涵蓋了李世民最後的三大託孤重臣，分別是長孫無忌、褚遂良、李世勣。

長孫無忌是李世民的髮小、大舅哥，褚遂良的父親褚亮是李世民的十八學士之一，這兩個人都是有淵源的，而唯獨李世勣沒有這些淵源，他是憑藉自己的戰功和為人獲得了李世民的賞識，他的李姓正是李唐皇室賜予，而他本姓徐，隋唐演義中徐茂功的原型正是他。

為了籠絡李世勣，李世民是下了血本的，血本下到最後，連自己的鬍子都搭上了。

李世勣曾經得過一次急病，需要用偏方治癒，偏方由數味中草藥構成，其中一樣很奇特：鬍鬚灰，也就是把鬍鬚剪下來燒成灰，然後摻到藥丸裡。本來鬍鬚灰並不難得，而難得的是李世民貢獻出了自己的鬍鬚灰。

李世民親自剪下了自己的鬍鬚，燒成了灰，親手摻到了藥丸裡，然後送給李世勣吞服治病，這一下把李世勣感動得幾乎吐血。皇帝，君臨天下的皇帝，為了李世勣的病居然剪掉了自己的龍鬚，這是何等的恩寵，你李世勣承受得起嗎？

感動不已的李世勣不斷地磕頭、不斷地謝恩，直到磕頭磕出了血。對此李世民淡淡地說道：「為社稷，非為卿也，何謝之有！」

如果說剪鬚事件已經足以讓李世勣感動，那麼隨後的恩寵就讓李世勣感動到無以復加。

貞觀十七年的某一天，李世勣參加了李世民主持的宮廷宴會，在這次宴會上，李世民對著李世勣又說出了一番推心置腹的話，李世民盯著李世勣的眼睛，緩緩地說道：「朕在群臣中尋覓可以託付孤兒寡婦的大臣，沒有比你更合適的了，當年你沒有辜負舊主李密，想來也不會辜負朕！」（朕求群臣可託幼孤者，無以逾公，公往不負李密，豈負朕哉！）

話說到這個份上，算是把李世勣捧到了極點，此時李世勣的感動已經無法用言語表達，當即謝恩發誓，咬破自己的手指，以示忠誠。在這場宴席上，李世勣喝醉了，最後直接倒在宴席上呼呼大睡，而李世民則關切地解下自己的龍袍為他蓋上，以免受涼。

君臣際遇如此，夫復何求？

歷史上的事情就是這樣，總有些人物讓人感歎，總有些事情讓人感動，然而如果你真的以為李世民與李世勣真的交心到如此程度，那就是你錯了。李世民與李世勣的君臣際遇也是一場政治秀。

李世民處心積慮，用心良苦，說到底為的都是大唐江山的傳承，然而到現在為止他對李治還是不放心，在他的心裡一直還有一個人選，那就是吳王李恪，李恪頗有李世民年輕時的風采，不由得李世民不動心。

一邊是英武類己的李恪，一邊是看似柔弱的李治，李世民再次陷入了煩惱之中，該不該換掉李治改立李恪呢？

猶豫中的李世民找來了自己的大舅哥長孫無忌，說道：「公勸我立雉權（李治小名），雉奴懦，恐不能守社稷，奈何！吳王恪英果類我，我欲立之，何如？」

李世民用這樣的話問長孫無忌絕對是問錯了人，試問長孫無忌這個晉王李治的擁立者能輕易放棄自己的立場去轉而支持吳王李恪嗎？不可能，絕對不可能，第一，吳王李恪不是自己的親外甥；第二，吳王李恪年齡太大了，難以控制，有誰願意擁立這樣一個尾大不掉的爺呢？

李世民似乎看出了長孫無忌的小算盤，說道：「公以恪非己之甥邪？」一語中的，直擊要害，且看長孫無忌如何應答。

長孫無忌從容說道：「太子仁厚，真守文良主；儲副至重，豈可數易？願陛下熟思之。」

這就是長孫無忌，老奸巨猾的長孫無忌，抬出太子仁厚的招牌，再祭出「儲君之位不能經常反覆」的寶典，一個招牌，一個寶典，就讓李世民啞口無言。

「太子仁厚」完全符合儲君的規範，這說明你沒有廢太子的理由；「儲君之位不能經常反覆」這說明一個君臨天下的皇帝不能總是出爾反爾，反覆無常，已經廢了一個太子，難道還要再廢一個嗎？長孫無忌用一個招牌和一個寶典穩住了李世民，同時將李世民「公以恪非己之甥邪？」的質問按下不表。

到了這個時候，李世民只能認命了，想立的不能立，不想立的卻偏偏得立。以李世民的執政能力，若是一意孤行立吳王李恪也是可以的，然而作為皇帝必須考慮眼前也必須考慮身後。在眼前他可以用自己的手腕迫使大臣們服從李恪，然而在身後他就無能為力了，以長孫無忌為首的大臣們不會輕易就範，這就注定了李恪即使成為太子，也未必成為合格天子。

那麼為了李恪而趕走長孫無忌這些大臣可行嗎？也不可行。他們都走了，皇帝也就成了光桿司令。皇帝與大臣就是一個主角與一大堆配角的關係，缺了配角這戲沒法演。

痛定思痛的李世民只能就此放棄易儲的想法，無論李治仁厚也好、懦弱也罷，他只能有這一個選擇了。至於吳王李恪只能忍痛放棄，怪只怪他不是嫡出，怪只怪他沒有一個舅舅叫長孫無忌，怪只怪造物弄人。

此後李世民專門找來了吳王李恪，通知了他不能立儲的結局，從今以後大唐的太子就是晉王李治，以後他會是大唐的皇帝。而你李恪儘管年長，但你是臣，要記住自己的身分。

李世民對李恪說道：「父子雖然是至親，但如果有罪，天下的法律也不能徇私情。西漢時漢武帝確立劉弗陵當皇帝，劉弗陵的哥哥燕王劉旦不服，陰圖不軌，結果攝政大臣霍光一紙詔書就把他誅殺了。為人臣子，不可不戒。」

說這話時李世民表面嚴肅，內心悲傷，他想用劉旦和劉弗陵的故事警示李恪，沒有想到卻一語成讖。

十年後，吳王李恪被誣陷謀反，勒令自殺，而把他打入謀反名單的正是掛名舅舅長孫無忌，於是燕王劉旦的悲劇在唐朝再次上演。李恪就是「劉旦」，而「霍光」，長孫無忌當仁不讓。

高句麗恩仇

貞觀十七年到十八年的李世民是煩惱的、是苦悶的、是需要發洩的，恰在此時一個很好的發洩對象出現了，這個對象就是高句麗。

高句麗在隋朝時一度與隋朝為敵，結果引發了隋朝前後四次遠征，隋文帝楊堅一次，隋煬帝楊廣三次，而隋朝末年的天下大亂就是由三征高句麗引起。

可能是本著「敵人的敵人就是朋友」的原則，在唐朝建立之後，高句麗與唐朝的關係相對不錯。此時高句麗國王已經發生了更替，那個惹怒隋朝的國王高元已經去世了，繼位的是他同父異母的弟弟高建武，在高建武的任內與唐朝的關係非常融洽。

武德二年，高建武遣使來朝；武德四年，高建武再次遣使朝貢；武德五年，奉高祖李淵之命搜羅隋末因戰爭散落在高句麗各地的原隋朝士兵以及百姓以禮遣返，前後達一萬多人。

雙方的友好關係一直延續到貞觀五年，這一年兩國的關係發生了微妙的變化。

兩國關係的變化是由一個人性化措施引起的。

貞觀五年，李世民派廣州都督府司馬長孫師出使高句麗，交給他一項任務：收集隋朝三征高句麗時陣亡將士的遺骸統一加以安葬，這個任務很特殊，也很人性化，同時彰顯了李世民胸懷天下的博愛之心。

奉命出使高句麗的長孫師開始時非常順利，然而不久就遇到了一個難題：高句麗居然用隋軍將士的遺骸修築成宣揚武功的京觀。

京觀是中國人的發明，京觀的功能是宣揚武功。京觀的修築是這樣的，先堆集敵軍的屍骸，然後封土而成，修築好的京觀展示的是我方的戰鬥力，羞辱的是對方的無能，現在高句麗就是用隋軍將士的遺骸修築成一座宣揚高句麗武功的京觀。

看著這刺眼的京觀，長孫師出離憤怒，儘管距離三征遼東已經過去了將近二十年，但這加之於隋軍陣亡將士身上的屈辱卻一直延續到了貞觀五年，死後不能入土為安還要接受這樣的屈辱，太殘酷了。

長孫師長嘯一聲說道：「毀掉京觀，正式安葬這些為國捐軀的將士。」

在長孫師的主持下，京觀毀掉了，死後背負屈辱的將士遺骸得到了安葬，長孫師將這些遺骸下葬，祭奠一番，然後回朝覆命。

長孫師的使命就這樣結束了，然而留給高句麗的震動卻剛剛開始，在長孫師看來他只是拆除了一座京觀，在高句麗看來這或許是大唐發動戰爭的信號，連京觀都毀了，還有什麼做不出來呢？

從此之後，高句麗加強了對大唐的戒心，並且開始修築用以防守的長城，東北自扶餘城，西南至海，千有餘里。不過防範歸防範，兩國的微妙關係還沒有到破裂的地步，貞觀十四年，高句麗國王高建武還遣太子高桓權朝貢，李世民對之優勞有加。

淵蓋蘇文在貞觀十六年（六四二年）成為高句麗朝中尾大不掉的權臣，出任東部大人（**東部總監官，舊唐書稱淵蓋蘇文時任西部大人**），性情粗暴、違法亂紀，已經露出不臣的苗頭。不甘心被架空的高建武召集了部分大臣計畫除掉淵蓋蘇文，然而很不幸消息還是走漏了，「除淵計畫」被淵蓋蘇文提前知曉，這一下刀把握到了淵蓋蘇文的手中。

此時的淵蓋蘇文已經掌握了高句麗的兵權，發動兵變只是抬抬手的事情，以前不發動是因為時機未到，現在對方的「除淵計畫」已經出臺，再不兵變就沒機會了。

淵蓋蘇文決定兵變，在發動兵變之前對高建武撒了一個謊，他謊稱要舉行一次盛大的閱兵式，邀請國王和朝中大臣一起檢閱，為了表示誠意還給大家準備了酒席。受邀檢閱部隊的大臣們沒有多想，儘管他們知道淵蓋蘇文一直有不臣之心，但他們還是認定淵蓋蘇文不敢胡來，這麼多朝中大臣在場，諒他不敢怎樣。

就在大臣們一一入席準備享受大餐時，淵蓋蘇文的伏兵殺了出來，一百多名朝中大臣沒有享受到大餐，卻吃到了淵蓋蘇文免費贈送的「亂刀剁」。

處理完朝中大臣之後，淵蓋蘇文揮刀衝進了王宮，親自招待了國王高建武，淵蓋蘇文將高建武砍成數段告終，事後他還把零碎的高建武扔進了水溝。

在剁完高建武後，淵蓋蘇文擁立了新國王，新國王是高建武的侄子，名叫高藏，顯然這個高藏也就是個木偶，牽線的還是淵蓋蘇文。從此之後，淵蓋蘇文自稱莫離支（**中央執政官**），集高句麗軍政大權於一身，相當於唐朝的吏部尚書加兵部尚書，而高句麗國王只是擺設。

此時的淵蓋蘇文就是高句麗事實上的國王，氣焰之盛無人可擋，平常身背五把佩刀殺氣騰騰，屬下無人敢正視他的眼睛，上馬下馬踩的都是人梯，無論多貴的貴族、多高的將領在淵蓋蘇文眼中就是一個馬鐙，用來踩在背上上馬的馬鐙而已。

至於出行，淵蓋蘇文的排場更大，一律軍隊開道，儀仗隊高喊閒雜人等規避，實在沒處躲的可以先跳進旁邊的深溝或者山谷躲一會。經過淵蓋蘇文的不斷出行，高句麗老百姓幾乎不敢上街了，畢竟跳深溝和山谷是很危險的。

淵蓋蘇文的囂張很快從國內延伸到國外，向鄰國新羅發起了攻擊，這一下觸動了唐朝的神經，因為新羅與高句麗一樣都是唐朝的朝貢國。高句麗入侵新羅，這就打破了原有的平衡，如果放任淵蓋蘇文坐大，那麼很可能在朝鮮半島以及遼東半島興起一個新的軍事強國，這恰恰是李世民所不願看到的。

李世民先是派出了司農丞相里玄獎前往調停，勸說淵蓋蘇文停止進攻新羅，李世民滿心以為淵蓋蘇文會聽話立即收兵，沒想到淵蓋蘇文並不買帳。

淵蓋蘇文說道：「以前隋朝三次攻打我們的時候，新羅趁火打劫蠶食了我們五百里領土，現在不讓我們攻打，除非他們主動歸還，否則這仗沒完。」

面對不聽話的淵蓋蘇文，相里玄獎的嘴上功夫也不含糊，馬上回應道：「這都是陳年舊事不能論了。真要論起來，遼東各城過去都是我們的郡縣，被你們吞併了，我們都沒再說什麼，你們怎麼能再和新羅算那些舊帳呢？」

相里玄獎苦口婆心，淵蓋蘇文置若罔聞，這是高句麗的事，唐朝管不著。

貞觀十八年二月一日，相里玄獎回到長安，將碰壁的經歷一一回奏，這次回奏成為大唐與高句麗關係的分水嶺，在這次回奏之後，李世民決定對高句麗進行討伐，而且要御駕親征。

李世民說道：「莫離支（淵蓋蘇文）賊弒其主，盡殺大臣，用刑有同坑阱。百姓轉動輒死，怨痛在心，道路以目。夫出師弔伐，須有其名，因其弒君虐下，敗之甚易也。」

「弒君虐下」這就是李世民給淵蓋蘇文定的罪名，這個罪名很恰當，然而卻未必是大唐出兵高句麗的必然理由。李世民之所以決定出兵高句麗，應該不外乎三個原因：一、地緣政治需要，不能允許淵蓋蘇文一味坐大，不然將對唐朝的東北部安全構成嚴重威脅；二、自登基以來，李世民再也沒有御駕親征了，這一次他要御駕親征，他要證明自己依然沒有老，依然可以南征北戰；三、幾年來，立儲、廢儲讓他心力憔悴苦悶不已，他需要發洩，需要一場酣暢淋漓的勝利。

總之在公在私李世民都要出征高句麗，對於大唐和他自己都很重要。

出征

對於李世民的出征，朝中是分成兩派的，一派是鷹派，一派是鴿派，鷹派以主戰的李世勣為代表，鴿派以主和的褚遂良為代表。

李世勣舉出對薛延陀汗國的陳年往事，貞觀十五年薛延陀汗國犯邊，李世民準備大舉討伐結果被魏徵叫停，然而時隔三年惡果出現，薛延陀汗國依然在邊境製造摩擦，由此可見該討伐的一定要討伐。

褚遂良則提出不怕一萬就怕萬一，一般情況下大唐出兵必勝，但是萬一此次失利呢？一旦失利就很有可能重蹈隋朝的覆轍，越想發兵報復越報復不了，最後的結果可能會影響國家安危。而對於李世民的御駕親征，褚遂良更是舉雙手加雙腳不贊成，以萬金之軀輕行遠舉不敢想像，令人擔憂。

此時的朝中大臣多數站在褚遂良一邊，他們反對遠征高句麗，更反對李世民御駕親征。然而李世民就是李世民，一旦決定就很難更改，況且此戰於公於私他都要打，即使一百頭牛也拉不回，即便魏徵在世也未必能讓李世民回頭。

貞觀十八年十一月二十四日，李世民任命刑部尚書張亮為平壤道行軍大總管，領將軍常何等率江淮、嶺南、三峽勁卒四萬，戰船五百艘，同時在長安、洛陽招募士卒三千人，總計四萬三千人從萊州出發，橫渡黃海，直擊高句麗首都平壤；任命太子詹事、左衛率李世勣為遼東道行軍大總管，率領步騎六萬以及蘭州、河州二州降胡向遼東城進發，兩軍合勢並進。

李世民採用的方法與隋煬帝楊廣的方法一樣，同樣是兩路並進、同樣是海陸夾擊，只不過楊廣已經失敗了，那麼等待李世民的又是什麼呢？

在李世民看來，等待他的除了勝利，還是勝利。

李世民為什麼這麼自信呢？他自己給出了五個理由：

一曰以大擊小，二曰以順討逆，三曰以治乘亂，四曰以逸敵勞，五曰以悅當怨，何憂不克！

貞觀十八年十二月十四日，李世民下詔，遠征各軍以及百濟國軍隊、新羅國軍隊、奚部落軍隊（灤河上游）、契丹部落軍隊（遼河上游）各軍分道直擊高句麗。至此李世民已經完成了戰略布局，從這一刻開始至少有六隻拳頭分六個方向向高句麗揮去，至於高句麗能不能挺住，就看自己的造化了。

李世民已經決定御駕親征，長安和洛陽就處於權力的真空地帶，該留下誰鎮守長安和洛陽呢？

《禮記》有云：儲貳鎮中。意思是說皇帝不在，則由儲君鎮守，全面主持工作。在李承乾做太子時一直維持著這個慣例，然而這一次李世民卻有了獨特的安排，他沒有把太子李治留在長安或者洛陽，而是把長安交給了房玄齡，洛陽交給了蕭瑀，李世民把房玄齡和蕭瑀這兩名重臣放在留守的位置上，就是為了給李治鍾鍊的機會。

事實上，從貞觀十七年立儲以來，晉王李治一直沒有像樣的功績，這在李世民看來是致命的缺憾，如此何以服眾，何以君臨天下，更何況李治生性柔弱，這讓李世民非常擔心。

「生子如狼，猶恐如羊」，生個男孩即使有著狼一樣的性格，家長還是擔心孩子像羊一樣柔弱，因為男孩要頂天立地，需要有堅毅的性格，李世民這個第一家庭的家長同樣需要磨礪兒子的性格，因此他沒有把李治留在長安，而是帶到了定州（河北省定州市）。

貞觀十九年三月二十四日，李世民從定州出發，留下高士廉、劉洎、馬周、太子少詹事張行成、右庶子高季輔同掌機務，輔佐太子李治。

臨別之際，太子李治哭泣不已，這幾天他一直在哭，一是心裡沒底，二是不忍與父親分別。看著哭泣的李治，李世民的心中有一絲酸楚，難為他了，一個十七歲的孩子就要挑起社稷的重擔，然而不如此也不行，自己百年以後他還是要獨立承擔，是時候讓他接受磨練了。

李世民對李治說道：「今留汝鎮守，輔以俊賢，欲使天下識汝風采。夫為國之要，在於進賢退不肖，賞善罰惡，至公無私，汝當努力行此，悲泣何為！」

「欲使天下識汝風采」，這是李世民的刻意安排，也是一個父親的用心良苦。

說完，李世民親佩弓矢，手結雨衣於鞍後，此戰他已經把自己皇帝的身分放在腦後，這一次他不是皇帝，而是衝鋒陷陣的將軍。在他拍馬離去的一瞬間，他終於找回了久違的衝鋒感覺，久違了沙場，久違了雄兵，我李世民又回來了！

在李世民從定州出發後不久，李世勣正式吹響了出征高句麗的號角。

當時李世勣駐軍柳城（遼寧省朝陽市），出軍可以有兩個選擇，一是向東穿過懷遠鎮，一是向北直指通定鎮，向東還是向北呢？

種種跡象表明，李世勣的軍隊很有可能直接向東，因為這條路線距離最短，最便捷，而李世勣軍隊確實也做出了向東的態勢，這一下將高句麗軍隊的重心都被吸引到李世勣的東線上。

然而聲東是假，向北才是真，李世勣在做出一系列東進假象之後迅速揮軍向北，在高句麗守軍還在望眼欲穿之際，李世勣已經從通定鎮渡過遼河，挺進到了玄菟（遼寧省瀋陽市）。這一出其不意的進攻震動了整個高句麗國，高句麗國境內所有城市立刻緊閉城門，閉門自守，不好了，李世勣來了！

幾乎就在李世勣挺進玄菟的同時，遼東道副總管李道宗率領的數千士兵兵臨新城（遼寧省撫順市北）城下，折衝都尉曹三良甚至率領十餘名騎兵直接衝到了新城的城門下，挑釁了半天，卻遭遇了死一般的寂靜。全新城的人怕死了！守衛新城的高句麗守軍騷動不已，就是沒有人敢迎戰，得了，閉上眼，就當他們不存在。

然而唐軍畢竟是存在的，而且還不只李世勣和李道宗這兩支，此時營州都督張儉也率軍渡過遼河，直撲建安城（遼寧省蓋州市），大破高句麗軍隊。

如此一來，同時有三支唐軍攻入高句麗境內，高句麗的壓力越來越大，疲於抵抗。

最先攻入高句麗的李世勣和李道宗呈現出不可阻擋的態勢，在新城和玄菟耀武揚威之後，兩人迅速合兵一處，包圍了真正的目標蓋牟城（遼寧省撫順市）。

蓋牟城是高句麗當時的重要城市，與遼東城遙相呼應，要想拿下遼東城必須先攻下蓋牟城，不然唐軍就將兩面受敵，同時蓋牟城也是高句麗重點經營的城市，這裡有唐軍最需要的東西——糧食。

蓋牟城是不幸的，他面對的是初唐的兩大名將李世勣和李道宗，這二人是當時碩果僅存的三大名將中的兩位，同時也是李世民最看重的兩位。

當時李靖已老，侯君集已誅，尉遲敬德忙於研究長生不老避禍，此次征戰遼東只是作為左一馬軍總管隨軍出征，已經注定與主角無緣了。此時與李世勣和李道宗齊名的只有薛萬徹，不過和李世勣和李道宗相比，薛萬徹的起伏太大，李世民評價他說，要麼贏得驚天動地，要麼敗得潰不成軍。而李世勣與李道宗則不同，他們不會有驚天動地的大勝，也不會有潰不成軍的慘敗，古往今來的名將均是精於此道。

現在李世勣、李道宗這兩員名將坐鎮，蓋牟城注定無法擋住唐軍的兵鋒，從四月十五日到四月二十六日，蓋牟城抵擋了十一天，到第十一天實在抵擋不住了，李世勣揮軍攻入了城中，俘虜兩萬餘人，繳獲糧食十多萬石，大大減輕了唐軍的糧草壓力，也正符合孫子所說「因糧於敵」（**從敵人處繳獲糧草為我所用**）。

李世勣大軍旗開得勝，平壤道行軍大總管張亮的開局也非常不錯，他的部隊從萊州出發，跨海北上，直接攻擊卑沙城（遼寧省大連市）。

卑沙城四面懸崖峭壁，只有西門坡度稍緩可以攀上，這唯一的漏洞被唐軍抓住，卑沙城破只是時間的問題。由於卑沙城是遼東半島的最南端，高句麗對此的經營並不用心，防守非常稀鬆，當夜右驍衛將軍程名振率軍抵達，副總管王文度迅速爬上城牆，裡應外合，卑沙城破。打開卑沙城這個缺口，平壤道行軍大總管張亮迅速派出總管丘孝忠挺進鴨綠江口，形成海陸合圍之勢。

與張亮遙相呼應，李世勣大軍攻佔蓋牟城之後稍事休整，隨即南下直撲遼東城，這顆擋住隋煬帝楊廣兩次兵鋒的硬釘子終於迎來了第三撥拔釘人，這一次結果會如何呢？走著瞧！

遼東城

貞觀十九年五月八日，李世勣和李道宗對遼東城形成了合圍之勢，然而高句麗軍也不是吃素的，在李世勣完成合圍之後，援救遼東的高句麗援軍已經到了，步兵騎兵合計四萬人。

如果放在以前，四萬高句麗兵不在話下，然而這一次卻有所不同，因為這一次唐軍的兵力處於明顯的劣勢。

當年隋朝遠征高句麗軍隊動輒數十萬，隋煬帝楊廣第二次遠征居然動用了上百萬軍隊，這一次李世民動用了多少呢？只有十餘萬。

李世勣部六萬餘人，張亮部四萬三千人，李世民親自指揮的天子六軍，再加上一定比例的後勤補給部隊，合計人數應該在十五萬左右，連隋煬帝楊廣的一個零頭都不到，而這就是李世民征遼東的全部家當。這也正是李世民的聰明之處，他想征遼東，但他不想動搖國本，隋煬帝那種賠本賺吆喝的買賣他是不會幹的。

然而李世民的精明也增加了唐軍的壓力，以十餘萬唐軍征討高句麗還是非常吃力的，更何況高句麗處於守勢，唐軍處於攻勢，守比攻容易，地球人都知道。

現在李世勣和李道宗就遇到了很現實的問題，他們屬下的軍隊總計六萬餘人，除去一部分後勤部隊，除去一部分圍城，能用來打援的部隊已經不多了，具體到李道宗手下只有四千騎兵，而他就要用這四千人去迎戰高句麗的四萬援軍。

聽說對方有四萬人，李道宗的部下們有了畏難情緒，四千打四萬挑戰太大，難度太大了，能不能等皇上來了一起打啊，那時咱的兵多點。

話雖然這麼講，然而李道宗卻堅決不同意，大喝一聲說道：「敵軍以為人多勢眾，必定有輕視我軍的心理，況且他們遠道而來已經疲頓，此時攻擊必能擊敗他們，我們是前軍，就是要為天子掃清道路，哪有把大敵留給皇上清理的道理！」（且吾屬為前軍，當清道以待乘輿，乃更以賊遺君父乎！）

李道宗說完，李世勣重重地點了點頭，食君俸祿，為君分憂，為人臣子者，當如是也。

李道宗和李世勣的精神感動了屬下，果毅都尉馬文舉騰地站了出來，曰：「不遇勁敵，何以顯壯士！」

說完，馬文舉率先策馬衝向高句麗軍陣營，所到之處敵軍紛紛落馬，遼東城打援之戰正式拉開序幕，李道宗帶領四千騎兵殺向了四萬高句麗援軍，而李世勣則在後面伺機而動。

戰局一度向著有利唐軍的態勢發展，不料一個膽小鬼的舉動將唐軍推向了危險的邊緣，行軍總管張君乂居然臨陣退縮，撥馬跑了回來。榜樣的力量是無窮的，壞榜樣的力量同樣無窮，有這個領導幹部帶頭，部分唐軍也打起了退堂鼓，紛紛掉頭往回跑，這一下李道宗的四千騎兵全亂了。

李道宗不愧是一代名將，在亂軍之中依然保持著清醒的頭腦，他先是壓住了陣腳，然後登高眺望，他在看雙方的陣勢，看看高句麗有沒有致命的漏洞。李道宗很快地發現。不僅唐軍亂了，高句麗軍其實也亂了，四萬高句麗部隊可能是缺乏統一指揮，已經不是鐵板一塊，此時如果衝擊其中心地帶，高句麗軍隊必將大亂。

李道宗隨即集合數十名精銳騎兵，自己親自帶隊衝向了高句麗軍隊的核心地帶，然後從核心地帶開始向外衝鋒，這一招叫「中心開花」，為的就是徹底攪亂敵人的布局。

亂了，徹底亂了，此時李世勣及時率援軍趕到，從周邊向人群裡衝擊，四萬高句麗援軍只見唐軍源源不斷趕來更是慌亂，很快潰不成軍，被李道宗和李世勣掩殺一千多人，敗逃而去，這四萬援軍徹底指望不上了。

兩天後，李世民渡過遼河，過河後他用一個小小的舉動堅定了全軍的信心，什麼舉動呢？拆掉遼河上的橋樑，朕不勝不歸！

古有項羽破釜沉舟，今有李世民過河拆橋，不勝不歸。

隨即李世民駐紮馬首山下（遼寧省遼陽市西），先來一個賞罰分明。

江夏王李道宗退敵有功，賞！

果毅都尉馬文舉（正六品、縣處級）勇氣可嘉，賞！越級擢升為中郎將（正四品、正廳級）。

行軍總管張君乂臨陣退縮，罪無可恕，斬！

賞罰之後，圍攻遼東城大戰正式開始，李世民親率數百名精銳騎兵抵達遼東城下，進行第一項大戰：運土填壕溝。

此時的李世民不再把自己當成皇帝，而僅僅當作普通一兵，他衝進運土士兵的行列，叫住了背土最多的一名士兵，從士兵的土袋裡分出一部分放到自己的馬背上，然後拍馬走進了運土的行列。

皇帝親自運土了！

隨行的大臣們慌了，一個個從運土士兵那裡搶到了一部分土，然後迅速跟了上去。

在李世民的帶領下，遼東城外的護城河被填平了，呈現在唐軍面前的是一馬平川，現在壕溝的阻擋已經沒有了，能阻擋住唐軍的只有遼東城的城牆，而這高高的城牆曾經擋住了隋軍兩次狂攻，還會有第三次嗎？

隋軍的前兩次狂攻其實是有機會開花結果的，只可惜一一錯過了。第一次狂攻原本成功在望，結果被高句麗兵的假投降給忽悠了；第二次狂攻更加可惜，與城牆等高的土堆都壘好了，卻因為國內楊玄感謀反而功敗垂成。現在李世民帶領他的唐軍來攻打第三次，這一次呢？

事不過三。

李世勣指揮圍城大軍足足攻打了十二天，遼東城依然固若金湯，如果照此發展下去，唐軍恐怕要重蹈隋軍的覆轍，難道就沒有別的辦法了？

進攻進行到了第十三天，局勢終於有了變化，這一天夜晚有風，而且是南風大作，久經沙場的李世民很快想到了破城的方法：火攻！

是夜，李世民派出勇士來到遼東城下，這位勇士的任務就是上遼東城縱火，然而遼東城城牆高聳，徒手無法攀爬，難道勇士能插著翅膀飛上去？

翅膀真沒有，沖竿可以有。

縱火勇士抓住沖竿的一端，搭檔們抱住沖竿的另一端，兩端一起發力，將縱火勇士送上了遼東城的城牆，下端搭檔手足一起發力，上端勇士腳踩城牆噌噌上行，縱火勇士一眨眼的工夫爬上了遼東城牆，縱火目標——西南城樓就在他的面前。

火起，夜亮，大火蔓延到遼東城的內城，城內已經亂作一團，而就在此時，更多唐軍士兵爬上了城牆，衝向了火光輝映下的遼東城。

這一夜遼東城很亂，這一夜遼東城很忙，忙亂過後，一萬高句麗士兵陣亡，一萬高句麗士兵、四萬高句麗平民被俘，楊廣想到沒有做到的事情李世民做到了，不知道九泉之下的楊廣有沒有不服？

到此時為止，李世民的遠征節節勝利，尤其是攻下蓋牟城和遼東城更是讓這次遠征有了充足的糧草保障，蓋牟城糧草有十餘萬石，遼東城糧草有數十萬石，手中有糧，心中不慌，有如此多的糧草作後盾，李世民對這次遠征充滿了期待。

遼東城都攻下了，平壤還會遠嗎？

以德服人

攻克遼東城後，李世民揮軍進抵白岩城（遼寧省燈塔市西），在這裡他與契苾何力一起將「以德服人」發揮到極致，既攻城，又收心，兩手抓，兩手都很硬。

右衛大將軍李思摩很榮幸，他成為李世民的第一個樣板。

李思摩原本是突厥的將軍，後來歸順唐朝成了唐朝的將軍並被賜姓李，這樣阿史那思摩搖身一變就變成了李思摩。後來李世民交給李思摩數萬突厥部屬，同時委任他為東突厥的新任可汗，希望他能建立一個效忠於唐朝的新東突厥汗國。然而李思摩是將才卻不是帥才，數年後數萬部屬不服他的管理紛紛離去，他的新東突厥汗國就此終結，已成光桿可汗的李思摩無處可去又回到了長安，當上了李世民的右衛大將軍，這一次遠征高句麗他伴駕出征。

貞觀十九年五月二十九日，李思摩將軍中箭了，而且一中就是兩箭，一箭是高句麗守城士兵射的，一箭則是李世民射的，高句麗士兵射的在身上，李世民射的在心裡。

李世民射的是什麼箭呢？籠絡人心的收心之箭。這支收心之箭很準、很強，讓所有士兵無法抵擋。

他竟然親自用嘴幫李思摩吸出了中箭之後產生的瘀血，這就是李世民的收心之箭。

此箭一出，全軍上下無不感動，皇帝愛護至此，焉能不三軍用命？至於李思摩，更是把這一切記在了心裡，生死不忘。

對李世民同樣生死不忘的還有白岩城的老百姓，在這次戰爭中，他們雖然經歷了戰火，但同樣記住了大唐皇帝的恩德，如果不是李世民，戰後的白岩城會是一座空城、一座死城。

這一切還得從白岩城的反覆無常說起。

貞觀十九年五月十七日，唐軍攻克遼東城，兔死狐悲的白岩城守軍預感到擋不住唐軍的兵鋒，就向唐軍表達了投降的意願，唐軍欣然接受。然而幾天之後，白岩城的守軍又變卦了，不投降了，接著打。

十一天後，唐軍揮軍包圍了白岩城，不是不投降嗎？狠狠打，往死裡打！此時唐軍士兵已經不希望白岩城投降，堅固的遼東城都攻下了，還怕小小的白岩城嗎？更何況攻城之後還可以劫掠，苦哈哈的出國作戰不就圖個戰後劫掠嗎？

然而李世民想的與普通士兵不同，他要的是天下人心，要的是戰後完整的城市，而不是劫掠一空的空城、死城，如果能夠和平接收，又何必動干戈呢？

此時白岩城城主（**城防司令**）孫代音派來了秘密使節，給李世民帶來了願意投降的消息，只不過擔心城內還有人不服。

還有人不服？好辦。李世民專治各種不服，隨即命人拿出唐軍旗幟交給使節，說道：「回去告訴你們城主，願意投降的話，就把旗幟插上白岩城的城頭。」

轉眼間，白岩城上插上了唐軍旗幟，城內守軍以為唐軍已經登城，抵抗無望，糊裡糊塗的就跟隨城主孫代音向李世民投降，不費一兵一卒，白岩城已落入唐軍手中。

這樣的結果讓李世民很高興，卻讓李世勣以及手下的諸多將領非常不爽，士兵們浴血奮戰就為了戰後撈一把，這下全沒了，到哪說理呢？

李世勣說道：「士卒所以爭冒矢石，不顧其死者，貪虜獲耳；今城垂拔，奈何更受其降，孤戰士之心！」

李世民聞言，下馬對李世勣說道：「將軍言是也。然縱兵殺人而虜其妻孥，朕所不忍。將軍麾下有功者，朕以庫物賞之，庶因將軍贖此一城。」

用自己國庫贖敵方一城，古往今來不知有幾個皇帝可以做到。

「攻城為下，攻心為上」三國時馬謖就說過這樣一句價值連城的話語，而李世民就把這句話牢牢地記在了心裡。

隨後李世民在河邊搭起帳篷，接受白岩城一萬餘百姓的投降，所有投降百姓都提供飲食，八十歲以上者按等級賞賜綢緞，白岩城以外城市前來協防的士兵同樣加以撫慰，願意留下的歡迎，願意離開的發給糧草，一切隨意。

在投降的人群中，李世民還發現了一個特殊的人物，這個人不是白岩城本地人，他是從遼東城來的，準確的說他是護送上司的靈柩以及上司的妻兒來的。

原來此人是遼東城長史的侍從，他的上司被人謀害，身後妻兒孤苦無依，無法在遼東城安身，這名侍從就護送著長史的靈柩帶著長史的妻兒逃到了白岩城，現在白岩城也破了，哪裡是他們的下一站呢？

李世民給他們安排好了下一站——平壤，那裡是遼東城長史的家鄉。

李世民賞賜給有情有義的侍從五匹綢緞，同時為他製造了運送靈柩的車輛，有情有義的人啊，送你的主人回家吧！

就這樣，李世民在白岩城展示了自己的「以德服人」，而與此同時他的屬下右驍衛大將軍契苾何力也展示了自己的英雄本色。

和遼東城大戰一樣，在白岩城之外同樣發生過一次圍城打援的激戰，唐軍出戰的是契苾何力率領的八百精銳騎兵，對方則是從烏骨城（遼寧省鳳城市）趕來的一萬高句麗援軍。

契苾何力率領八百騎兵殺進了重圍，不幸被高句麗士兵的長矛刺中，腰部受傷落馬，就在這千鈞一髮之際，薛萬徹的弟弟薛萬備單槍匹馬殺了進來，在重重包圍之中愣是把契苾何力救了出來，算是替兩位哥哥報了契苾何力當年在吐谷渾之戰的救命之恩。

被救之後的契苾何力重傷卻不下火線，竟然將傷口簡單一包紮，翻身上馬又殺了回去，幾番反覆殺死對方一千餘人，直至天黑各自收兵。

隨後白岩城投降，李世民居然讓人找到刺了契苾何力一長矛的高句麗士兵，李世民將這名士兵交給了契苾何力，是剐是剮，隨意。

契苾何力卻搖搖頭，堅定地說道：「彼為其主冒白刃刺臣，乃忠勇之士也，與之初不相識，非有怨仇。」隨後契苾何力親手放走了那位差點置自己於死地的高句麗士兵。

錯過

世界上有一種遺憾讓人銘心刻骨，這種遺憾就叫做錯過。無論是錯過愛情，還是錯過成功，錯過給人帶來的遺憾無藥可醫。

貞觀十九年六月二十日，李世民揮軍攻向了安市城（遼寧省海城市），在這裡李世民先後三次錯過了出奇制勝的機會，這三次錯過讓他一生痛心不已。

在李世民揮軍攻向安市城的第二天，高句麗北部總督高延壽、高惠真率軍向安市城增援，他們的背後是高句麗士兵以及靺鞨部落士兵的混合部隊，總計十五萬人，鼎盛時高句麗全國軍隊數量在三十萬左右，這一次高延壽和高惠真帶來了一半家當，就是要與李世民進行一場死磕。

對於這場死磕，李世民充滿期待，同樣也充滿擔憂，因為此時他手中的牌並不多，能用於與高延壽死磕的機動部隊只有三萬人，李世勣步騎混編一萬五千人，長孫無忌精銳士兵一萬一千人，李世民親自率領的步騎四千人，這就是李世民此戰的全部家當。或許很多人會問，剩下的唐軍做什麼去了？剩下的唐軍也沒閒著，一部分從事後勤運送糧草，一部分包圍安市城，不肯多動員部隊的李世民這一次捉襟見肘了。

以三萬對十五萬，李世民的壓力可想而知，不過他並不著急，他已經在內心中替高句麗軍隊虛擬了三套作戰方案，然後他再見招拆招，一一拆解。

方案一：十五萬大軍一直向前，與安市城結成營壘，同時扼守高山險要堅守不戰，放縱靺鞨騎兵出來騷擾唐軍，屆時唐軍進不能立即攻克，退又有沼澤河流阻隔，勢必坐困山中，進退兩難。

方案二：救援安市城，救出全城軍民後火速撤退，雖不能取勝唐軍，但至少可以保存實力。

方案三：畢其功於一役，與唐軍決戰。

方案一上策，方案二中策，方案三下策，高句麗軍會採用哪個方案呢？李世民認定會是方案三，因為十五萬打三萬優勢太明顯了，更何況這三萬唐軍還是孤軍。

不出李世民所料，高延壽和高惠真確實採用了方案三，在他們看來以十五萬大軍救援安市城方案一和方案二都太保守了，要救就救個徹底，要把唐軍打得滿地找牙，一敗塗地。

事實證明，高延壽和高惠真想得很好，也想得很對，只可惜滿地找牙、一敗塗地的不是唐軍，而是他們自己。

此時李世民其實得到了一個釜底抽薪出奇制勝的建議，提出建議的正是江夏王李道宗。

李道宗說道：「高句麗傾國以拒王師，平壤之守必弱，願假臣精卒五千，覆其本根，則數十萬之眾可不戰而降。」

精兵五千直搗平壤，這就是李道宗出奇制勝的奇襲建議，倘若李世民能夠採納，遠征高句麗的結果就會被改寫，然而這個奇思妙想被李世民錯過了，他居然沒有批准。

一生善於出奇制勝的李世民為什麼會錯過這個大計謀呢？根源就在於這一次他想求穩，五千精兵奇襲平壤聽起來不錯，然而執行起來必定風險重重，與驚天動地的大勝如影隨行的一定是傷筋動骨的慘敗，而這一次李世民是慘敗不起的，他手中的王牌原本就不多。

由於兵力的捉襟見肘，奇襲平壤計畫胎死腹中，李道宗也不敢堅持，只能將遺憾埋在心中，集中精力應付眼前之敵。

現在十五萬高句麗大軍已經在唐軍的誘導下進抵安市城東南八里，安營紮寨，高句麗與靺鞨兵連營達四十里，陣勢咄咄逼人。

李世民火速的將手下三萬機動部隊進行了調配，李世勣率領一萬五千步騎兵在西嶺構築陣地，正面迎擊高句麗兵；長孫無忌率精銳士兵一萬一千人從山北狹谷迂迴出擊，衝擊高句麗兵後衛部隊；李世民自己率步騎兵四千攜帶戰鼓旗幟，登上北山，全體以戰鼓號角旗幟為號，一起發動攻擊。

調配停當後，李世民又做了兩件事，一件事是忽悠高延壽，一件事是安排明日受降。

李世民派使節對高延壽說道：「我以爾國強臣弒其主，故來問罪；至於交戰，非吾本心。入爾境，芻粟不給，故取爾數城，俟爾國修臣禮，則所失必復矣。」大國天子說話就是霸道，同時又虛虛實實，真真假假，給你一種既可和又可戰的煙霧彈，而高延壽也在不經意中被這個煙霧彈給迷惑了，他居然有一點相信了，具體表現是戒備竟有所鬆弛，這一鬆弛可要了親命。

忽悠完高延壽，李世民還不忘交代有關官員，趕緊在行宮寶殿旁邊搭建受降帳篷，後天中午就要用了。

貞觀十九年六月二十二日，決戰開始。

先是高延壽發現自己上當了，大唐皇帝居然說話不算話，不是說不打嗎，不打怎麼還讓李世勣構築陣地了，這分明是打的架勢啊！

就在高延壽準備下令發起攻擊時，李世民的戰鼓先敲響了。長孫無忌大軍從山北進軍揚起的灰塵告訴李世民他們已經準備好了，而西嶺的李世勣早就嚴陣以待，李世民一聲令下，戰鼓齊鳴，號角連天，三萬唐軍發起了對十五萬高句麗軍的衝鋒。

人順的時候連老天都幫忙，這一戰又證明了這一點。

在唐軍發動進攻的同時，天際電閃雷鳴，夏雷陣陣，閃電交加，而此時有一白盔白甲的怪物彷佛從天而降，揮舞著兵器向高句麗士兵的陣營殺了過去。

我的天啊？這是神，是人，還是鬼呢？

高句麗士兵不由自主地向後敗退，三萬唐軍趁勢向高句麗軍大營撲去，前後夾擊，此時高延壽才想起分兵抵抗，然而來不及了，陣營已經大亂。混亂中的十五萬大軍分崩離析各自為戰，根本無法組織起有效抵抗，這一戰高句麗兵陣亡兩萬餘人，傷者無數，高延壽集合殘兵靠山紮營想要頑抗到底，然而這個想法也成了奢望。

李世民指揮手下各路兵馬將高延壽的殘兵團團圍住，根據事後統計，此時高延壽的殘兵還有三萬六千人八百人，其餘的十多萬士兵要麼陣亡，要麼逃亡，總之指望不上了，而雪上加霜的是，長孫無忌率領一部分士兵切斷了附近的所有橋樑，想要撤退？插兩翅膀先。

暫且不管高句麗人的翅膀，先來說說那個白盔白甲的怪物，這個怪物不是神、不是鬼，而是人，一個青史留名的大唐名將，他的名字叫薛禮。薛禮這個名字還有點陌生，那就再說他另外一個名字，薛仁貴，三箭定江山的薛仁貴。

沒錯，這個怪物正是薛仁貴，遠征高句麗正是薛仁貴軍事生涯的起點，也是這位名將起飛的地方。實際上薛仁貴在戰前的身分是普通老百姓，他是自願來到遠征軍中效力，為的就是博取日後的富貴。臨行前他對自己的妻子說道：「放心吧，此行一定成功，一定會贏得日後的富貴。」

薛仁貴說到做到，他怪異的裝扮為唐軍贏得了勝機，也為自己迎來了一生的轉機，李世民在北山高處看到了這個怪異的年輕人，這個年輕人觸動了他的好奇心。

這次接見為薛仁貴的戎馬生涯起了個好頭，愛才心切的李世民直接擢升白丁薛仁貴為游擊將軍，從今以後你就是從五品官員了，享受副廳級待遇。從此薛仁貴成為李世民重點培養的青年將領，在班師回朝的路上，李世民對薛仁貴說了這樣一番話：「朕諸將皆老，思得新進驍勇者將之，無如卿者；朕不喜得遼東，喜得卿也！」

第二天，也就是貞觀十九年六月二十三日，李世民設想中的受降儀式正式開始，剛剛搭好的受降帳篷馬上派上了用場。

高延壽和高惠真兩個敗軍之將率三萬六千餘名士兵向李世民投降，為表誠意高延壽一干人等膝行（**膝蓋跪地**）爬到李世民的面前請求寬恕。秦末諸強拜見項羽時用上了膝行重禮，現在高句麗降將對李世民也用上了。

對於高句麗降將，李世民既保持著大國皇帝的風度，也保留著咄咄逼人的鋒芒，指著高延壽等人說道：「東夷少年，跳梁海曲，至於摧堅決勝，故當不及老人，自今復敢與天子戰乎？」

死一般的沉靜，無人應答。

此戰唐軍繳獲馬五萬匹，牛五萬頭，鎧甲一萬領，收穫頗豐。

然而繳獲容易處理，降兵卻難處理，該如何處理這三萬多降兵呢？李世民給了這三萬餘人三條路。

高延壽以下三千五百名酋長，加授武職散官，押往長安；餘下所有高句麗士兵全部釋放；

三千三百名靺鞨部落士兵，全部坑殺。誰讓你們狗拿耗子多管閒事，竟敢跟大唐作對。

三萬餘名降兵片刻間各得其所，出國的出國、回家的回家、坑殺的坑殺，自此十五萬援軍塵埃落定，再無痕跡。

在十五萬大軍兵敗的感染下，安市城周邊的後黃城、銀城守軍紛紛棄城而逃，並且把逃跑的風氣傳染了下去，從安市城往外數百里內已無人煙，唐軍要想進攻平壤，就需要先通過數百里無人區。

此時的李世民先不去想無人區，他的目光集中在眼前的孤城安市城上，他不相信這座孤城能擋住他的刀鋒，更不相信這座孤城會是他解不開的死結，不會，絕不會，李世民的征戰史上沒有死結。

其實對於安市城，李世民是有考慮的，早在攻克遼東城之後，他就把安市城提上了議事日程，一向講究變通的李世民聽聞了安市城守將的事蹟，他已經意識到這將是一塊難啃的骨頭，他甚至動了繞過這塊骨頭的念頭，然而這個念頭卻被李世勣給打消了。

此時鎮守安市城的高句麗守將叫楊萬春，是一個性格剛烈的人，權臣淵蓋蘇文奪權之後，命令高句麗境內各城向自己表忠心，諸多城市紛紛響應，唯獨楊萬春鎮守的安市城對淵蓋蘇文的命令置若罔聞，壓根沒有搭理。氣惱之下的淵蓋蘇文派兵對安市城進行了攻打，然而沒想到楊萬春鎮守的安市城水潑不進，淵蓋蘇文沒辦法只能聽任楊萬春繼續鎮守安市城，以後再找機會慢慢收拾他。

正是基於楊萬春鎮守安市城，李世民才想到了迂迴作戰的辦法，在他看來不必急於拿下安市城，完全可以繞過安市城先攻打建安城，等攻打下建安城之後再回軍包圍安市城，如此一來安市城就處於唐軍的完全包圍之中，就算打不下圍也把它圍死了。

遺憾的是李世民這一跳躍性戰略思想被李世勣給否決了，因為李世勣覺得這太冒險。李世勣說道：「建安在南，安市在北，吾軍糧皆在遼東；今逾安市而攻建安，若賊斷吾運道，將若之何？不如先攻安市，安市下，則鼓行而取建安耳。」

李世民遇上了步步為營的李世勣，很難說誰對誰錯，以往很有主見的李世民這一次沒有堅持，他認同了李世勣的說法，說道：「以公為將，安得不用公策。勿誤吾事！」

然而該耽誤的還是耽誤了，後來的事實證明李世民的跳躍是對的，安市城城險兵精，繞過容易攻取卻難上加難，而偏偏李世勣就與安市城較上了勁，這一較勁就讓李世民又一次與勝利擦肩而過。

安市城下，唐軍重重包圍，雙方進入膠著狀態，高句麗守軍在守城的同時還用上了無成本的防守武器——謾罵，漫無邊際的謾罵讓唐軍憤怒到了極點。

高句麗守軍很有眼色，很會挑時候，專等李世民出現的時候大肆謾罵，他們未必認識李世民，但他們認識唐朝皇帝的旗幟，只要皇帝旗幟出現，就是他們大肆謾罵的開始，綿綿不絕。

謾罵之下，李世民怒不可遏、氣火攻心，恨不得將安市城一口吞下，一旁的李世勣看出了皇帝的憤怒，當即提議：「克城之日，男子皆坑之。」盛怒之下的李世民准奏。

這一次，李世民和李世勣這對君臣過了嘴癮，卻犯了兵家大忌，兵家圍城講究「圍師必闕」，也就是說圍城時不要把城徹底圍死，要給裡面的人留下所謂的突圍縫隙，有突圍縫隙存在，被圍的人就不會殊死搏鬥，而會在生存欲望促使下選擇突圍，而突圍時，正是圍城部隊對之實現有效打擊的時機。

現在李世民和李世勣恰恰相反，他們把城圍死了，而且把城裡人的生路全斷了，城破之日就是城中男子集體被坑殺之日，還有比這更差的結局嗎？沒有。既然死守是個死，城破也是個死，那麼不如死守到底，總比平白無故被坑殺好得多。

城險兵精，眾志成城，安市城之戰已經進入死局。

此時唐軍陣營中有兩個人站了出來，他們提出了一個建議，如果這個建議被採納，唐軍遠征高句麗的戰局依然有可能做活。

提出建議的正是高句麗降將高延壽和高惠真，兩人說道：「我們既然已經委身於大國，就不能不拿出我們的真心實意，期望天子能早日建立大功，我們也能與妻子團聚。目前安市城守軍為了保護家人，個個奮勇作戰，安市城一時半會不容易攻下。我等率十餘萬大軍都敗在唐軍手下，高句麗國內更是聞風膽寒，現在烏骨城（遼寧省鳳城市）守軍都是老弱殘兵不能堅守，如果唐軍發兵攻打，早上到晚上就能攻克，其餘當道的小城，必定望風而逃，這樣唐軍一路收集沿途的糧草，一路向前，平壤必定守不住了。」

堡壘往往從內部攻破，高延壽和高惠真的話再一次證明了這一點，如果李世民能夠採納，此次遠征高句麗或許可以以勝利收場，然而李世民偏偏沒有採納，只能再一次與勝利錯過。

其實，聽完高延壽和高惠真的話，李世民動了心，多數隨行官員和將領也動了心，官員們甚至建議召喚張亮的那部分軍隊合兵一處，進攻烏骨城，進而進攻平壤。

幾乎所有人都動了心，除了長孫無忌。

長孫無忌說道：「天子親征，異於諸將，不可乘危徼幸。今建安、新城之虜，眾猶十萬，若向烏骨，皆躡吾後，不如先破安市，取建安，然後長驅而進，此萬全之策也。」

長孫無忌的依據很簡單，天子親征不能處於險地，殘敵尚未肅清，不能冒險出擊，否則一旦被抄了後路，後果不可設想。

顯然長孫無忌追求的是萬無一失，然而古往今來行兵用險，戰場之上如果只追求萬無一失，那麼就必定與大勝無緣。每一個驚天動地的勝利背後，必定潛伏著波濤洶湧的風險，這是戰場的定數，也是人生的定數，同時這也是李世民一生的寫照。

然而這一次，李世民卻倒向了長孫無忌一邊，他放棄了行兵用險，選擇了萬無一失，這次選擇讓他的最後一次親征只能以平淡收場，登基以來的養尊處優已經磨平了當年的銳氣，現在的李世民已經背叛了當年的自己。

令人惋惜的是，其實此時張亮的部隊已經抵達了建安城，完全可以與李世民合兵一處執行奇襲平壤的計畫，只可惜那個年月「交通基本靠走，溝通基本靠吼」，建安城儘管與安市城已經盡在咫尺，然而兩軍愣是沒有聯繫上，白白錯過了天賜良機。

三次奇襲良策胎死腹中，三次無可奈何的錯過，此時遠征高句麗的唐軍已經與驚天動地的大勝漸行漸遠，只能集中精力對付安市城這根難啃的骨頭。

為了拿下安市城，李世民將李世勣和李道宗兵分兩路，李世勣在城西側攻打，李道宗在城東南側攻打，兩軍齊發，安市城再無寧日。

安市城依山而建，東高西低，李世勣負責的城西一側進攻難度非常大，因為地理位置決定高句麗守軍居高臨下，而李世勣則要從低到高，採用最難受的進攻態勢——仰攻。如此一來就讓李世勣的進攻大打折扣，收效甚微。

李世勣是指望不上了，要想攻城還得指望李道宗。

安市城東南角的李道宗沒有閒著，他正在大興工程，構築土山，他要構築一座大大的土山，這座土山就是他攻城的最後法寶。

為了構築土山，李道宗採取了一手攻城，一手建設的方法，一方面唐軍對安市城的攻勢不減，每天至少進攻六七次，讓安市城守軍疲於奔命，唐軍的拋石車已經屢次轟開了安市城的城牆，然而安市城的守軍非常頑強，哪裡有缺口，哪裡就有堵缺口的守軍，一有缺口，守軍就迅速擋上柵欄，然後迅速修復，唐軍多次反覆，就是無法打開安市城的缺口，最後只能把寶押在李道宗的土山上。

李道宗構築的這座土山工程量巨大，前後耗去了六十天，日夜不停，最後總計耗去人工五十萬人次。

眾人堆土土堆高，經過唐軍士兵的不斷努力，土山工程終於完工了，此時的土山已經高出了安市城的城牆，與城牆的直線距離只有幾丈遠，安市城守軍的一切動向都暴露在唐軍的眼皮底下，如果以土山為跳板向安市城發起攻擊，城中男子集體被坑殺已經可以進入倒數計時。

就在此時，意外發生了。

這次意外的起因還是因為李道宗的腳。

原來在構築土山的過程中，李道宗不慎扭傷了腳影響行走，為此李世民還親自為李道宗針灸了一次，讓李道宗又感動了一番。然而皇帝的針灸形式大於內容，李道宗的腳一時半刻並沒有恢復，這就極大地影響了李道宗的工作效率，進而影響了他對手下士兵的管束力度。

在土山完工之後，李道宗委派果毅都尉傅伏愛率軍駐紮在土山山頂，以防高句麗守軍突襲，這是唐軍唯一的制高點，必須萬無一失，一旦丟失後果不堪設想。

然而，不堪設想的事情還是發生了。耗費李道宗無數心力的土山居然崩坍了！崩坍的土山倒向了安市城的城牆，城牆因此被壓塌了一段，如果此時唐軍順勢攻城，安市城城破的厄運在劫難逃。然而在這個關鍵的時刻，果毅都尉傅伏愛居然不在陣中，他居然趁李道宗管束不力之際私自離崗了。這次離崗要了唐軍的親命，也要了傅伏愛的小命。

在唐軍六神無主群龍無首之際，幾百名高句麗守軍已經從城牆的缺口處殺了出來，直奔守護土山的唐軍士兵，此時的土山只是崩塌了一部分，依然是有效的制高點，瘋狂的高句麗守軍正是來爭奪這致命的制高點。

沒有將領主事，守衛土山的唐軍很快敗下陣來，唐軍費了五十萬人次的土山落入到高句麗守軍的控制之中，隨後高句麗守軍在土山周圍挖掘了壕溝，重兵防守。

震驚之餘，李世民下令全力攻打奪取土山，然而談何容易。高句麗守軍居高臨下，佔據有利地形，唐軍由低到高仰攻，雙方在地利上已是天壤之別。

眾將攻了三天毫無結果，土山依然在高句麗士兵的控制之下。

盛怒之下的李世民將果毅都尉傅伏愛斬首示眾，然而已經於事無補，即使再斬一萬個傅伏愛也挽救不回丟失的土山，更挽救不回唐軍已經失去的時間。

李世民心中歎息不已，他赦免了雙腳赤裸請求處罰的李道宗，雖然李道宗管束不力，按罪當死，但是李世民願意給敗軍之將機會，更何況李道宗先前還有攻克蓋牟城和遼東城的功勞，算了，特赦！

從貞觀十九年六月二十日抵達安市城開始，李世民在安市城下足足耗去了兩個多月的時間，這兩個多月中他先後錯過了三次出奇制勝的機會，最終還是被這座孤城擋住了遠征高句麗的步伐。

李世民已經不能再繼續打下去，他已經耗不起了，時間已經進入到農曆九月，嚴寒即將到來。順便說一下氣候，那裡一到十月（農曆一般為九月份），氣溫便急轉直下，秋風肅殺沒幾天，冬季就會迅速來臨。貞觀十九年的李世民就是處於那樣一個氣候轉冷的臨界點，在這個臨界點上，不退兵也得退兵，唐軍對於冬季根本沒有抵抗能力。

貞觀十九年九月十八日，李世民下令班師，遠征高句麗以這樣一個結果平淡收場，李世民命唐軍裹脅遼東城、蓋牟城的所有居民渡過遼河，從此你們不再是高句麗的國民，而是大唐的子民。

在退兵的當天，李世民在遼東城下舉行了盛大的閱兵儀式，展示唐軍軍威，雖然不能攻城征服你，至少在氣勢上壓倒你。

在李世民退兵之際，高句麗守將楊萬春出現在安市城的城頭，就是他將李世民牢牢地擋在了安市城的城牆之下，也為高句麗贏得了喘息之機，此刻他來到城頭做什麼呢？

向李世民行叩拜送別之禮。

李世民遠遠地看著楊萬春，心中有氣惱也有佩服，普天之下能擋住我李世民兵鋒的沒有幾個，而他楊萬春就算一個。食君之祿，忠君之事，縱是敵將也值得尊重。隨即李世民命人給楊萬春送去一百匹綢緞，作為他忠於王事的一種勉勵，雖然你是我的敵人，但是我依然欣賞你。

順著這個話頭說說楊萬春的結局，不說則已，一說全是眼淚。

這個幾乎以一己之力挽救高句麗危局的將軍儘管為李世民所欣賞，卻不為淵蓋蘇文包容，在目前朝鮮的所有正史中，居然都沒有楊萬春這個名字，而我們所知道他的名字，都是來自朝鮮的民間傳說。

據柏楊先生推測，楊萬春將軍很有可能在不久之後被淵蓋蘇文以詭計召回平壤，進而以謀反罪名秘密處決，儘管這一切都是推測，但這個堪稱高句麗民族英雄的將軍居然沒有在正史上留下自己的名字，這本身就是一場悲劇。

貞觀十九年十月十一日，李世民抵達營州，在這裡他命人收集遠征高句麗士兵骸骨，統一安葬於柳城東南，用太牢祭奠。此戰遠征高句麗，唐軍陣亡將士將近兩千人，戰馬死亡率更高，達到百分之八十。

此戰唐軍攻陷玄菟、遼東等十城，遷居中國居民達七萬人，殺死高句麗士兵四萬餘人，這在別人看來是大勝，而在李世民看來則是失敗。

遠征高句麗原本是為了打出軍威，同時也為了調整心情，現在遠征半途而廢，軍威也打了折扣，李世民原本不暢快的心情更加雪上加霜。

不久，李世民病了，病不僅在身上，更是在心裡。

猜疑

第十七章

劉洎

李世民在班師回朝的路上病了，症狀表現為生瘡化膿，不用問，這一定跟鬱悶的心情有關，很有可能是鬱悶導致的氣火攻心，如此一來馬已然騎不了了，只能乘坐軟轎。

李世民這一病倒是給了兩個人機會，這兩個人，一個藉此表現了自己的仁慈忠孝，一個則在無意之中表現了自己的大嘴，結果前者贏得加分，後者則遭遇減分，直至將自己的一生歸零。

贏得加分的是太子李治，在李世民患病期間，他用自己的表現深深打動了父親的心。

他居然用嘴幫父親吸出瘡裡的膿！

寫出這幾個字很簡單，然而真的要做卻很難，十七歲的李治就是用這樣的舉動打動了自己的父親，也打動了朝中群臣，大家不由得為李治豎起了大拇指，太子仁孝啊！

李治的吸膿舉動究竟是發自肺腑還是有人授意，我們無從考究，我們只知道最後的結果是他做到了。如果說之前他的儲君之位還有可能受到吳王李恪的衝擊，那麼從此之後李治的儲位已經堅若磐石，對老爹交心到這種程度，李世民再也不會三心二意了。

皇權，父子，皇帝父子之間的關係也需要經營，李世民和李治父子就是最好的例證。

而侍中劉洎卻在李世民患病期間敗得一塌糊塗，將自己的一生完全歸零，這又是為什麼呢？

論起來，此時的劉洎已是朝廷重臣，他與馬周一起並稱為貞觀一朝的「職場奇蹟」，馬周從布衣奮鬥成正三品中書令，劉洎也不含糊，從一名降官奮鬥為正三品侍中，與馬周不相上下。

劉洎原本是蕭銑的手下，時任蕭銑的黃門侍郎，蕭銑敗亡之前委派他到嶺南一帶收服一些城市。劉洎很能幹不辱使命，在他的努力下，五十多座城市願意聽命於蕭銑，這讓劉洎大喜過望。

令劉洎沒想到的是，他還沒來得及向蕭銑彙報，蕭銑就已經被李孝恭和李靖的大軍滅了，讓劉洎連表功的機會都沒有，一下子就成了無家可歸的喪家狗。

冷靜下來之後，劉洎重新審視了形勢，他發現其實他並不是喪家狗，因為他手中還有五十餘座聯繫好的城市，有了這個法寶，還愁找不到下家嗎？

很快，劉洎調整了心態，改換了門庭，從蕭皇帝的門下投入了李淵李皇帝的門下，由蕭銑的黃門侍郎變成了南康州都督府長史，雖然級別降了好幾級，但劉洎也知足，作為一隻跳槽的喪家狗，要多少是多呢。

劉洎這個人還是有能力的，尤其善於進諫，正是在不斷的進諫中，劉洎在貞觀年間平步青雲，一升再升。

貞觀七年，累拜給事中，封清苑縣男。

貞觀十三年，遷黃門侍郎。

貞觀十五年，轉治書侍御史。

貞觀十七年，加授銀青光祿大夫，尋除散騎常侍。

貞觀十八年，遷侍中。

貞觀十九年，李世民征高句麗，劉洎輔皇太子於定州，仍兼左庶子、檢校民部尚書，總吏、禮、戶部三尚書事。

這就是劉洎在貞觀年間的升遷履歷，從履歷中不難看出劉洎非常得寵，尤其是貞觀十三年以後，幾乎每年一升，貞觀十九年更是達到了炙手可熱的地步，總管吏部、禮部、戶部三部尚書事，總共六個部，他直管三個，權勢已經非同一般。

人的一生就是這樣，有走鴻運的時候，也有走背運的時候，貞觀十九年之前的劉洎走的幾乎都是好運，有一次甚至已經犯了大逆不道之罪，卻被李世民一句話輕輕化解。

那是一場君臣甚歡的宴席，李世民宴請三品以上官員飲酒作為飲酒助興的佐料，喜歡書法的李世民當眾寫了幾幅字賞賜群臣。群臣都知道李世民喜歡學習王羲之，尤其擅長飛白，現在李世民操筆作飛白字賞賜群臣，這一下讓群臣都紅了眼，誰不想弄幅皇帝的字光耀門庭呢？

藉著酒勁，群臣衝動了起來，紛紛衝上前想把皇帝的親筆搶到手，搶到興起竟然有人衝到了最前面，踩著李世民的御座，把皇帝的親筆搶到了手。得手的人還在興奮，跟在後面的人卻全傻了，這是誰啊，不要命了，竟敢踩踏御座，這可是死罪啊！

得手的人正是劉洎，此時的他一看自己腳的位置也傻眼了，自己的腳居然踩在御座之上，完了！酒被嚇醒一半的群臣也沒閒著，皆奏曰：「洎登御床，罪當死，請付法。」

劉洎已經身不由己，一腳踩著生，一腳踩著死，李世民的嘴只要一動，就直接關乎著劉洎的生死，等待劉洎的會是什麼呢？

李世民笑而言曰：「昔聞婕妤辭輦，今見常侍登床。」心情不錯的李世民竟然不予追究，反而願意把這件事當成美談，這一切只能說明此時的劉洎很紅。

劉洎的紅一直延續，一直延續到貞觀十九年，這一年他依然很紅，紅得有些發紫。紅不可怕，紅得發紫呢？

貞觀十九年三月二十四日，李世民從定州出發出征高句麗，留下劉洎與馬周等人坐鎮定州，一起輔佐太子李治，此時劉洎官職為侍中，仍兼太子左庶子、檢校戶部尚書，總吏、禮、戶部三尚書事，在諸多輔佐李治的大臣中，除了德高望重的老資格高士廉，往下數就是位高權重的劉洎。

李世民出發之前特意對劉洎交代了一番，說道：「我今遠征，使卿輔翼太子，社稷安危之機，所寄尤重，卿宜深識我意。」

此時劉洎自我感覺特別良好，也非常想表現自己的忠心，慨然回應道：「陛下您就放心吧，大臣們如果有出現過失的，我直接就誅殺。」（**願陛下無憂，大臣有愆失者，臣謹即行誅。**）

這就是劉洎，自我感覺良好的劉洎，這句不知深淺的話讓李世民當場不悅，指著劉洎說道：「君不密則失臣，臣不密則失身。卿性疏而太健，恐以此取敗，深宜誡慎，以保終吉。」

劉洎的話李世民並不愛聽，只是此時恩寵未減，他還願意耐著性子教導劉洎一番，他的話無非是想敲打一下劉洎，沒想到卻一語成讖。

時間走到了貞觀十九年十二月，這個月李世民生瘡化膿，這個月劉洎將自己的一生歸零了。

劉洎惹下殺身之禍其實只是因為一句話。

在李世民患病的某一天，劉洎前往行宮拜見李世民，君臣交談一番之後，劉洎辭別出宮。

出宮後的劉洎難掩悲傷的神情，他還在為李世民的病情擔憂，就在這時他遇到了幾個同僚，這幾個同僚可能比他的級別低，沒有機會面見李世民，這次撞見劉洎自然要詢問一下皇帝的病情。

劉洎並沒有意識到危險正向他逼來，直言不諱地說道：「疾勢如此，聖躬可憂。」意思是說，皇帝的病情挺嚴重，真讓人擔憂。

說完劉洎轉身離去，留給同僚們一個遠去的背影。遠去的劉洎如同以往一樣，走得安靜從容，此時的他恰恰淡忘了一個最普通的真理：東西越傳越少，話會越傳越多。

看似平常的一句話，經過幾人之口可能已經完全走樣。

不久，李世民接到密報，劉洎圖謀不軌。

證據呢？

劉洎曾經說：「國家之事不足慮，正當傅少主行伊、霍故事，大臣有異志者誅之，自然定矣。」

這個證據表明，劉洎想做伊尹、霍光那樣的輔政大臣，這個說法深深刺痛了李世民。

伊尹、霍光在歷史上雖然有輔政有功的聲名，但輔政有功的潛臺詞就是皇權旁落，也就是說伊尹和霍光之所以輔政有功青史留名，一定程度上是因為他們在那個時期大權在握，幾乎行駛了皇帝的所有權力，在他們輔政時期皇帝只是名義上的皇帝，而實權則是握在他們的手中。儘管他們最終都把皇權交回到了皇帝手中，但這種交還實際就是一個良心活，可以交還，也可以不交還，以當時的背景兩人取而代之也未必不可。

現在劉洎想把這個場景複製到李唐王朝，李世民能答應嗎？

劉洎栽了，徹底地栽了，一頭栽進了萬劫不復的深淵，起因就是在錯誤的時間，錯誤的地點，講了一句錯誤的話。

那麼是誰誣陷了劉洎呢？《實錄》、《舊唐書》、《新唐書》將矛頭指向了褚遂良，異口同聲地指出正是褚遂良誣告了劉洎。

不過盡信書則不如無書，在編輯《資治通鑒》時，司馬光對這個說法提出了質疑，他認為誣告這種事情連一般人都做不出，口碑很好的褚遂良更難做出這樣的事情。司馬光推測很有可能是負責編撰《實錄》的許敬宗討厭褚遂良，所以在編撰《實錄》時將誣告劉洎的屎盆子扣到了褚遂良頭上。

現在誰誣告劉洎已經不重要了，重要的是李世民信了。

以李世民的智商和手腕，原本這樣的誣告是不會成功的，然而貞觀十九年的李世民已經不再是以往的李世民，貞觀十九年的高句麗之戰成為了李世民一生的分水嶺。在征戰高句麗之前李世民充滿自信，而在征戰高句麗之後，李世民的自信心受到了嚴重的打擊，雪上加霜的是在回軍的路上他病了，一度比較危急。

這一年，李世民四十八歲，如果沒有這次得病，他可能還會一如既往，然而十二月這一病讓李世民突然感覺「老之將至」。老了，經不起折騰了，一場失利居然導致了一場病，真是老了。

生病的李世民已經沒有了往日的從容，感到「老之將至」的他考慮更多的是皇權的平穩交接，自己不可能陪伴太子一輩子，那麼就要把最好的局面、最好的大臣留給太子，絕不能在自己的手中留下任何隱患，絕不！

很不幸，曾經很紅的劉洎就成了一個安全隱患，此人居然想成為伊尹、霍光，這樣的人是不能留給太子的，儘管他曾經很紅。

其實李世民未必相信別人對劉洎的誣告，他曾經在劉洎的要求下召來馬周對質，一種說法是馬周證明劉洎沒說過那樣妄自尊大的話，一種說法是馬周保持了沉默。然而無論馬周的態度如何，劉洎必須死，因為李世民可以證明他確實說過那樣的話，時間就在貞觀十九年三月。

「願陛下無憂，大臣有愆失者，臣謹即行誅。」劉洎，你還記得你說過的話嗎？

時間再回到貞觀十七年四月，劉洎同樣有讓李世民反感的舉動，他竟然上疏擁立魏王李泰繼任太子，這說明他屬於魏王一派，有結黨營私之嫌。

結黨營私、妄自尊大、位置敏感，身為侍中兼任太子左庶子的劉洎再一次踩上了生死線，如果闖過這條生死線，身為太子左庶子的他很有可能在李治的手下贏得更高的權位，而如果闖不過去，他的一生就要歸零。

然而新帳老帳疊加了到一起，劉洎的鴻運終於走到了頭，數年前李世民一句話將劉洎推向了陽光明媚的生路，現在李世民一句話又將劉洎推向了漆黑一片的死路。

李世民說道：「洎與人竊議，窺窬萬一，謀執朝衡，自處伊、霍，猜忌大臣皆欲夷戮。宜賜自盡，免其妻孥。」

貞觀十九年十二月二十六日，曾經很紅的劉洎伏誅，臨刑前他向監刑官員討要紙筆想要給李世民寫最後一道奏疏，然而監刑官員堅定地搖了搖頭，不給！劉洎死後，李世民得知了這件事，盛怒之下將監刑官員投入了大牢。

李世民的內心是矛盾的，其實他知道劉洎可能很冤，但為了皇權他不能把這顆權臣的種子留給自己的子孫，為了皇權一切可能擋路的都必須除掉。

在劉洎身後，其子劉弘業兩次為父翻案，第一次失敗，第二次終告成功。

高宗顯慶年間，劉弘業上書指控褚遂良誣告父親劉洎，請求為父親翻案，這次翻案得到了權臣李義府的支持，因此高宗李治親自過問了這件事。李治向近臣詢問對策，給事中樂彥瑋曰：「辨之，是暴先帝過刑。」第一次翻案就此失敗。

則天臨朝，其子劉弘業再次上書奏稱父親劉洎被褚遂良誣告而死，第二次為父翻案，這一次終於成功，武則天詔令復其官爵，最終算是為劉洎平反了。

復官也好，平反也罷，對於劉洎而言，一切都是身後之事，在他臨刑之際他可能想到我曾經很紅，也可能想到我此刻很慘，紅也好，慘也罷，人頭落地之際就是一生歸零之時。

不過，如果劉洎地下有知，他或許會有一點勉強的安慰，因為這樣的倒楣蛋不只他一個，而是一下三個。

張亮

在劉洎伏誅後三個月，又一個倒楣蛋出現，他也死於李世民的猜疑。

在寫侯君集的時候，我曾經說過侯君集對於凌煙閣來說既是一齣喜劇又是一齣悲劇，喜的是在他的有生之年他看到了他的畫像掛上了凌煙閣，悲的是僅僅一個多月之後他就再也無法看到凌煙閣了。

如果要找出一個人與侯君集經歷相似，那麼這個人就是鄖國公張亮。

張亮，一個有故事的人。

隋朝末年，張亮參加了李密的起義軍，起初並沒有得到李密的賞識，然而張亮並沒有氣餒，他一直在等待機會。不久機會來了，李密軍中居然有人謀劃推翻李密，這下給了張亮告密的機會。有了這次至關重要的告密，李密從此對張亮刮目相看，並把他提拔為驃騎將軍，隸屬於李世勣名下。後來李世勣歸順唐朝，張亮也隨之歸順，被委任為鄭州刺史。得到任命，張亮踏上了赴任的道路，沒想到這次赴任居然是一件不可能完成的任務，在張亮赴任之前，王世充已經攻陷了鄭州，張亮想赴任得先問問李淵的死敵王世充。

此時的張亮倒楣到了極點，向前不能赴任，向後道路已經被王世充的軍隊阻隔，前後兩條路都走不通，無奈之下張亮只能亡命於共城山澤，當起了無人問津的野人。

張亮的野人生涯持續了一段時間，直到得到房玄齡和李世勣的推薦，李世民聞聽此人倜儻有智謀，這才把張亮委任為秦府車騎將軍，正式結束了張亮的野人生涯。

張亮還是很有能力的，在李世民的麾下他一直表現不錯，武德七年更是被李世民派往洛陽，交通聯繫各路英雄豪傑以備將來不時之需。然而好景不長，在洛陽左右逢源的張亮很快被齊王李元吉誣告下獄，罪名是圖謀不軌。這下麻煩大了。

然而李元吉低估了張亮，他滿心以為只要把張亮投入大獄就能得到有利於自己的口供，進而可以將李世民一派置於死地，事實證明他想錯了。獄中的張亮居然一言不發。

在古代是非常看重口供的，有口供才算認罪，可是零口供呢？

後來在李世民的斡旋下，零口供的張亮無罪釋放，從此得到了李世民的加倍信任。

貞觀十年，為了讓倍受寵愛的魏王李泰留在長安，不去屬地相州鎮守，李世民為李泰找了一個替身，這個人就是張亮。張亮隨即晉升為金紫光祿大夫（正三品），代理相州都督，代替魏王李泰鎮守相州，這是李世民對他的信任，也是對他的莫大恩寵，能給當紅的李泰當替身，說明你張亮是個值得信任的人。

張亮這個人確實有頭腦、有能力，在相州經常微服私訪，斷案如神、扶危濟困、打擊豪強，在當地的口碑相當不錯。

然而家家有本難念的經，官場得意的張亮卻過著狼狽不堪的家庭生活，這一切都是因為一個女人，張亮的第二任妻子李氏。張亮為了李氏拋棄了糟糠之妻，然而沒想到這個李氏一點都不省油，恰恰相反，超級費油。

李氏素有淫行，嫉妒心特強，張亮一方面很寵她，一方面又很怕她，最後到了聽之任之的程度，即使被戴上綠帽子居然都表現得無所謂。

李氏在相州有個相好，此人以賣筆為業，擅長歌舞，與李氏一見鍾情開始私通。為了私通方便，李氏居然將相好領回家，與張亮商議之後，將該相好包裝成張亮的私生子，取名張慎幾，從此李氏就在家中放心大膽的與張慎幾私通，而張亮權當沒看見，即使張亮與前妻所生子張慎微屢次規勸，張亮還是不以為意，到底是咋想的呢？

如果李氏僅僅是私通也就罷了，要命的是她還有一個旁門左道的愛好。巫師占卜師都是她家中的上賓，慢慢的張亮就與這些人士交上了朋友，而這些朋友恰恰是他人生路上的定時炸彈。

具有定時炸彈功能的主要有兩個人，一個叫程公穎，一個叫公孫常。

程公穎，男，年齡籍貫不詳，職業：方術師，類別：旁門左道。

據說在相州時，張亮與程公穎曾經有過一次談話。

張亮說道：「相州這個地方地勢非常好，有人說不出數年將有王者從這裡崛起，對此你有什麼看法？」（**相州形勝之地，人言不出數年有王者起，公以為何如？**）

聞聽此言，程公穎聽出了幾分味道，回應道：臥似龍形，必當大貴。意思是說，張亮睡覺時有龍的形狀，日後必定貴不可言。

公孫常，男，職業：不詳，自言有黃白之術，類別：旁門左道。

公孫常與張亮據說也有一次談話。

張亮謂曰：「我曾經聽說圖讖上說『有弓長之君當別都』，雖然有這樣的說法，事實上我是不想聽到的。」（吾嘗聞圖讖『有弓長之君當別都』，雖有此言，實不願聞之。）

公孫常回應道：名應圖錄，大吉！

以上兩次談話得到了程公穎和公孫常的證實，但均遭到張亮的否認。因此粗略判定，可信度只有百分之五十，或許有，或許真沒有，然而張亮與旁門左道交好的事實不可否認，這一點很致命。

從此以後，官場得意的張亮開始走下坡路，官聲受損，口碑變差，仕途變得起伏不定，到貞觀十七年，還是靠告密侯君集即將謀反重新贏得了李世民的重用，從洛州都督又升任刑部尚書，並且得到了畫像凌煙閣的無上榮光。

如果生活軌跡平淡無奇地延續下去，張亮很有可能在刑部尚書任上終老，然而生活注定充滿了變數，貞觀十九年之後李世民多疑了，而不巧的是張亮的身上又背著定時炸彈。

貞觀二十年三月，張亮的苦主來了，此人名叫常德玄，陝州（河南省三門峽市）人。

常德玄向李世民舉報：張亮蓄意謀反，名下有義子五百人。

這不能說是要命，而是相當要命！

在馬周的審判下，旁門左道的朋友程公穎和公孫常供認不諱，而張亮卻堅決否認，「此二人畏死見誣耳！」

到此時，張亮謀反的所有證據只來自三人之口，舉報人常德玄，污點證人程公穎和公孫常，雖說三人成虎，然而在張亮身上卻未必。

我們不知道常德玄舉報張亮出於什麼動機，是信口胡說，抑或是有人授意，抑或是自己一直在暗中調查，總之張亮謀反的所有證據只來自這三人之口，有人證卻沒有關鍵的物證。

如果張亮的人緣夠好，此時或許還有一線生機，然而要命的是有李氏那盞費油燈的存在，張亮的人緣相當不好，滿朝官員只有一人為張亮說話，其餘人要麼主張問斬，要麼難得糊塗。

作為唯一的反對派，將作少監（**建設部副部長**）李道裕態度很堅決：「反形未具，即為無罪！」

滿朝文武都是有罪推定，唯獨李道裕堅持無罪推定。

到底該有罪推定，還是無罪推定呢，這直接關乎張亮的命。李道裕注定是孤獨的，滿朝文武都站到了他的對立面，更要命的是李世民也是有罪推定的堅決擁護者。

「亮有義兒五百，畜養此輩，將何為也？正欲反耳。」李世民恨恨地說道。

倒楣的張亮，誰讓你認那麼多乾兒子呢？乾爹是那麼好當的嗎？

倒楣的張亮，沒有死於定時炸彈，卻死在了五百義子身上。

貞觀二十年三月二十七日，鄖國公、刑部尚書張亮被綁縛長安西市斬首，陪斬的還有他的左道朋友程公穎，另一左道朋友公孫常卻不知道什麼原因逃過了這一斬。

在張亮身後，他的全部家產被沒收充公，家人入宮為奴，曾經的國家功臣、曾經的朝廷命官，到頭來不過是大夢一場。

一年後，刑部侍郎出缺，人事部門考察了多位人選都不合適，最後李世民說話了：「不用找了，這個人我已經找到了，將作少監李道裕。」

李世民接著說道：「往者李道裕議張亮云：『反形未具』，此言當矣。雖不即從，至今追悔。」

張亮冤不冤，問天，問地，問李世民！

李君羨

武則天天授二年，貞觀年間一員名將家屬上書武則天為名將翻案，不久武則天下詔，追復官爵，以禮改葬，在武則天的心中同時也在默默地念著：謝謝了，李兄弟，謝謝你替我頂了雷。

替武則天頂雷的人名叫李君羨，他的一生由無數巧合構成，巧合到現代科學無法解釋。

李君羨，洺州武安（河北省武安縣）人，原本是王世充麾下的驃騎將軍，因為看不起王世充的為人，在秦叔寶和程咬金跳槽之後，他也帶著自己的隊伍打包歸順了李世民。從此李君羨成為李世民麾下的一員猛將，跟隨李世民先後征討過劉武周、王世充，每次征戰必定單槍匹馬衝在隊伍的最前面，多次征戰下來受賞宮女、黃金、牛馬無數，總之該有的都有了。

在戰功的積累下，李君羨晉升為左武衛將軍（從三品，副部級），封武連郡公，率部鎮守玄武門。

此時的李君羨要風得風，要雨得雨，關鍵還是深得李世民賞識，如果不是非常心腹的將領絕不能鎮守玄武門，玄武門對於皇帝有多重要，地球上沒人比李世民更清楚。

然而老天偏偏跟李君羨過不去，就在李君羨鎮守玄武門不久，長安上空的出現了太白晝見的異常天象。

太白晝見在古代顯得很神秘，這是一個什麼樣的天文現象呢？說白了就是白天能看到金星。白天看到金星的情形是什麼樣呢？就是天上有兩個太陽，一個亮，一個相對較暗，亮的是太陽，相對較暗的是金星，儘管兩個一明一暗，但最終的結果是二日並存。

這對帝王而言意味著什麼呢？有人要奪權！

實際上太白晝見只是一般的天文現象，因為很少發生，所以顯得比較稀奇、比較神秘。距離我們最近的一次「太白晝見」發生在二〇〇五年，當時河南省一位天文愛好者用自製的望遠鏡發現了這一奇觀，並通報給南京紫金山天文臺，值得一提的是從那一年到現在什麼事也沒有發生。

然而，李君羨與李世民所處的時代是西元七世紀，那時的人還是相信天象，李世民命令天文官員對這一特殊天文現象進行了研究，很快天文官員得出結論：女主昌。

「女主昌」意思是說，在將來的某一天會有一位女性成為天下的主宰，這不要了親命了嗎？自盤古開天地以來，天下雖然有女神仙的傳說，但從來沒有女皇帝的傳說，即使漢朝的呂后、北魏垂簾聽政的文明皇太后，她們都是聽政，但皇帝還是男人。這下玩笑開大了，未來居然還會出一個女皇帝，這個女皇帝會是李唐王朝的嗎？她會是姓李的嗎？

李世民想不明白，天文官員們也想不明白，但大家都知道這個消息對於李唐王朝而言就是驚天霹靂，偌大的天下將來會由女人主宰，這不是全亂了嗎？

就在李世民還在為這次占卜結果憂心忡忡時，令他更擔心的事情出現了，在民間居然正在流傳著一本《秘記》，《秘記》上的話讓李世民更加驚愕！

《秘記》是這樣說的：「唐三世之後，女主武王代有天下」，這下更直接，居然連未來女皇帝的姓都說出來了，這能讓李世民不鬱悶嗎？

李世民下令追查《秘記》的由來，然而查來查去線索斷了，《秘記》似乎就是從天而降，沒有源頭。

女皇帝，武姓，這個人到底會是誰呢？

此後不久，李世民召開了一場宮廷宴會，宴請的都是武將，左武衛將軍李君羨也在此列，他跟其他將軍一起來蹭李世民的酒喝。

和現代社會喝酒時講黃段子助興一樣，那時的酒宴也講究助興，這場宴會李世民定下了一條新的飲酒助興規則：每人都必須說出自己的小名。

這下熱鬧了，五花八門的小名隨之而出，「狗剩」、「栓柱」、「小強」一齊出現，笑得大家前仰後合，到了李君羨這裡，大家都靜了下來，聽一聽這個五大三粗的將軍小名究竟叫什麼。

李君羨站了起來，理直氣壯的說道：「臣的小名叫五娘。」

噴了，徹底的笑噴了，大家怎麼也不能把眼前這個李君羨與五娘這個小名聯繫起來，反差也太大了吧。李世民也加入到了爆笑的行列，指著李君羨說道：「這算哪門子女子啊，長得如此壯實五大三粗！」（何物女子，乃爾勇健！）

李世民笑著笑著差點岔了氣，突然他的腦海中快速組合起一串片語：武連郡公，左武衛將軍，玄武門守將，五娘子，李君羨！

這五個片語組合到一起是什麼呢？難道他就是唐三世之後那位女主。

不可能，不可能！

李世民心中盤算了半天，還是不能把李君羨和女皇帝聯繫到一起，這一切或許只是巧合吧，怎麼說李君羨也算是忠臣良將。然而事情巧合到這個程度，李世民心中還是有所顧忌，重中之重的玄武門不能讓李君羨再守了，不怕一萬，就怕萬一。

不久李君羨被免掉左武衛將軍職務，出任華州（陝西省華縣）刺史。

如果此時的李君羨意識到自己的處境謹慎交友，或許還可以一生平安無事，然而李君羨偏偏沒有意識到，在華州他很快結識了一些朋友，其中有一位朋友叫員道信。

員道信這個人說起來比較神奇，他自稱可以不吃任何東西，只需採天地之靈氣就可以維持生存，一般人都不相信，而偏偏李君羨就信。

另外員道信還有一個特長，通曉佛教法術，這個特長同樣折服了李君羨，時間不長兩人就成了無話不談的朋友。在兩人談話時，李君羨一律清退左右，只與員道信密談，李君羨滿心以為這樣的談話只有天知地知、他知、員道信知。

事實證明這是錯覺，他們的談話不只天知地知，李世民也知。貞觀二十二年七月初，李君羨倒楣到了極點，老天徹底跟他過不去了。

七月初，長安上空再次出現太白晝見奇異天文現象。

原本漸漸淡忘的李世民再一次被提醒，「女主昌」三個字再次縈繞在李世民的心頭。

幾天後有御史上奏：君羨與妖人交通，謀不軌。

七月十三日，華州刺史李君羨伏誅，身後家產全部充公。

倒楣的太白金星，莫非你跟李君羨前世有仇！

其實盡信書則不如無書，如果你真的認為李君羨死於太白金星，那麼你被耍了。

這是一個複雜的連環套，而這個連環套的製造者其實是兩個人，一個是李世民，一個是武則天。

晚年的李世民是猜疑的，他猜疑一切可能威脅皇權的人，李君羨之所以被殺，其實原因很簡單：一，曾經鎮守過玄武門，二，與妖人交際。

以玄武門政變起家的李世民比所有人都清楚玄武門的意義，小小的玄武門其實就是李唐王朝的命門，只要運作得當，幾百人的政變隊伍就能通過玄武門奪取李唐王朝的皇權，這一點李世民比誰都清楚，所以他格外看重玄武門，不是絕對心腹絕不可能鎮守玄武門。

李君羨原本是可信的，然而承平已久養尊處優，曾經的忠心是否還會濤聲依舊，這讓李世民有些懷疑。侯君集、張亮的例子近在眼前，所以李世民有了將李君羨出任華州刺史的舉動。然而李君羨在華州偏偏不檢點，居然與妖人交往甚密，僅這一點李君羨已經在劫難逃。

說到底，李君羨不是死於太白金星，只是死於李世民的猜忌。

李世民沒有想到，他為鞏固皇權所做的努力，最後居然成了武則天的宣傳工具。

李君羨交往妖人，太白金星白天出現，兩者組合到一起，李世民最終誅殺李君羨，這是李世民的連環套。

太白金星異常，李君羨身上有一連串與「武」有關的符號，李君羨伏誅，而武則天卻最終登基，組合到一起就是武則天的連環套：朕早有天命！這就是武則天最想要的。

到此時一切已經真相大白，貞觀年間的「太白晝見」只是普通的天文現象，天文官員可能只是占卜出「未來國家政權可能存在變數」，這一結果加重了李世民的猜疑之心，也導致了結交妖人的張亮、李君羨人頭落地。

所謂「女主昌」，所謂「唐三世之後，女主武王代有天下」，這一切說辭其實都是武則天後來的偽造，一切的一切都是武則天為了向天下證明：看，朕有天命，天命不可違！

然而無論是李世民的連環套也好，武則天的連環套也罷，總之曾經的名將李君羨已經人頭落地，留下一系列巧合讓人無法解釋。

為什麼偏偏是他？為什麼他會與「武」字那麼有緣？

玄武門，左武衛將軍，武連郡公，五娘，這一切究竟是天意，還是巧合？沒有人能夠說得清楚。

我們只知道在貞觀二十年前後，先後有三名高官死於冤案，侍中劉洎、刑部尚書張亮、左武衛將軍李君羨。短短三年時間三大高官人頭落地，罪名可以有，罪名莫須有！

這一切只因為皇帝老了，他很猜忌。

傷離別

第十八章

說再見

仕途千里，終有一別，當了一輩子官，總有告別的時候。

古代官員的任期其實是終身制的，只要有一口氣在，你就還是國家官員，什麼時候把眼睛閉上了，你的這一輩子才算劇終，你的仕途才能打上鳴謝字幕。

從貞觀十九年開始，李世民手下的重臣紛紛到了劇終時刻，從貞觀十九年到貞觀二十二年短短四年時間，就有五名重臣先後去世，分別是岑文本、高士廉、馬周、蕭瑀、房玄齡。

最先去世的是岑文本，他死於東征高句麗的征途之中，時間是貞觀十九年四月十日。

在貞觀十八年八月，他剛剛升任中書令（**正三品，正部級**），兢兢業業了一輩子，終於到達了仕途的頂峰。然而岑文本在頂峰的時間實在太短，從貞觀十八年八月到貞觀十九年四月，只有短短半年時間，半年之後他就病逝於東征高句麗的大軍之中，他是日夜操勞累死的。

在他去世的當天，李世民已經看出端倪，對左右侍從憂慮地說道：「文本與我同行，恐不與我同返。」

當天，岑文本遇暴疾而死，可能是過勞死，時年五十一歲。

岑文本，降官出身，武德年間割據政權蕭銑敗亡後投降唐朝進入李世民帳下，貞觀年間一路平步青雲，最後官至正三品中書令，也算創造了貞觀一朝的職場奇蹟，與他齊平的只有後來被處斬的侍中劉洎，不同的是岑文本雖遇暴疾也算善終，而劉洎只能三聲歎息。

在岑文本去世兩年之後，貞觀二十一年正月五日，開府儀同三司（**從一品**）高士廉病逝，享年七十二歲。

高士廉，長孫無忌和長孫皇后的親舅父，長孫皇后兄妹父親早逝，高士廉這個舅父就承擔起養育的責任，也正是高士廉慧眼識珠，在長孫皇后小時就為他選定了李世民這個夫君，事實證明高士廉的眼光很獨到。

事實上，高士廉無論是個人謀略還是為官都非常有一套，玄武門政變他是策劃者之一，貞觀年間他也曾經長期主持人才的選拔，這樣的故舊去世李世民的心痛可想而知。

時間進入貞觀二十二年，這一年李世民更加感傷，因為在這一年，他一下失去了三位重臣，馬周、蕭瑀、房玄齡。

正月九日，一直受消渴病（糖尿病）困擾的馬周撒手人寰，享年四十八歲，他的去世也意味著貞觀一朝的職場奇蹟徹底終結。

馬周貞觀四年以布衣身分得到李世民垂青，歷經十八年努力，最終官至正三品中書令，從平頭百姓到正部級高官，可以想像期間的跨度有多大。難能可貴的是馬周在不斷攀升的同時，還保持著不錯的官聲，貞觀二十一年，李世民以神筆賜馬周飛白書曰：「鸞鳳凌雲，必資羽翼。股肱之寄，誠在忠良。」

李世民對馬周的厚愛還不止於此，甚至在李世民駕幸翠微宮時，還下令尋覓一塊風水寶地，做什麼用呢？為馬周起宅。

至於馬周病重期間恩寵尤甚，名醫中使，相望不絕，每天令尚食以膳供之，李世民親自為之調藥，皇太子李治親臨問疾，於公於私給足了馬周面子。

李世民厚愛如此，馬周也沒有辜負李世民的厚愛，臨終之際馬周還親自做了一件事，對別人來說是小事，而對他而言則是大事。他找出了昔日上書所用的所有草稿，親自付之一炬，慨然曰：「管仲、晏子大肆宣揚國君的過失，為自己贏得身後之名，而我不能那麼做。」（**管、晏彰君之過，求身後名，吾弗為也。**）

同樣是上書的底稿，馬周選擇付之一炬，魏徵選擇流傳於世，誰高誰低李世民有數，歷史同樣有數。

在馬周之後，六月二十四日，特進（**正二品**）、宋公蕭瑀病逝，享年七十四歲。

蕭瑀在前面我們已經介紹過，這位老資格能橫跨武德、貞觀兩朝不倒，確實有自己的獨到之處，不過他偏激的性格還是在無形之中讓李世民非常不爽，以至於李世民要在他的諡號上做做文章。原本太常寺給蕭瑀擬定的諡號為「德」，而尚書省經過研究應該定為「肅」，無論是「德」還是「肅」都是不錯的諡號，然而報到李世民那裡，這兩個都被推翻了。

李世民說道：「諡號是行為的痕跡，應該與生前的行為相符，這樣的話就定為貞褊公吧。」（**諡者，行之跡，當得其實，可諡曰貞褊公。**）

「貞」表明端莊，「褊」表明多猜疑，兩個字組合在一起就是一個毀譽參半的諡號，在一個諡號上跟蕭瑀過不去，說明蕭瑀得罪李世民得罪得不輕。

得罪誰不好，偏偏得罪皇帝。

在蕭瑀之後，李世民最心痛的事情來了，七月二十四日，他的肱骨重臣房玄齡病逝了，房玄齡的病逝讓李世民感覺幾乎塌掉了半邊天。

貞觀一朝能夠從頭至尾恩寵不衰的人其實不多，長孫無忌算一個，房玄齡也算一個，如果說長孫無忌憑藉的是友情、親情加能力，那麼房玄齡完全憑藉的是自己的能力，貞觀一朝裡裡外外都需要他事無巨細的打理，一個人一時兢兢業業不難，難得的是房玄齡二十餘年都兢兢業業、鞠躬盡瘁，我們現在看到幾乎所有有關李世民的仁政，其實都有房玄齡的功勞。

房玄齡彌留之際他還在做著一件事，上疏力諫李世民停止對高句麗用兵，讓人民休養生息。儘管李世民和他的子孫們並沒有接受房玄齡的建議，但房玄齡的苦心天地可表。

貞觀二十二年七月二十四日，大唐第一名相房玄齡與世長辭，享年七十歲。

在房玄齡的身後，他的兒子房遺直、房遺愛依舊承受著李唐王朝的恩寵，房遺愛更是迎娶了李世民的女兒高陽公主，然而恩澤再盛也有盡時，永徽四年因為房遺愛與高陽公主的愚蠢舉動導致了房玄齡一脈永久衰落，大唐名相房玄齡的光芒在身後數年之後便被子孫喪失殆盡，可惜，可歎！

四年之中送別五位重臣，李世民的痛心難以言表。

經歷了太多生離死別，經歷了遠征高句麗的失敗，自覺老之將至的李世民更加珍惜自己的生命，換句話說是更加怕死了，此時的他比任何時候都想延續生命，如果可能的話他想再活五百年。

儘管在年輕時他不只一次嘲笑過秦始皇、嘲笑過漢武帝，嘲笑他們妄想長生不老，竟然吃了所謂的丹藥，現在輪到了他自己同樣不可救藥地迷戀上了丹藥。

事實上，從貞觀二十年起李世民就開始服用丹藥，儘管外界並不知曉，但貞觀二十一年正月高士廉去世時，長孫無忌的一句話道出了端倪。

長孫無忌為了阻止李世民到高士廉家裡奔喪，說了這樣一句話：「陛下餌金石，於方不得臨喪，奈何不為宗廟蒼生自重。」

長孫無忌所說的「金石」其實就是丹藥，這說明從貞觀二十年起李世民已經迷戀上丹藥，而這種迷戀隨著貞觀二十二年一次意外的戰爭更加變本加厲。

一人滅一國

有唐一代英雄輩出，傳奇不斷，名將如李靖、李世勣、薛仁貴、郭子儀、哥舒翰等等至今流傳，文臣如房玄齡、杜如晦、長孫無忌、魏徵等等都是青史留名的人物。

其實在唐朝還有很多傳奇，這些傳奇只是由於主角身分相對卑微，因而流傳不廣。事實上這些傳奇一樣精彩，一樣值得後世傳誦。

下面要說的是有關李唐王朝走勢的一個傳奇，這個傳奇的名字叫一人滅一國！

一人，王玄策，一國，中天竺。

王玄策時任東宮左衛率長史（東宮衛隊秘書長、正七品、處級），事發時正作為唐朝外交使團正使訪問中天竺，正是這次看似平常的訪問引發了這段傳奇。

說起來，唐朝與中天竺發展外交關係還是由一個老熟人牽的線，這個人就是孫悟空的師傅，玄奘。

當年唐僧玄奘感慨隋末戰亂不斷、生靈塗炭，在簽證得不到批准的情況下就隨著逃荒的難民偷渡出了國境，一路逶迤來到了中天竺。

當時的印度大陸五國並立，分為東西南北中五個天竺，在唐朝武德年間，中天竺國王尸羅逸多發憤圖強，常年征戰不已，象不弛鞍，士不釋甲，打得其餘四個天竺滿地找牙，臣服於他的腳下。

在中天竺國王尸羅逸多志得意滿之際，從東土大唐來了一個騎白馬的人——唐僧玄奘。

不久，國王與唐僧有了一次會面，這次會面拉開了大唐與中天竺友好交流的序幕。

國王尸羅逸多問道：「而國有聖人出，作《秦王破陣樂》，試為我言其為人。」玄奘回應道：「皇帝神武，平定禍亂，四夷賓服。」

尸羅逸多聽完很是高興，唐朝聖人居然與自己有這麼多相似之處，值得交往，隨即說道：「我當東面朝之。」

貞觀十五年，尸羅逸多自稱摩伽陀王，遣使者上書。李世民命雲騎尉梁懷璥持節尉撫，尸羅逸多驚問國人：「自古亦有摩訶震旦使者至吾國乎？」皆曰：「無有。」（**當時他們稱中國為摩訶震旦**）

尸羅逸多乃出迎，膜拜受詔書，戴之頂，復遣使者隨入朝。

貞觀十七年三月，李世民命衛尉丞李義表到中天竺報聘，也就是第一次正式友好訪問，王玄策是訪問團的副團長。這次訪問取得了巨大的成功，大臣郊迎，傾都邑縱觀，道上焚香，國王尸羅逸多率群臣東面受詔書，並且又向唐朝奉獻了火珠、鬱金、菩提樹等珍貴土特產。

時間過得真快，轉眼間到了貞觀二十二年，這一年王玄策已經升任東宮左衛率長史，李世民命令王玄策組織訪問團並擔任訪問團團長，他們將對中天竺進行第二次友好訪問。

在前往中天竺的路上，王玄策的腦海中還一直回想著第一次訪問時的盛大場面，這一次會不會比上次更大呢？

王玄策期待的盛大場景終於來了，而且來得很突然。

在王玄策帶領的三十二人使團一入境，他們就受到了中天竺士兵的熱烈歡迎，來迎接王玄策的士兵總計有兩千人，這麼大的場面，太講究了。然而就在一瞬間，王玄策發現前來歡迎士兵們的眼神不對，他們好像不是來迎接的，似乎是一場早有預謀的伏擊。

沒錯，正是伏擊，等的就是你！

此時的王玄策還不知道，在他們趕路前往中天竺時，中天竺國內已經發生了變故，對唐朝友好的國王尸羅逸多去世了，帝那伏帝王（今印度比哈爾邦北部蒂魯特）阿羅那順篡位成功。

篡位成功的阿羅那順可能也是一個智商不高的人，他不知道王玄策不好惹，王玄策背後的唐朝更不好惹，衝動之下他竟然派兵伏擊了來中天竺進行友好訪問的唐朝使節。

阿羅那順為什麼要打劫唐朝使節呢？可能是為了標榜自己與前任國王尸羅逸多不同，凡是他支持的，就是我反對的。另外一個原因可能是見財起意，因為當時王玄策的訪問使團同時押送著一些國家送給唐朝的貢品。

總之，王玄策與自己的副手蔣師仁稀裡糊塗的就從中天竺的座上賓變成了階下囚，而手下的隨從要麼被俘、要麼戰死。牢獄之中的王玄策思前想後，怎麼也嚥不下這口氣，堂堂唐朝使節居然遭遇羈押，太欺我大唐無人了，不給你們點顏色看看真當大唐是病貓了。

當夜趁著夜色掩護，王玄策與蔣師仁成功越獄，接下來他們要做的就是復仇。

復仇有兩個選擇，一是回長安搬援兵，二是就近求援，王玄策選擇了第二種。

王玄策策馬從印度大陸北上，渡過了甘地斯河和辛都斯坦平原，以喜瑪拉雅山脈為目標，一路來到了尼泊爾王國，他知道在這裡他將得到重要的援兵。

王玄策為什麼選擇到尼泊爾搬援兵呢？因為松贊干布。當時松贊干布主政吐蕃，與唐朝和尼泊爾王國都保持著睦鄰友好關係，松贊干布不僅迎娶了唐朝的文成公主，也迎娶了尼泊爾王國的公主，有松贊干布這樣一個中間人，唐朝與尼泊爾也算友好國家。

然而古往今來借錢不易，借兵更難，單憑王玄策的三寸不爛之舌，尼泊爾憑什麼借兵呢？

王玄策有自己的辦法，他知道自己的面子不夠，所以就抬出了松贊干布，以松贊干布的名義向尼泊爾的那陵提婆王借到了七千騎兵，同時向鄰近邊境的各部軍府及近處各大唐藩屬國發布徵兵公告，又召來了兩千餘人。此時吐蕃國王松贊干布聞聽王玄策借兵的消息，又派了一千二百人前來幫忙，三方兵力累計下來達到了一萬餘人，只要王玄策一聲令下，這支多國部隊就將直撲中天竺復仇。

王玄策將這一萬餘人進行了整編，自己出任多國部隊總管，蔣師仁出任先鋒，一聲令下一萬餘人兵發中天竺茶鎛和羅城，在這裡他將與篡位的阿羅那順決一死戰。

此時王玄策手下一萬餘人，阿羅那順精銳部隊三萬，戰象部隊七萬，敵我軍力比十比一。不僅如此，阿羅那順本土作戰，王玄策遠道而來，連人帶馬都是借的，這仗能打嗎？

這仗可以打。

為了激勵隊伍的士氣，王玄策選擇了背水而戰，前面是敵軍，後面是大河，進則殊死一搏，退則退無可退，是進是退，你們自己看著辦！

在王玄策的激勵下，置之死地而後生的多國部隊向阿羅那順的部隊發起了猛烈衝擊，這一戰打了三天三夜，最終背水一戰的多國部隊大勝，殺死敵軍數千、溺斃萬餘、俘虜一萬多人。

首戰失利，阿羅那順並不氣餒，在他手中依然有一張王牌，這就是戰無不勝的戰象部隊，中天竺把其他四個天竺打得滿地找牙靠的就是大象，現在大象依然可以把你們這些雜牌軍打得滿地找牙。

阿羅那順親率七萬戰象部隊向王玄策部隊衝了過來，黑鴉鴉的大象群咄咄逼人壓了上來，而王玄策卻不以為然，因為在他的心中早有退象妙計。

象群越來越近了，七萬戰象部隊壓了上來，不用打，踩也把人踩死了。

就在這關鍵的時刻，王玄策出招了，他一揮手，從不遠處衝出了無數瘋跑的牛，屁股似乎被火燒了一樣。沒錯，這就是王玄策的火牛陣，戰國時田單退敵就曾經用過，現在被王玄策照貓畫虎用來對付戰象部隊。

在火牛的衝擊下，七萬戰象部隊很快潰不成軍，王玄策驅軍趁勝追擊斬首了三千餘級，同時將大批逃兵往河裡逼，在河中又淹死了上萬人，一仗下來七萬戰象部隊幾乎損失殆盡，阿羅那順在印度大陸所向無敵的象兵就這樣被王玄策擊破。

到了這個時候，阿羅那順的牌基本打光了，就剩一張牌——城牆，從此之後阿那羅順守城不出當起了縮頭烏龜，你王玄策有能耐就打進來。

王玄策真不含糊，把唐軍攻城用的手段全用上了，雲梯、抛石車、火攻，沒過多久城破。

王玄策一路追擊，阿羅那順一路逃竄，逃到首都之後，屁股還沒坐熱王玄策又追了上來，沒有辦法只能放棄首都，接著再跑。

如果阿羅那順一門心思逃跑或許還有一條活路，然而這是一個不服輸、愛折騰的人，在逃跑的同時他居然集中殘兵敗將向王玄策的多國部隊發起了反撲，這一次他又賠了，而且連自已都搭了進去。

先鋒蔣師仁先是將多國部隊分兵幾部，一部誘敵，其餘幾部伏擊。誘敵的一部佯裝不敵將阿羅那順引進伏擊圈，然後回過頭來與其餘幾部一起將阿羅那順的部隊包了餃子，生擒阿羅那順，其餘隨從一律坑殺。

仗打到現在，中天竺已經奄奄一息，阿羅那順的王后本來還擁兵數萬，還想據險堅守乾陀衛江（印度河），然而人心已經散了，隊伍不好帶了，先鋒蔣師仁趁勢發起攻擊，中天竺最後的軍隊全部崩潰。

至此，王玄策率領的多國部隊俘虜阿羅那順的王后和太子，男女老少一萬兩千餘人，各類牲畜三萬頭，城市和農村五百八十餘所，原本生猛叫囂的中天竺就這樣敗在王玄策的手下。

中天竺滅了，東天竺也危了，在中天竺與王玄策大軍對抗時，東天竺曾經派出援軍援助，現在王玄策將兵鋒指向了東天竺。

東天竺國王尸鳩摩很識時務，反應也很快，沒等開打先送來了牛馬三萬頭犒勞大軍，另外還有弓、刀、寶纓絡，然後派使節可憐巴巴地看著王玄策：王將軍，您看我們表現如何？

算了，既往不咎了，王玄策大度地揮了揮手，旁邊的東天竺使節如釋重負，長出了一口氣。

不久，正七品東宮左衛率長史王玄策押著阿羅那順回到了長安，並將這一戰果通報給了李世民，這次通報讓李世民喜出望外，太意外了，一個使節居然滅了一個國。

李世民說道：「夫人耳目玩聲色，口鼻耽臭味，此敗德之原也。婆羅門不劫吾使者，寧至俘虜邪？」

阿羅那順就這樣和頡利可汗阿史那咄苾一樣成為被唐朝俘虜的敵國國王，在李世民身後他們的石像被放到了李世民的墓前，象徵著李世民一生的文治武功。

一人滅一國，這就是王玄策的傳奇，然而由於他在中國境內並沒有太大作為，所以他的傳奇逐漸湮沒於歷史的煙塵之中，直到二十世紀七〇年代，日本科幻文學宗師田中芳樹重新「發現」了他。

田中芳樹在大學圖書館翻閱日本平凡社出版的《亞洲歷史百科詞典》，讀到這位有著傳奇經歷的唐代使節條目時不禁驚呆了。十餘年後，他決心將這段歷史寫成小說，又過了二十年，田中芳樹的小說最終完稿，名字叫《天竺熱風錄》，在日本相當暢銷。

田中芳樹對王玄策是這樣評價的：「即使是把他當成好萊塢具有華麗風格之冒險電影的主角也絲毫不會缺失分量。」

其實王玄策原本有機會在李唐王朝平步青雲，貞觀二十二年得勝回國之後，他就被李世民晉升為朝散大夫（從五品，副廳級），而更令王玄策洋洋自得的是除了中天竺國王阿史那順，他還為李世民帶來了另外一件禮物——天竺方士。

天竺方士

在《舊唐書太宗本紀》中有這樣一段記載：貞觀二十二年，使方士那羅邇娑婆於金飆門造延年之藥。

那羅邇娑婆就是王玄策送給李世民的禮物，也是王玄策手中的最大籌碼，如果這個天竺方士真的有他自己聲稱的那麼神，那麼作為推薦人的王玄策未來前景不難想像。

說起來，天竺方士那羅邇娑婆也能吹，見了李世民之後就開始往自己臉上貼金，他平靜地告訴李世民自己已經二百歲了，而且有長生不老之術，他本人非常願意為李世民服務，讓自己的長生不老之術與李世民共用。

如果時光倒退二十年，李世民一定會抽那羅邇娑婆一頓大耳光，然後讓他在自己眼前消失。然而此時的李世民渴望延年益壽，渴望長生不老，他願意相信世間有長生不老之藥，所以他願意給那羅邇娑婆機會，讓他為自己製造延年之藥。

就這樣，李世民命那羅邇娑婆在金飆門煉製丹藥，命刑部尚書崔敦禮作為此次煉丹工程的總負責人，其他相關部門予以高度配合。從此一切為了丹藥，一切服務於丹藥。為了採集原料，李世民派出的使者遍布天下，他們的任務是到各地採集怪藥異石，最遠的足跡遍布東西南北中五個天竺。

那羅邇娑婆的丹藥配方不僅怪，而且採集起來難度很大。

有一種配方叫畔茶法水，新唐書是這樣介紹的：所謂畔茶法水者，出石臼中，有石象人守之，水有七種色，或熱或冷，能銷草木金鐵，人手入輒爛，以槖它髑髏轉注瓠中。

從描述來看，可能是硫酸硝酸一類的東西。

除此之外，還有一種配方，一種叫咀賴羅的樹葉。

要採集這種樹葉，可費了勁了。這種樹的樹葉外形像梨，一般地方不長，專門長在窮山崖腹，平坦的地不長，專門往懸崖上長，採集難度比天山雪蓮都難。長的地方險還不算，要命的是這種樹的旁邊一般都是毒蛇的洞穴，有毒蛇在洞裡守著，人根本過不去。

爬又爬不到，上又上不去，可又必須採到，怎麼辦呢？

用方鏃箭射。

不過用箭射也得碰運氣，如果運氣不好，剛把樹葉射下來就被鳥叼走了，這時候你只能耐著性子再射，什麼時候葉子飄到你手裡了，什麼時候才算完。

總之那羅邇娑婆就是這樣詭譎，靈不靈先不說，反正折騰死人不償命。

那羅邇娑婆的丹藥到底靈不靈呢？還是趙本山那句廣告詞：別看廣告，看療效！

第十九章

駕崩

天不假年

時間走到貞觀二十三年，李世民的身體再也挺不住了，他的生命進入了倒數計時。

三月十七日，李世民帶病前往顯道門宣布大赦天下，此舉是為了顯示天子的仁德，也是為了向上天乞求延年益壽，但李世民心中比誰都清楚，他剩下的日子已經不多了。

四月一日，夏日來臨，一直怕熱的李世民再次前往翠微宮，翠微宮他已經去過幾次，不知道這一次會不會是最後一次。

到此時，李世民在乎的不再是自己的壽命，而是自己身後帝國的穩定，現在貞觀一朝的重臣已經所剩不多，能託孤的文臣只有長孫無忌、褚遂良，武將呢？只有李世勣。

其實到貞觀二十三年，能征善戰的武將還有三人，李世勣、李道宗、薛萬徹，然而三人比較下來，只有李世勣最合適，其餘二人身上都帶有不同的符號。

李道宗，李世民的堂兄，同屬李唐皇室，這樣的大將用來征戰可以，用來託孤必定不行。不要忘了，對皇權最大的威脅其實來自宗室，一旦李道宗受命託孤，尾大不掉，如之奈何？

薛萬徹是李世民非常看重的名將，但他畢竟曾經是太子建成的屬下，更何況此人有跋扈之勢，貞觀二十二年時更是被李世民貶黜出京，因此薛萬徹也不能用來託孤。

三大名將排除了兩個，剩下的只能是李世勣，儘管李世勣經歷複雜，但對待皇室的忠心不容置疑。李世民唯一擔心的是，太子李治太年輕了，而且對李世勣沒有恩德，如何才能調動李世勣對李治效忠呢？想來想去，只能李世民自己當一次惡人了。

五月十五日，李世民下詔，同中書門下三品李世勣出任疊州（甘肅省迭部縣）都督，即日起程。好好的怎麼就貶出京城了呢？這個任命讓很多官員看不明白，然而李世民很明白，李世勣也很明白。接到任命的李世勣沒做任何停留，連家都沒有回，轉身就踏上了前往疊州的路。

在李世勣前往疊州的同時，李世民對李治說道：「李世勣才智有餘，然汝與之無恩，恐不能懷服。我今黜之，若其即行，俟我死，汝於後用為僕射，親任之；若徘徊顧望，當殺之耳。」

原來，李世民給李世勣出的就是一道二選一的選擇題，答案是需要悟性才能悟得出來，如果李世勣沒有悟性，傻呼呼地回家告別，那麼等待他的就是無情的誅殺。

李世勣是聰明的，他用他的毫不遲疑躲過了一場殺身之禍，他的火速上路實際就是向皇帝表明，無論什麼命令臣李世勣一律服從。李世勣明白自己不過是李世民父子的一條狗，召之即來，揮之即去。

至此李世民對李世勣的恩寵昭然若揭，所謂的皇帝恩寵、所謂的君臣際遇都不過是偽裝，一切都是為了皇權的穩定，其餘免談。

打發走李世勣，李世民的日子也不多了，他要用剩下不多的日子跟長孫無忌和褚遂良好好交代一下，從此好兒子和好兒媳就全託付給這兩位重臣了。

五月二十四日，李世民召見長孫無忌，用自己的手撫摸長孫無忌的臉，長孫無忌淚如雨下，李世民也哽噎得說不出話來，此時已經沒有皇帝和大臣之分，這是兩位老朋友的生離死別。這一次見面兩人都沒有說話，相對無言，唯有淚千行。

兩天之後，李世民再次召來了長孫無忌和褚遂良，這是他生命中的最後一天，他有很多話要講。

李世民感傷地對長孫無忌、褚遂良說道：「朕今悉以後事付公輩。太子仁孝，公輩所知，善輔導之。」

轉過頭來又對太子李治說道：「無忌、遂良在，汝勿憂天下。」

最後又對褚遂良說道：「無忌盡忠於我，我有天下，多其力也。我死，勿令讒人間之。」

太多話，已經來不及說，太多的牽掛，值得留下，然而天不假年，人畢竟不能與命爭。

在李世民的腦海中不斷閃現著以往的人生片段，晉陽起兵、進軍長安、平定洛陽、玄武門政變、渭水盟誓、宗廟獻俘、廢立太子、遠征高句麗，過去的片段不斷在腦海中閃過。

無限江山，萬望子孫能夠主宰。

彌留之際的李世民是痛苦的，也是焦慮的，根據《舊唐書李淳風傳》記載，李世民曾經與李淳風有過這樣一次談話：

初，太宗之世有《秘記》云：「唐三世之後，則女主武王代有天下。」太宗嘗密召淳風以訪其事。

李淳風曰：「臣據象推算，其兆已成。然其人已生，在陛下宮內，從今不逾三十年，當有天下，誅殺李氏子孫殲盡。」

李世民曰：「疑似者盡殺之，如何？」

李淳風曰：「天之所命，必無禳避之理。王者不死，多恐枉及無辜。且據上象，今已成，復在宮內，已是陛下眷屬。更三十年，又當衰老，老則仁慈，雖受終易姓。其於陛下子孫，或不甚損。今若殺之，即當復生，少壯嚴毒，殺之立讎。若如此，即殺戮陛下子孫，必無遺類。」

太宗然竟善其言而止。

如果這次對話是真的，那麼彌留之際的李世民必定更加擔心，三世之後就會有女主武王主宰天下，自己的子孫還會遭到屠戮，這將是多麼可怕的局面。

如果這次對話是假的，那麼彌留之際的李世民一樣會擔心，柔弱的李治能挑起江山社稷的重擔嗎？李唐王朝會延續多少年呢？李唐王朝以晉陽起兵開始，又會以什麼樣的方式結束了？

一切都是天問，沒有人能夠回答。

貞觀二十三年五月二十六日，李世民在交代完後事不久便與世長辭，享年五十二歲，三個月後，李治將李世民安葬於昭陵，奉上廟號：太宗。

縱觀李世民的一生，他是一個好皇帝，卻不是一個好人。

在他的治下，政治清明，法律公正，百姓安居樂業，軍事卓有成效，向東、向西、向南、向北，版圖都得到拓展，異族壓迫中原政權的現象不再出現，唐朝得以以開放大國的形象展示在世人的面前。

然而好皇帝並不等於好人，李世民這個好皇帝與好人永遠劃不上等號。

他殘殺過兄弟，他逼迫過父親，他霸佔過弟媳，儘管在人生的最後幾年他有過懺悔，但一切都晚了，人生的劣跡與他的文治武功一起都被載入史冊，千古功過只能任由後人評說。

如果以功績和道德作為衡量皇帝的兩把尺子，我們又該如何衡量李世民呢？貞觀二十三年，李世民五十二歲，如果李世民能夠像房玄齡、李靖、蕭瑀一樣活到七十歲以上，或許武則天不會再有機會，或許李唐王朝的歷史也會改寫。

可惜，天不假年！

繼位

李世民已經故去了，李治還沒長大。

在李世民的身後，李治抱著長孫無忌的脖子痛哭不已，二十二年來他一直陪伴在李世民的身邊，一下子失去了李世民這個靠山，他不知道以後的路該如何走。

冷靜下來的長孫無忌擦乾了眼淚，他知道現在不是痛哭的時候，儘管在李世民的治下國家穩定，但現在李世民已經故去，國家進入敏感時期，此時略有風吹草動就有可能影響國家穩定，當務之急就是李治趕緊繼位。

李治還在痛哭，長孫無忌意識到必須嚴厲起來，讓這個還沒有長大的外甥看到緊迫的形勢，長孫無忌說道：「主上以宗廟社稷付殿下，豈得效匹夫唯哭泣乎！」

看看，當皇帝多不容易，連爹死了都不能像一般人那樣盡情哭。

李治止住了哭聲，擦乾了眼淚，一切聽從舅舅長孫無忌的指揮。

為了不引起不必要的騷動，長孫無忌決定秘不發喪，對外封鎖李世民已經駕崩的消息，請李治率軍先回長安坐鎮，他與褚遂良隨後從翠微宮向長安進發。一路之上，皇帝的護衛儀仗一切照舊。

五月二十八日，李治進入京城，長孫無忌護送李世民的靈柩隨後入城，靈柩停放於兩儀殿。

這時，除了極個別重臣，其他人依然不知道李世民駕崩的消息，長孫無忌遂用李世民的名義進行朝廷的布局，任命太子左庶子于志寧為侍中，太子少詹事張行成兼任侍中，代理刑部尚書、太子右庶子、兼吏部侍郎高季輔兼任中書令。這三個人一直都是李治的左膀右臂，現在他們集體由東宮平移到朝堂之上。

任命發布之後，一切已經昭然若揭，若不是皇帝駕崩，太子宮的官員不會得到集體升遷，現在他們得到了升遷就意味著皇帝已經駕崩了，只是沒有宣布而已。

五月二十九日，長孫無忌對外公布皇帝駕崩的消息，同時宣讀李世民的遺詔：太子即位。軍國大事，不可停闕；平常細務，委之有司。諸王為都督、刺史者，並聽奔喪，濮王泰不在來限。罷遼東之役及諸土木之功。可憐李泰，老爹死了連奔喪的權利都沒有。

六月一日，李治正式登基稱帝。

無論願意還是不願意，李世民的時代結束了，李治的時代來臨了！

整肅

第二十章

長孫無忌

貞觀二十三年六月十日，李治任命長孫無忌為太尉、代理中書令，同時主持尚書省、中書省工作，如此一來這三處機關都由長孫無忌一個人說了算。

長孫無忌還是謙遜的，他誠惶誠恐的向外甥李治表示：「陛下，您就別讓我主持尚書省的工作了，我堅決辭讓。」

長孫無忌堅決辭讓其實只是一個姿態，只是不想讓群臣覺得他要獨攬所有大權，把尚書省讓出來可以堵住別人的嘴。

然而李治現在太需要長孫無忌這個舅舅了，他需要舅舅把他扶上馬，然後再送兩程，所以他現在要拼命的往舅舅身上加工作。看到舅舅堅決辭讓尚書省主持工作的大權，李治也不勉強，他又給舅舅加了個名頭，這個名頭一加，舅舅照樣有宰相之實而避免了鋒頭太勁。

長孫無忌的新名頭是以太尉同中書門下三品。

同中書門下三品，這是典型的中國式智慧，這個名頭是什麼意思呢？聽我慢慢說來。

太尉是正一品，三公之一，品級高，但實際是閒職，沒有實權，只是把人架上去而已，位高權不重。

同中書門下三品，是指比照正三品的中書令和正三品的侍中，中書令和侍中都是實權，因此同中書門下三品就是把你當成中書令和侍中使用。也就是先委任你為排名比較靠後的閒職副委員長，然後在實際使用中卻當成有實權的部長使用。

同中書門下三品對於唐代的官員而言是個重要的標誌，有這個標誌即視為你進入了宰相班子，沒有這個標誌，即使你是太尉或者是司徒都是閒差，進不了宰相班子的核心層。

在前面我曾經說過，唐代的宰相是委員制、群相制，宰相不是一個，而是一群。三省的首長即中書令兩人、侍中兩人、尚書左僕射和尚書右僕射，這六個人就是宰相，沒有宰相之名，但有宰相之實。除此之外如果你的名頭後有「同中書門下三品」或者「參與政事」的字樣，那麼恭喜你，你也是宰相了。

李治讓長孫無忌以太尉同中書門下三品，實際上還是把長孫無忌當成實質宰相使用，只是不主持全面工作那麼扎眼而已，其實最後的效果是一樣的。以長孫無忌的資歷和權勢，在那一群宰相裡，他不排名第一誰排名第一呢？儘管對外都宣稱排名不分先後，實際上在中國的政治體系裡，只要有兩個人存在就一定會有排名。

無論是主持尚書省工作也好，還是以太尉同中書門下三品也罷，奮鬥了幾十年，長孫無忌終於得到了他想要的東西，六年前他力排眾議力挺李治當太子為的就是這一天。

在讀李承乾和李泰爭儲這段歷史時，其實很多人都有疑惑，為什麼長孫無忌最後會力挺李治，而對於李泰就跟沒有這個親外甥一樣，難道李泰一直沒有做過長孫無忌的工作？

實際上李泰不傻，他很精，他一定做過長孫無忌的工作，只是工作沒有做通，最終沒能把長孫無忌拉到自己的陣營。

不是李泰的工作力度不大，也不是長孫無忌無動於衷，而是長孫無忌需要的李泰根本給不了。試想貞觀年間的長孫無忌一直是李世民身邊的紅人，比房玄齡還紅，一人之下萬人之上，到這個時候他需要的是什麼呢？是更進一步。

更進一步只能是皇帝了，但經歷以及操守決定長孫無忌不會篡位，那麼不篡位又怎麼能獲得皇帝一般的權力呢？那就是攝政，代皇帝行使權力。要想攝政，皇帝本人年齡不能太大，像李泰這樣年齡的選手第一時間就被淘汰了，而十五歲的李治就是不錯的選擇。

李治任命長孫無忌為太尉、代理中書令、主持門下省，同時以太尉同中書門下三品，三大權力機關都處於長孫無忌的掌控之下，這不是攝政又是什麼呢？

沒有攝政之名，大行攝政之實。

沒有比這更好的結果，沒有比這更好的時代，此時的長孫無忌有些沉醉了，沉醉於自己六年前那場驚天布局，在妹夫李世民面前紅透二十三年不倒，現在這個紀錄又將在外甥面前延續。

西元六五〇年，李治改元永徽，甥舅聯手昂首走進新時代。

高陽公主

永徽元年，李治新時代的開始。

坦白的說，李治這個皇帝挺悲哀的，整個皇帝生涯真正屬於他自己的時間並不多。在他皇帝生涯的前期，其實主政最多的是他的舅舅長孫無忌；在他皇帝生涯的中期，他那野心勃勃的皇后已經迅速崛起與他並稱「二聖」；在他皇帝生涯的晚期，皇后的力量似乎已經悄悄佔據了上風，只不過隔著一層窗戶紙，誰也沒有去捅破而已。

李治的時代可以稱作長孫無忌的時代，為長孫無忌時代作最好注解的是那一場驚天動地的疑似謀反。

這場疑似謀反的引子是一位公主，高陽公主。

高陽公主，李世民的愛女之一，她是房玄齡的二兒媳、房遺愛的妻子，深受李世民寵愛的她正是李世民指定下嫁到房家。忙於叩頭謝恩的房玄齡怎會想到，這位皇帝的愛女不但不是家族的祥瑞，反而是房家的定時炸彈。

皇帝的女兒不愁嫁，皇帝的女兒更不好惹，身受恩寵的高陽公主性格刁蠻、驕橫跋扈，房家上下都忌憚她三分，他們知道娶進門的這位不是兒媳，而是得罪不得的女大爺。

對於這位女大爺，房家能忍就忍，能退就退，房玄齡的長子房遺直更是不輕易招惹這位弟媳，對付她的招數就是不斷退讓，直到退無可退。貞觀年間，房遺直以嫡長子身分受拜銀青光祿大夫，這是李世民給房玄齡的恩寵，指定由一個兒子接受這個官職，房遺直因為是嫡長子就得到了這份恩寵。

然而得到這份恩寵之後，房遺直卻渾身不自在，他知道自己那個刁蠻弟媳正在背後惡狠狠地盯著他，不禁脊背有些發涼。算了吧，都是人家的東西，還是讓出去吧，讓給房遺愛她總沒話說了吧！

高陽公主沒話說了，而李世民卻不答應了，自古以來恩寵均由嫡長子繼承，朕的女兒也不能壞了這個規矩，不准！

在李世民的主持下，高陽公主終究沒能把這份恩寵搶到手，不過她並不甘休，她一直在等待機會。

貞觀二十二年，老公公房玄齡去世了，高陽公主又鬧出了么蛾子：分家。

在古代講究的是祖孫同堂，幾代不分家，要的就是一大家其樂融融的效果，儘管家庭內部也會齷齪不斷，但能不分家就不分家，這個觀念根深蒂固。

在高陽公主的攛掇下，房遺愛跟老大房遺直提出了分家、分財產，然而房遺直抱定房玄齡的囑託：不分。

房遺直的堅決觸怒了原本就不省油的高陽公主，女大爺決定要折騰就折騰到底，馬上指使房遺愛向李世民參了一本，狠狠地告了房遺直的刁狀。

清官難斷家務事，李世民念在房玄齡的面子上還是過問了這件事，一過問不要緊，這些齷齪事居然都是自己那位寶貝女兒折騰出來的，這個高陽，太不省油了。在李世民的安撫下，分家事件暫時告一段落，並不是高陽公主徹底放棄了，而是暫且擱置，留待以後再議。

然而，折騰的人永遠是折騰的，李世民的寶貝女兒高陽是一個折騰的公主，一個不守婦道的公主。

與高陽公主傳出緋聞的是一個和尚，辯機。

堂堂大唐公主居然與和尚私通，這也太有失身分了吧。

其實也不算失身分，因為辯機不是一般的和尚，他是名和尚，他的師父就是玄奘。貞觀十九年玄奘從天竺回到了長安，隨身帶回了大批原文佛經，辯機就是在這個時候走近了玄奘。玄奘在長安弘福寺首開譯場之時，辯機便以諳解大小乘經論為時輩所推的資格被選入玄奘譯場，成為九名綴文大德之一。這一年辯機二十六歲。

在玄奘的指導下，辯機編撰了流傳至今的一本著作《大唐西域記》，這本著作至今仍是研究唐代的經典之作，記述了玄奘遊歷西域和印度途中所經國家和城邑的見聞，範圍廣泛、材料豐富，除大量關於佛教聖蹟和神話傳說的記載外，還有許多關於各地政治、歷史、地理、物產、民族、風尚的資料，此書問世之後影響極大。

辯機不僅有才，而且有貌，據他在《大唐西域記》卷末的《記贊》中敘述，他少懷高蹈之節，容貌俊秀英颯、氣宇不凡，或許這正是他吸引高陽公主的原因。

高陽公主與辯機和尚是如何相識的呢？

那是一場浪漫的野外偶遇。

那一天，高陽公主與房遺愛外出打獵，巧合的是他們打獵的地方正好是辯機和尚的封地，在這塊封地上，辯機還蓋起了一處草廬，自稱廬主。就是在辯機的草廬內，高陽公主第一次見到了辯機，一下子被氣度不凡的辯機吸引住了，芳心為之一震。

一番攀談之後，高陽公主深深喜歡上這個有文化的和尚，在用罷午餐告別時，她不斷回望著辯機，她知道他們兩人之間會有故事發生。

接下來就是男女之間的俗套，高陽公主與辯機迅速墜入愛河不能自拔，而房遺愛明明看到自己頭上的帽子變色卻無可奈何，只能暗自歎息。好在高陽公主也是個講究人，隨後自己出錢買了兩個美女送給房遺愛，以慰藉房遺愛失落的心。

然而紙是包不住火的，辯機和高陽公主的緋聞還是傳了出來。

緋聞的源頭其實不是別人，正是辯機和尚本人，他大義凜然地說出這段緋聞不是為了吸引眼球，而是為了保命。

說起來，辯機身陷囹圄還是因為一場突如其來的盜竊案。這場盜竊案不知什麼原因查到了辯機的臥房之內，辯機原本跟這場盜竊案沒有任何關係，然而等捕盜的官員們搜查完臥房之後，事大了。在辯機的臥房內沒有搜到這次盜竊案的贓物，卻搜出了比贓物更驚人的物件：皇家御用珠寶、御用枕頭。莫非這是一個專門行竊大內的江洋大盜？

為了保命，辯機和尚開始為自己辯護，不是偷的，是高陽公主賞的。

高陽公主賞的？你一個和尚，為什麼呢？

緋聞自此論斤稱！

沒有人比李世民更尷尬，也沒有人比李世民更憤怒，一聲令下斬辯機和尚外帶高陽公主十餘名侍女，誰讓你們知情不報。

情人死了，老爹下的手，從此高陽公主對李世民充滿了怨恨，即使李世民去世也沒掉一滴眼淚，因為在她心裡情人比爹重要。

李世民走了，能管東高陽公主的人已經不存在了，不安分的高陽公主又鬧騰了起來，還是老話題：分家。

房家分家的話題再次鬧到了皇帝面前，而且兄弟倆相互控告，此時皇帝已經由年老的李世民換成了年輕的李治，年老的李世民還可以包容，而李治卻不想包容。李治將房老大和房老二各打五十大板，房遺直貶出京城出任隰州（山西省隰縣）刺史，老二房遺愛出任房州（湖北省房縣）刺史，要鬧到外地鬧，總之別在長安城裡鬧。

房遺愛的分家鬧劇就此暫告一個段落，不過這並不是最終結果，在將來的某一天，房遺愛和他的妻子高陽公主還會舊話重提，他們勢將分家進行到底。

其實在鬧分家的同時，高陽公主一直也沒有閒著，告別辯機和尚之後，高陽公主又迎來了新寵。這些新寵各有各的特長，智勖和尚能迎占禍福，惠弘和尚能視鬼，道士李晃醫術高明，這三個情夫組合簡直是絕配，他們一起努力將高陽公主的緋聞炒得漫天飛揚。

除此之外，在政治上高陽公主也沒閒著，居然安排掖廷令（皇宮監獄官）陳玄運監視皇宮動態，隨時向自己彙報。

她究竟要做什麼？或許連她自己都不知道。她只知道父皇李世民對她不好，兄弟李治對她也不好，小小的分家要求他們都不能滿足她，老皇帝小氣，小皇帝更小氣。

如果換別人當皇帝是不是會好一點呢？這樣的念頭在高陽公主腦海中一閃而過，她自己沒有在意，也沒有堅持。

此時的高陽公主並不知道，她的一舉一動其實都有人在意，而且很在意，這個人不會允許任何人影響目前的政局，因為這是他的時代。

薛萬徹

貞觀年間，李世民曾經對三大名將進行了品評，李世民是這樣說的：「當今名將，唯李勣、道宗、萬徹三人而已。李勣、道宗不能大勝，亦不大敗；萬徹非大勝，即大敗。」

現在李世民駕崩了，三大名將迎來了李治的時代，與當年的並駕齊驅不同，如今三人的境遇有天壤之別。

李世勣，尚書左僕射，開府儀同三司（從一品），同中書門下三品，國之重臣；李道宗，太常卿（祭祀部長），永徽元年加授特進（散官，正二品），閒人一個；薛萬徹，貞觀二十二年除名流放象州（廣西象州縣），永徽二年，授寧州（甘肅省甯縣）刺史，衰人一個。

說起來，薛萬徹這個人跟侯君集一樣，城府不深，話太多。

薛萬徹一生之禍的起源來自貞觀二十二年那場遠征高句麗之戰。這場遠征相比於貞觀十九年李世民的御駕親征算一場小規模戰役，但對於薛萬徹而言卻是一場大戰。

這次大戰，他出任青丘道行軍大總管，率甲士三萬自萊州泛海討伐高句麗，沿著鴨綠江逆流而上行進百餘里，抵達泊灼城（遼寧省丹東市東北），泊灼城附近的守軍看到唐軍的架勢紛紛棄城而遁，只剩下不知死活的泊灼城主所夫孫孤軍奮戰。

所夫孫率領步騎萬餘人挑戰薛萬徹，以為憑藉這一萬多人就可以把薛萬徹趕回去，沒想到被趕回去的卻是他自己。薛萬徹派右衛將軍裴行方率領一支部隊與所夫孫正面接戰，而他自己則率軍繞到了所夫孫的側面兩軍同時攻擊，所夫孫扛不住了，所部潰散大半，所夫孫瘋狂逃竄一百餘里。就在所夫孫以為自己安全的同時薛萬徹又追了上來，這下所夫孫跑不了了，薛萬徹幫他把頭搬了家。

薛萬徹趁勢進兵圍攻泊灼城，然而泊灼城因山設險，城外還有鴨綠江作為天然阻隔，攻打數天泊灼城依然固若金湯。此時高句麗的援軍到了，浩浩蕩蕩有三萬餘人，兵分兩路向薛萬徹進攻。狠人薛萬徹隨即應對，兵分兩路退敵，刀鋒閃閃向高句麗援軍逼近。可能是以前被唐軍打怕了，前來援助的三萬高句麗軍隊剛跟薛萬徹接觸就迅速崩潰，四散逃命而去，薛萬徹雖然沒能拔下泊灼城，但兩戰大勝也算大功一件。

然而薛萬徹這個人最大的問題是話太多，說話太隨便，在軍中仗氣凌物、口無遮攔、侮辱同僚、辱罵屬下是家常便飯，心情不好的時候還發發牢騷、罵罵領導。

事實證明，這個不良習慣害了他一輩子。

從高句麗班師回朝，他人未到，彈劾他的奏疏先到。為了表示對他的恩寵，李世民第一次放過了他，說道：「上書者論卿與諸將不協，朕錄功棄過，不罪卿也。」隨後李世民取過那封奏疏當著薛萬徹的面燒掉了。

奏疏表面雖然燒掉了，但還留在李世民的心裡，忍而不發，不是不發只是等待時機。

不久，薛萬徹的副手、青丘道副總管裴行方又將彈劾薛萬徹的奏疏放到了李世民的面前，彈劾薛萬徹對皇上有怨望，這一次薛萬徹躲不掉了。

薛萬徹與裴行方當廷對質，裴行方有理有據，薛萬徹理屈詞窮慚愧地低下了頭。這時如果有人出來撈薛萬徹一把，薛萬徹還有得救，會有人站出來嗎？

同為名將的李世勣站了出來，李兄，有勞你了，薛萬徹在心中暗暗地說。

李世勣清了清嗓子，說道：「萬徹職乃將軍，親惟主婿，發言怨望，罪不容誅。」

啊，你是來落井下石的！

在李世勣的石頭下，薛萬徹困頓到了極點，最後李世民念及他曾經有功，再者也是自己的女婿，法外開恩，免除薛萬徹所有官職，流放象州（廣西象州縣）。

八年前名將侯君集滅國高昌卻遭下獄，八年後名將薛萬徹大勝高句麗橫遭流放。從此薛萬徹走上了與侯君集相同的道路，鬱鬱寡歡、牢騷滿腹，而那些牢騷之言最終釀成了他的悲劇。

永徽三年，時任寧州州長的薛萬徹回京朝見，在見過李治之後，他又見到了一個老熟人——房遺愛。

論起來，薛萬徹與房遺愛還是連襟，他們娶的都是李世民的女兒，再者薛萬徹與房玄齡長期同朝為官，兩家還是有一些交情，現在薛萬徹與房遺愛更是有談不完的話，他們都被貶出京城，同是天涯淪落人。

儘管已經被貶三年，薛萬徹還是排解不了心中的怨氣，對著房遺愛說道：「我雖然現在腳有毛病，留在京城，我看誰他媽的還敢動我。」（今雖患腳，坐置京師，諸輩猶不敢動。）

房遺愛靜靜的聽著，頻頻點頭，他同樣被鬱悶的日子壓抑的有些透不過氣。

接下來兩人又進行了密談，具體談了些什麼，沒有人知道，事後對他們兩人這次談話有著兩種截然不同的解釋。

《資治通鑑》是這樣記載的：

萬徹因與遺愛謀：「若國家有變，當奉司徒荊王元景為主。」

而《舊唐書》則是這樣記載的：

遺愛謂萬徹曰：「公若國家有變，我當與公立荊王元景為主。」及謀洩，吏逮之，萬徹不之伏，遺愛證之，遂伏誅。

從兩書的記載來看，兩人的談話可能涉及「國家有變」，房遺愛對此供認不諱，而薛萬徹則矢口否認。這又是一次天知地知的談話，至於究竟有沒有，究竟談沒談，天知道！

關聯

高陽公主、房遺愛、薛萬徹、李元景，這些人都寫入了永徽四年長孫無忌擬定的謀反名單，這些人有一個共同的特點，都是皇親國戚。

是的，打的就是你，皇親國戚。

荊王李元景是如何捲入謀反漩渦的呢？與房遺愛交往過密。

荊王李元景是高祖李淵的第六子，在李世民駕崩之後，他就成了李淵在世皇子中最大的一個。

李元景的履歷大體是這樣的：

武德三年，封為趙王。

武德八年，授安州都督。

貞觀初，歷遷雍州牧、右驍衛大將軍。

貞觀十年，徙封荊王，授荊州都督。

貞觀十一年，定制元景等為世代傳襲刺史。

後李世民廢除刺史世襲之制，轉任鄜州刺史。

高宗李治即位，進位司徒。

李元景之所以進位司徒，其實只不過是李治和長孫無忌籠絡人心之舉，讓如此老資格的第一代皇子位列三公，為的就是給李治築起擋風的牆，所以李元景這個司徒說到底是個擺設，位高權不重。

此時位列三公之列的其實還有一個熟人，這個人就是吳王李恪。同李元景一樣，李恪在李承乾去世之後也成為同輩中最大的皇子，李治在繼位之後也把吳王李恪抬了出來，讓他出任司空。

如此以來，三公位置都滿了，太尉長孫無忌、司徒李元景、司空李恪看似都是位列三公，但明眼人都知道太尉是掌權的，而李元景和李恪則是負責鼓掌的。

李元景會有不臣之心嗎？我很懷疑。

武德九年六月，李世民玄武門兵變時，他還是小孩，未必有什麼印象，進入貞觀年間，李世民前後統治了二十三年，而荊王李元景也當了二十三年大臣，現在進入了侄子李治統治的時代，難道他在此時動了心思？可能會，也可能不會。

其實李元景最終被捲入謀反漩渦，主要還是因為與房遺愛有交往，他倆之間有什麼淵源呢？他倆是拐著彎的親戚。

李元景的女兒嫁給了房遺愛的弟弟房遺則，從這個角度論，房遺愛應該叫李元景一聲「遺則他岳父」；同時房遺愛又是李世民的駙馬，從這個角度論，他應該叫李元景叔叔。無論從哪個角度論，李元景叔叔的輩分是跑不了了。

有叔叔的輩分，再加上親上加親，李元景與房遺愛的關係非常好，他們雖然差著輩分，但年齡很有可能相仿，因此無話不談。

而李元景倒楣就倒楣在與房遺愛無話不談。

李元景曾經做過一個夢，夢見自己一手握著太陽，一手握著月亮，這個夢代表著什麼呢？莫非代表著更大的富貴？又是太陽，又是月亮的。

李元景把這個夢告訴了房遺愛，而房遺愛就把這個夢記在了心裡，在隨後的某一天深陷大獄的房遺愛又把這個夢告訴了長孫無忌，於是就成了眾所周知的秘密。

夢可以隨便做，夢話卻不能隨便說。

在李元景之外，其實還有一個人與房遺愛有關聯，這個人就是父子兩代駙馬的柴令武。

柴令武的父親是柴紹，柴紹娶的是高祖李淵的女兒平陽公主，而柴令武娶的則是太宗李世民的女兒巴陵公主。

從血緣上看，柴令武的母親平陽公主很可能與李世民是同父同母的親兄妹，李世民是柴令武的親舅舅，現在柴令武又娶了親舅舅的女兒，這是典型的表兄妹結婚，如假包換的近親。

不過在中國古代近親結婚是允許的，而且傳為美談，美其名曰：親上加親。最離奇的是劉邦的兒子漢惠帝劉盈，本著肥水不流外人田的原則，呂后指定劉盈的親外甥女張嫣出任劉盈的皇后，而劉盈與張嫣的母親是如假包換的同父同母姐弟。

柴令武與房遺愛娶的都是公主，而且兩家的家長都曾經是李世民的左膀右臂，用現在的話說，他倆都是高幹子弟。這兩個高幹子弟以前曾經一起效力於魏王李泰的帳下，李泰倒了，樹倒猢猻散，而柴令武和房遺愛的友情還是沒有變，一有時間他們還是願意湊到一起。

永徽三年，柴令武出任衛州（河南省衛輝市）刺史，然而他卻假託巴陵公主有病滯留長安不出，整天與房遺愛廝混在一起。

房遺愛、薛萬徹、李元景、柴令武，三個駙馬，一個老牌皇子，經過房遺愛的串聯，四個人裹脅到了一起，四個人組成了不掛牌子的貴族俱樂部，而這個貴族俱樂部將走向何方，漩渦中的他們並不知道。

禍起

倒楣孩子房遺愛和不省油的燈高陽公主，兩個活寶疊加到一起，房家的好日子到頭了！

雖然李治繼位之初已經把房老大和房老二各打五十大板，但還是遏制不住房家騷動的心。這次發難的又是房遺愛的妻子高陽公主，她盯著房遺直的爵位紅了眼。

憑什麼房玄齡老爺子的爵位就由他老大繼承呢？那爵位是我們家賞的，理應由我們家的女婿繼承，他房遺直算哪根蔥呢？

高陽公主直接調整了鬧騰目標，不鬧分家了，直接鬧爵位，而且一鬧就要鬧個天翻地覆。

她說到做到，果真鬧得天翻地覆，然而事情一旦發生就脫離了她所能控制的軌道，無論是她自己，還是房家上下都已經無法收場。

高陽公主命人上書李治：房遺直無禮，企圖施暴。

玩笑開大了！

面對高陽公主的指正，房遺直急紅了眼，如果罪名屬實這可是死罪。房遺直馬上反戈一擊，指證高陽公主以及房遺愛圖謀不軌，說道：「罪盈惡稔，恐累臣私門。」

房家上空的炸彈炸了！

房家的私事擺到了皇帝的面前，也就是擺到了長孫無忌面前，長孫無忌等這個機會已經等了很久。兄弟鬩牆的房家兄弟怎麼也不會想到一場家庭紛爭居然引起了大唐王朝的驚天駭浪，長孫無忌竟然將這場家庭糾紛進一步放大，然後一竹竿打翻了一船人。

經過長孫無忌「調查」，高陽公主、房遺愛企圖謀反證據確鑿，罪無可赦！

順著房遺愛這根藤，長孫無忌順利的摸出了瓜：薛萬徹與房遺愛交際，圖謀不軌；李元景與房遺愛交好，圖謀不軌；柴令武、巴陵公主與房遺愛交好，圖謀不軌。

至此，房遺愛貴族俱樂部的主要成員已經一網打盡，成果明顯，該收網了吧！

不，長孫無忌還要摸一顆大瓜，這顆瓜比這幾個更大、更有效果，把他摸出來長孫無忌就可以高枕無憂了，一定要把這顆瓜摸出來，而且要順著藤合情合理地摸出來。

這顆瓜就是司空、吳王李恪，兩人在貞觀十七年立儲事件上結下了這輩子解不開的仇。

雖然長孫無忌讓李治晉升李恪為司空，位列三公，但在骨子裡他從來沒有把李恪當成自己的外甥，更沒有把他當成自己人，他們兩個就是兩條永遠不會相交的平行線，永遠平行對峙不可調和。

現在房遺愛這根藤是現成的，能不能摸到李恪這顆瓜，只需要長孫無忌動動手指。

長孫無忌並沒有露骨地讓房遺愛指證李恪，他只是很平淡向房遺愛傳遞了兩個人的名字：紇干承基、李恪。

紇干承基就是指證李承乾謀反的原東宮勇士，他在被捕之後轉而做了污點證人，結果李承乾陣營紛紛落馬，而污點證人紇干承基卻因為舉報及時，不但免死還升任祐川府折衝都尉，封平棘縣公。

現在長孫無忌把紇干承基和李恪聯繫到一起，房遺愛，你明白了嗎？

「司空、吳王李恪與罪臣一起謀反。」房遺愛說出了長孫無忌想要的話，他想明白了，他要牢牢抓住吳王李恪這根稻草。

有些稻草是救命的，有些稻草其實是要命的，房遺愛抓住的是哪根呢？

擴大

壓垮駱駝的往往是最後一根稻草，現在長孫無忌把這根稻草放到了吳王李恪身上，然後再從容地扣上謀反的鐵帽子，古往今來無論曾經多麼尊貴、多麼顯赫，一旦沾上了謀反的邊準死無疑。

「謀反」在長孫無忌手裡就是一個筐，哪裡需要哪裡裝，這個筐裝進了薛萬徹，裝進了柴令武，又順藤摸瓜裝進了李恪，現在該是把謀反的源頭房遺愛裝進去的時候了。

從最終的結果看，房玄齡和長孫無忌雖然同朝為官二十餘年，他們共同輔佐李世民。長孫無忌可以與李世民穿一條褲子，房玄齡可以與李世民穿一條褲子，而長孫無忌與房玄齡不會穿同一條褲子。

他們是同事，他們不可能成為朋友；他們是同僚，因此注定他們是對手、是冤家。

房遺愛不會想到，長孫舅舅最終還是騙了他，讓他白白冤枉了吳王李恪，而他自己終究沒能跳出謀反的漩渦。其實他沒有想明白，無論是薛萬徹、李元景，抑或是柴令武，都是順著他這根藤摸出的瓜，如果放過了房遺愛這根藤，單單處理那三顆瓜，可能嗎？

永徽四年二月二日，李治下詔：房遺愛、薛萬徹、柴令武皆斬，李元景，李恪、高陽公主、巴陵公主並賜自盡。

至此由房家家事升級而來的謀反大案有了初步結果，三駙馬斬首，兩公主自盡，司徒和司空相約而去。三公位置再次產生空缺，只剩下太尉長孫無忌一人唱獨角戲，他會感到寂寞嗎？

在生命的最後時刻，房遺愛只能痛罵自己愚蠢，在最後時刻還上了長孫無忌的當，人家明明已經挖好了一個坑，而你還義無反顧的跳了下去，長孫舅舅，你好毒！

柴令武，怪只怪交友不慎，交了房遺愛這個不謹慎的人。名將薛萬徹，做夢也不會想到會是這樣的結局，僅僅因為話多，僅僅因為牢騷滿腹，難道就應該有這樣的結局？

薛萬徹蒙難，說到底是因為他不是長孫無忌的自己人，不要忘了，你薛萬徹原本是太子建成的屬下，而長孫無忌是秦王屬下，你們原本就是兩個山頭的人。

最後時刻，薛萬徹大聲喊道：「薛萬徹大健兒，留為國家效死力，豈不佳，乃坐房遺愛殺之乎！」

隨後薛萬徹解開衣服衝著劊子手指指自己的脖子，平淡地說道：「來吧，爽快點！」

劊子手戰戰兢兢地朝著薛萬徹砍下了第一刀，沒有致命，薛萬徹用盡力氣大聲喝道：「何不加力！」劊子手壯著膽子連續狠砍了三刀，一代名將薛萬徹氣絕身死。

三位駙馬伏誅之後，四位皇室自己人也走到了生命的盡頭，高陽公主、巴陵公主、司徒李元景都沒有留下隻言片語，只有司空李恪大聲地在天地間種下了自己的詛咒：「長孫無忌竊弄威權，構害良善，宗社有靈，當族滅不久。」

尾聲

處斬的處斬，自殺的自殺，長孫無忌親自「偵破」的謀反大案已經進入尾聲，幾乎所有的人都以為謀反大案已經塵埃落定，而長孫無忌卻搖搖頭：「不急，還有點尾巴。」

一天後，李治下詔：侍中兼太子詹事宇文節，特進、太常卿江夏王李道宗，左驍衛大將軍駙馬都尉執失思力並坐與房遺愛交通，流放嶺表。

宇文節與房遺愛親善，在房遺愛下獄期間，企圖幫房遺愛脫險，礙了長孫無忌的眼。

江夏王李道宗素與長孫無忌、褚遂良不和，藉此機會一併流放象州，不過長孫無忌的陰謀並沒有得逞，李道宗最終沒有去象州，而是在去象州的路上病逝了，一代名將以這樣的一種方式向政敵示威：不服，死也不服！

執失思力也不是長孫無忌的自己人，一併掃除。

二月六日，新的打擊名單又出爐了。

李恪之母楊妃（**隋煬帝楊廣之女**）與李恪同母弟蜀王李愔一起貶為庶人，於巴州（四川省巴中市）安置；房遺直由銀青光祿大夫（**從三品，副部級**）貶為春州（廣東省陽春市）銅陵尉（**從九品，副股級**）；薛萬徹之弟薛萬備流放交州（**去越南落戶**）；撤除房玄齡配享李世民香火祭祀牌位。

至此長孫無忌的清算宣告結束，這次清算的名單很長，涉及的人很多：

司空吳王李恪

司徒荊王李元景

寧州刺史薛萬徹

房州刺史房遺愛

衛州刺史柴令武

高陽公主

巴陵公主
侍中宇文節
江夏王李道宗
左驍衛大將軍執失思力
李恪之母楊妃
蜀王李愔
銀青光祿大夫房遺直
薛萬徹之弟薛萬備
已故司空房玄齡

一竿子打落一船人。

經過長孫無忌的整肅，再加上之前李承乾和李泰爭儲時的牽連，貞觀一朝名臣之後被打得七零八落，曾經的名門已經呈現出衰敗之勢。

房玄齡、杜如晦、柴紹、魏徵、薛萬徹、李道宗，這些貞觀一朝的重臣後人都沒有留住家族曾經的榮耀，這些家族在初唐榮耀一時，卻在他們身後迅速衰落。

君子之澤，三世而斬！

整個世界安靜了，長孫無忌的眼前也清淨了許多，自己兢兢業業近三十年，為的不就是隨心所欲不受掣肘，現在終於實現了。所謂的司徒、司空不過被自己揮揮手彈指而去，所謂的三大名將也在自己的談笑間去掉兩個，只剩李世勣一棵獨苗，還有比這更好的結果嗎？

長孫無忌抬起頭，望著遠方的天空，天空那麼藍、那麼高，似乎正在等待自己的翱翔。未來的日子，我一定輔佐外甥李治繼續貞觀一朝開創的局面，他會是千古名君，而我也將是千古留名的輔臣。

在長孫無忌眺望遠方的同時，他並沒有注意到有兩雙眼睛在注視著他，一雙來自側面，一雙來自他的背後。

來自側面的就是他的外甥李治，在過去的四年中二十六歲的他接受了作為一個皇帝所需的歷練，曾經懵懂涉世未深的毛頭小夥已經歷練成胸有城府的青年，他已經慢慢地長大了，這一點他知道，而他的舅舅似乎並不知道。

永徽五年七月，有小鳥如雀，生大鳥如鳩於萬年宮皇帝舊宅，這一切會意味著什麼呢？

（請看下部《武后當國》）

大地叢書介紹

作者：章愷
定價：280 元

解密歷史真相・走出「野史」誤區

蒙古地區自古以來是諸游牧部落的活動場所，自夏、商以來大大小小的部族和部落出沒在這塊廣闊的草原地帶，各部族和部落興衰、更替的歷史直到十三世紀初才告結束，最終形成了穩定的民族共同體——蒙古民族，而在這個偉大的民族中也產生了一個偉大的黃金家族。

蒙古人建立了中國第一個少數民族統一的政權，大元帝國的疆域在中國歷史上是空前絕後的。成吉思汗在蒙古族統一中國的歷史進程中發揮了重要的作用並產生了重大的影響，而了解蒙古起源的歷史對於了解人類歷史上版圖最大的王朝——元朝有重要的意義。

本書詳述元朝十五位皇帝，對於想了解元朝歷史的讀者，本書是絕佳讀本。

大地叢書介紹

作者：醉罷君山
定價：300 元

夏商周三代奠定中華文明之基礎，然而三代歷史卻是撲朔迷離。史料原本有限，加上歷朝散佚，徒令後人有霧裡看花之歎。本書力求從有限的線索中，以嚴謹、求實的態度挖掘出那段光輝歷史年代的真相，透過對《史記》、《竹書紀年》、《尚書》以及先秦諸子文獻互為參比，去偽存真，對許多歷史上傳統結論提出質疑。譬如少康中興，如何向竊國者復仇？夏桀與商紂，真的是歷史上最暴虐的君主嗎？權謀大師伊尹是賢相，還是叛臣？本書把零散分布於各史料的記載，整合為比較完整的故事。時間順序清晰，歷史事件連貫，脈絡有序，集知識性與故事性於一身。可讀性強，足見作者傾注之心血。

大地叢書介紹

作者：張嶔
定價：280 元

戰國，這是個以戰爭為中心的年代。無論是計謀、變法，還是用人、改革，為的只有一件事：打贏！

名噪一時的七國：韓國、趙國、魏國、楚國、燕國、齊國、秦國，七國之間鬥智鬥勇、殊死較量，政治人物如何掌握機遇，又如何推進變法改革……

作者以通俗的文筆詳細講述了諸侯國爭霸到秦國大一統的歷史進程，重大歷史事件背後的政治起因、決策者精妙冷酷的謀略等等，將這段充滿跌宕起伏、征伐血氣的時代完整地呈現在讀者眼前。

大地叢書介紹

作者：姜狼
定價：360 元

唐失其鹿，群雄逐之。盛世繁華的大唐，已在歷史的烈火中化為一堆殘墟廢燼，霓裳羽衣的風流，早成不堪回首的傷痛。天下洶洶，誰得其鹿？唯兵強馬壯者能為爾。五代十國常被認為是殘唐之餘，枯燥乏味，遠不如相同歷史軌跡的三國。任何一個歷史時代都是悲壯的，都有自己與眾不同的魅力，愛與恨、刀與火、絕望的吶喊，五代十國同樣擁有。本書力求從涉及五代十國的《舊唐書》、《新唐書》、《舊五代史》、《新五代史》、《宋史》、《遼史》、《資治通鑒》等亂如麻團的史料中分析辯駁，尋找挖掘出最接近時代的歷史真相。

五代十國能絕世風流者三：帝王中柴榮、大臣中馮道、詩詞中李煜。柴榮才是結束唐末以來戰亂的最關鍵人物，可惜天不假年，否則必將成為唐太宗那樣的千古一帝。馮道在亂世中王朝扶杖入相，天下禮敬，他的處世之道對於今人生存大有裨益。李煜的人生悲劇，那一篇篇和著血淚的詞文，觸動著每一顆柔軟的心靈。柴榮、馮道、李煜，書寫著五代十國最為華麗的時代篇章，但五代十國的風流人物何止千百。鐵血朱溫、風流李存勗、仁厚郭威、狡黠王建、瘋狂劉巖、志大才疏李璟以及無數名臣名將，他們用自己的人生悲喜劇，共同打造五代十國這一絕美的歷史大戲。五代十國的精彩歷史，扣人心弦，在他們的熱血風流中，後世的人們可以從中品味出人性的真實。

唐史並不如煙. 貳, 貞觀長歌 / 曲昌春著. -- 一版.-- 臺北市：大地, 2018.06
面：　公分. --（History：104）

ISBN 978-986-402-284-7（平裝）

1. 唐史　2. 通俗史話

624.1　　107008003

唐史並不如煙(貳)貞觀長歌

HISTORY 104

作　　者	曲昌春
發 行 人	吳錫清
主　　編	陳玟玟
出 版 者	大地出版社
社　　址	114台北市內湖區瑞光路358巷38弄36號4樓之2
劃撥帳號	50031946（戶名：大地出版社有限公司）
電　　話	02-26277749
傳　　眞	02-26270895
E - mail	vastplai@ms45.hinet.net
網　　址	www.vastplain.com.tw
美術設計	普林特斯資訊股份有限公司
印 刷 者	普林特斯資訊股份有限公司
一版一刷	2018年6月

大地

定　　價：320元